高等职业教育汽车类专业创新教材

汽车保险定损与理赔实务

第2版

主　编　林绪东

副主编　何文锋　高培侠　蒋玉秀

赵明敬　滕小丽

参　编　马亚勤　黄英健　聂　斐

申相彬　艾　亮　王　超

机械工业出版社

本书主要内容包括：保险基础与《保险法》、汽车保险产品与营销、车险查勘定损与理赔。实用性是本书的主要特色，书中不仅对一些只有专业人士才能读懂的保险条款做出了详细的解读，更重要的是从实践出发，以工作过程为导向，详细介绍了汽车保险人员在工作中所必须具备的知识、经验、技巧和方法，能够帮助读者快速上岗。

本书适合作为中职、高职院校汽车保险理赔专业（课程）的教学用书，也适合作为财产保险公司、保险公估公司汽车保险岗位员工的培训用书。

图书在版编目（CIP）数据

汽车保险定损与理赔实务/林绪东主编．—2版．—北京：机械工业出版社，2021.7（2025.1重印）

高等职业教育汽车类专业创新教材

ISBN 978-7-111-68682-8

Ⅰ.①汽…　Ⅱ.①林…　Ⅲ.①汽车保险－理赔－中国－高等职业教育－教材　Ⅳ.①F842.634

中国版本图书馆CIP数据核字（2021）第137693号

机械工业出版社（北京市百万庄大街22号　邮政编码100037）

策划编辑：齐福江　责任编辑：齐福江

责任校对：梁　倩　封面设计：张　静

责任印制：郜　敏

北京富资园科技发展有限公司印刷

2025年1月第2版第7次印刷

184mm×260mm・14.75印张・359千字

标准书号：ISBN 978-7-111-68682-8

定价：49.00元

电话服务	网络服务
客服电话：010－88361066	机　工　官　网：www.cmpbook.com
010－88379833	机　工　官　博：weibo.com/cmp1952
010－68326294	金　　书　　网：www.golden－book.com
封底无防伪标均为盗版	机工教育服务网：www.cmpedu.com

前言

党的二十大报告提出，健全社会保障体系。社会保障体系是人民生活的安全网和社会运行的稳定器。健全覆盖全民、统筹城乡、公平统一、安全规范、可持续的多层次社会保障体系。汽车保险作为社会“稳定器”和经济“减振器”，在助力国计民生、服务群众的过程中承担重要角色。随着我国经济的飞速发展和人民生活水平的不断提高，汽车已进入千家万户。据中国汽车工业协会统计，我国2019年汽车产销量已突破2576万辆，并连续11年位居全球第一。汽车保险是与汽车联系非常密切的售后服务产品，我国法律规定，凡是上路行驶的机动车都必须购买交强险，这是最基本的汽车保险。除了交强险外，还有商业保险为汽车提供更大的保障。可以这么说，有汽车就有汽车保险，汽车保险与老百姓的生活息息相关。

本书内容主要分三大模块，分别为保险基础与《保险法》、汽车保险产品与营销、车险查勘定损与理赔，重点在模块二、模块三。模块二主要讲解机动车交通事故责任强制保险、机动车商业基本险产品知识、汽车保险附加险产品知识和汽车保险的营销；模块三主要讲解现场查勘技术、保险事故车辆定损、特殊事故车辆的查勘与定损以及汽车保险理赔。

本书以项目、任务的方式编排内容，最大特色是对一些难以读懂的保险条款进行了通俗易懂的解读，在查勘、定损环节采用了大量图片进行讲解；图文并茂、通俗易懂，内容编排完全符合当前职业教育以工作过程为导向的项目式教学。

本书由林绪东担任主编，何文锋、高培侠、蒋玉秀、赵明敬、滕小丽担任副主编，马亚勤、黄英健、聂斐、申相彬、艾亮、王超参编。

在本书编写过程中，除了所列参考文献外，还参考了许多发表在网站上的相关文章的内容，以及部分保险公司的培训内容，在此对原作者、编译者表示由衷的感谢。

在本书编写过程中，得到了中国太平洋保险（集团）股份有限公司南宁分公司、中华联合财产保险股份有限公司、北部湾财产保险股份有限公司、中国人民财产保险股份有限公司广西分公司、泛华保险公估股份有限公司的大力支持，在此表示衷心的感谢。

编　者

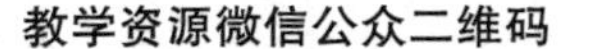

教学资源微信公众二维码

主编微信二维码

目录

模块一 保险基础与《保险法》㊀

项目一　保险基础知识

教学能力目标

1. 专业能力目标
   ¤ 掌握风险的定义、特点和分类
   ¤ 掌握保险的定义及有关保险名词的解释
2. 方法能力目标
   ¤ 掌握风险管理技术
3. 社会能力目标
   ¤ 掌握保险的概念、特征与分类

保险是社会经济发展到一定阶段的产物。如今，世界上许多国家，特别是经济发达国家，保险业已经成为国民经济的重要组成部分。随着道路运输业的发展和汽车的普及，机动车辆保险已经成为一些保险公司的第一大险种，机动车辆保险的相关岗位的人员需求也日益加大，要想从事机动车辆保险实际业务的工作，就必须对保险有关的基础知识有所了解。

任务一　认识风险

一、风险

风险一词常被用于保险合同的保险人承保责任范围的条款之中。保险业有句谚语：无风险则无保险。保险是处理风险的制度安排，保险与风险是并存的，所以要学习保险，首先要了解什么是风险。

（一）定义

风险是指人们在生产、生活或者对某一事项做出决策的过程中，对未来结果的不确定性。未来结果的不确定性包括正面效应和负面效应的不确定性。从经济角度而言，前者为收益，后者为损失。

风险是一种客观存在，是不以人的意志而转移的，它的存在与客观环境及一定的时空条

㊀ 全称为《中华人民共和国保险法》，简称《保险法》。

件有关，并伴随着人类活动的开展而存在。没有人类的活动也就不存在风险。

（二）风险的构成要素

风险的构成要素包括风险因素、风险事故和损失。

1. 风险因素

风险因素是指促使某一特定损失发生或增加其发生的可能性或扩大其损失程度的原因。它是风险事故发生的潜在原因，也是造成损失的内在或间接原因。

对于人而言，风险因素是指健康状况和年龄；对于汽车来说，风险因素是指制造汽车的材料质量、汽车的结构等。风险因素根据性质可分为物质风险因素、道德风险因素和心理风险因素。

（1）物质风险因素。物质风险因素是指有形的并能直接影响事物物理功能的因素，即某一标的本身所具有的足以引起或增加损失机会和损失程度的客观原因和条件，如汽车超速行驶、汽车停放地点不佳、恶劣天气等。

（2）道德风险因素。道德风险因素是指与人的品德修养有关的无形因素，即指由于个人不诚实、不正直或不轨企图，故意促使风险事故的发生，以致引起社会财富损毁和人身伤亡的原因或条件，如欺诈、纵火、贪污、盗窃等。

（3）心理风险因素。心理风险因素是指与人的心理状态有关的无形因素，即指由于个人不注意、不关心、侥幸或存在依赖保险的心理，以致增加风险事故发生的机会和加大损失的严重性的因素，如粗心大意、乱丢烟蒂、酒后驾车、驾驶有故障的车辆、企业或者个人投保财产保险后放松对财务的保护措施、投保人身保险后忽视自己的身体健康等。

2. 风险事故

风险事故是指造成生命财产损失的偶发事件，是造成损失的直接或间接的原因，也是损失的媒介物。风险事故使风险的可能性转化为现实，即风险的发生，如制动系统失灵酿成车祸而导致人员伤亡。其中，制动系统失灵是风险因素，车祸是风险事故，人员伤亡是损失。如果仅有制动系统的失灵而未导致车祸，则就不会导致人员伤亡。

3. 损失

在风险管理中，损失是指非故意的、非预期的和非计划的经济价值的减少，这是损失的狭义定义。显然，风险管理中的损失包括两方面的条件：一是非故意的、非预期的和非计划的；二是损失必须以货币来衡量，二者缺一不可。如有人因病使其智力下降，这虽然符合第一个条件，但不符合第二个条件，所以不能把智力下降定义为损失。

广义的损失，既包括物质上的损失又包括精神上的耗失。如车辆的折旧、记忆力减退、时间的耗费等都属于广义的损失，不能作为风险管理中所涉及的损失，因为它们是必然发生或是计划安排的。

在保险实务中，通常将损失分为两种形态，即直接损失和间接损失。前者是风险事故直接造成的有形损失，即实质损失；后者是由直接损失进一步引发或带来的无形损失，包括额外费用损失、收入损失和责任损失。

4. 风险因素、风险事故和损失三者之间的关系

风险是由风险因素、风险事故和损失三者构成的统一体。风险因素会引起或增加风险事故的发生；风险事故的发生可能导致损失的产生。但是，风险因素、风险事故和损失之间的关系并不一定具有必然性，也就是风险因素并不一定引起风险事故，风险事故也不一定导致损失。它们之间存在着一种因果关系，风险构成要素之间的因果关系如图 1-1 所示。

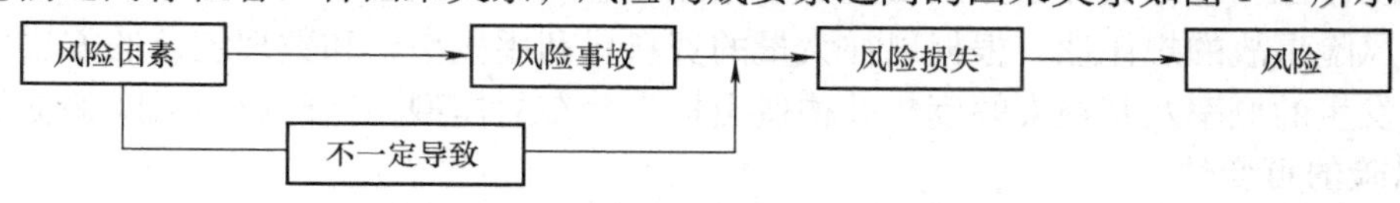

图 1-1　风险构成要素之间的因果关系

例如，大风刮倒树木砸到车，致使车辆受损（见图 1-2）。在大风的天气里，车辆无论是停放或是在行驶过程中，都有可能受到意想不到的潜在危害。而大风就是风险因素，树木砸车是风险事故，车辆维修产生的费用以及对车主产生的影响就是损失。

图 1-2　大风刮倒树木砸到车

（三）风险的特点

1. 风险存在的客观性

地震、台风、洪水、瘟疫、意外事故等，这些都不以人的意志而转移，它们是独立于人的意识之外的客观存在。这是因为无论是自然界的物质运动还是社会发展的规律，都是由事物的内部因素和由超出人们的主观意识所存在的客观规律所决定的。人们只能在一定的时间和空间内改变风险存在和发生的条件，降低风险发生的频率和损失幅度，而不能彻底消除风险。

2. 风险存在的普遍性

自从人类出现以后，就面临着各种各样的风险，如自然灾害、伤害、战争等。随着科学技术的发展、生产力的提高、社会的进步、人类的进化等，从中又产生了新的风险，且风险事故造成的损失也越来越大。在当今社会，个人面临着生老病死、意外伤害等风险；企业面临着自然风险、技术风险、经济风险、政治风险等；甚至国家机关也面临着各种风险。总之，风险渗入到社会、企业、个人生活的方方面面，无时无刻无处不存在。

3. 某一风险发生的偶然性

虽然风险是客观存在的，但是就某一具体风险而言，它的发生是偶然的，是一种随机现象。风险也可认为是经济损失的不确定性。风险事故的随机性主要表现为：风险事故是否发生不确定；何时发生不确定；发生的后果不确定。

4. 大量风险发生的必然性

个别风险事故的发生是偶然的，而对大量风险事故进行观察会发现，风险事故往往呈现

出明显的规律性。运用统计学方法处理大量相互独立的偶发风险事故，其结果可以比较准确地反映出风险事故的规律性。根据以往大量的资料，利用概率论和数理统计的方法可测算出风险事故发生的概率及其损失幅度，并构造出损失分布的模型，这已成为风险评估的基础。

5. 风险的可变性

风险在一定条件下是可以转化的，这种转化包括：

（1）风险量的变化。随着人们对风险认识的增强和风险管理方法的完善，某些风险在一定程度上得以控制，降低了其发生频率和损失幅度。

（2）某些风险在一定的空间和时间范围内被消除。

（3）新的风险产生。

二、风险的分类

风险的分类方法有很多，现介绍几种与保险管理有密切关系的分类方法。

（一）按风险损害的对象分类

按风险损害的对象分类，风险可划分为财产风险、人身风险、责任风险和信用风险。

1. 财产风险

财产风险是指财产及其有关利益发生损毁、灭失或贬值的风险，如建筑物遭受火灾、地震、爆炸等损失的风险，船舶航行遭受沉没、碰撞、搁浅等损失的风险。

2. 人身风险

人身风险是指因生、老、病、死、残等原因导致经济损失的风险，如因为年老而丧失劳动能力，或者由于疾病、伤残、死亡、失业等导致个人、家庭经济收入减少，造成经济困难等风险。生老病死虽是人身的必然现象，但在何时发生并不确定，一旦发生，就将给其本人或者家属在精神和经济生活上造成困难。

3. 责任风险

责任风险是指因侵权或者违约，依法对他人遭受的人身伤亡或财产损失应负的赔偿责任的风险。例如，汽车撞伤了行人，如果属于驾驶人的过失，那么按照法律责任的规定，就须对受害人或者家属给付赔偿金。又如，根据合同、法律的规定，雇主对其雇员在从事工作范围内的活动中造成身体伤害的，应承担经济给付责任。

4. 信用风险

信用风险是指在经济交往中，权利人与义务人之间由于一方违约或违法，致使对方遭受经济损失的风险。

（二）按风险的性质分类

按风险的性质分类，风险可划分为纯粹风险和投机风险。

1. 纯粹风险

纯粹风险是指只有损失机会而无获利可能的风险，即造成损害可能性的风险。其所致结果有两种：损失和无损失。例如，交通事故只可能给人们的生命财产带来危害而不会有利益可得。在现实生活中，纯粹风险是普遍存在的。例如，房屋失火、汽车碰撞等风险事故一旦发生，只会遭到损失而无任何利益可得，所以属于纯粹风险。

2. 投机风险

投机风险是指既有损失机会又有获利可能的风险，其所致结果有三种：损失、无损失和盈利。例如有价证券，证券价格的下跌可使投资者蒙受损失，证券价格不变无损失，但是证券价格的上涨却可使投资者获得利益。又如赌博、市场风险等，这种风险都带有一定的诱惑性，可以促使某些人为了获得利益而甘愿冒这种损失的风险。在保险业务中，投机风险一般是不能列入可保风险行列的。

此外，还有一种只会产生收益而不会导致损失的风险。例如，接受教育可使人终身受益。但教育对受教育的得益程度是无法进行精确计算的，并且这也与不同的个人因素、客观条件和机遇有密切关系。对不同的个人来说，虽然付出的代价是相同的，但是收益可能是大相径庭的。所以，此类活动也可以说是一种风险，有人称之为收益风险，这种风险当然也不能成为保险的对象。

（三）按损失的原因分类

按损失的原因分类，风险可划分为自然风险、社会风险、政治风险、经济风险、技术风险和法律风险。

1. 自然风险

自然风险是指由于自然现象或物理现象所导致的风险，如洪水、地震、风暴、火灾、泥石流等所致的人身伤亡或财产损失的风险。

2. 社会风险

社会风险是指因个人或团体的行为（包括过失行为、不当行为及故意行为）或不行为对社会生产及人们生活造成损失的风险。

3. 政治风险

政治风险又称为国家风险，是指由于政治原因，如政局的变化、政权的更替、政府法令和决定的颁布实施，以及种族和宗教冲突、叛乱、战争等，引起动荡而造成损害的风险。

4. 经济风险

经济风险是指在产销过程中，由于有关因素变动或估计错误而导致的产量减少或价格跌涨等风险，如市场预期失误、经营管理不善、消费需求变化、通货膨胀、汇率变动等所致经济损失的风险等。

5. 技术风险

技术风险是指伴随着科学技术的发展、生产方式的改变，威胁着人们的生产与生活的风险，如核辐射、空气污染、噪音等。

6. 法律风险

法律风险是指由于颁布新的法律和对原有法律进行修改等原因而导致经济损失的风险。

（四）按风险涉及的范围分类

按风险涉及的范围分类，风险可划分为特定风险和基本风险。

1. 特定风险

特定风险是指与特定的人有因果关系的风险，即由特定的人引起，而且损失仅涉及个人的风险，如盗窃、火灾等。

2. 基本风险

基本风险是指其损害波及社会的风险。基本风险的起因及影响都不与特定的人有关，至少是个人所不能阻止的风险。如与社会或政治有关的风险、与自然灾害有关的风险，都属于基本风险。

特定风险和基本风险的界限对某些风险来说，会因时代背景和人们观念的改变而有所不同。如失业，在过去被认为是特定风险，而现在认为是基本风险。

（五）按风险的存在形态分类

按风险的存在形态分类，风险可划分为静态风险和动态风险。

1. 静态风险

静态风险是指在一个稳定的社会中，由于自然力的不规则作用或者由于人们的错误或不当行为所导致的风险。它一般与社会的政治、经济变动无关。在任何社会经济的条件下，静态风险都是不可避免的，如洪灾、海难、盗窃、破产等所致的风险。

2. 动态风险

动态风险是指由社会经济或政治的变动所导致的风险，如国民经济的繁荣与萧条、政权更替带来的骚乱、消费者爱好的转移、资本扩大、技术进步、人口增长等所导致的风险。

任务二 风险管理

一、风险管理的介绍

（一）风险管理的定义

风险管理是指经济单位通过风险识别、风险估测、风险评价，对风险实施有效的控制和妥善处理风险所致损失，期望达到以最小的成本获得最大安全保障的管理活动。

风险管理是研究风险发生规律和风险控制技术的一门新兴管理学科，主要是为了适应现代企业自我发展和自我改造的能力。首先，由于科学技术的飞速发展及其广泛应用于社会生活的各个方面，无形中使各种风险因素及风险发生的可能性大大增加，并且使风险事故发生所造成的损失规模起了很大的变化。如万吨巨轮遭遇海难、钻井平台倾覆海中等，都说明现代化的工业也会造成巨额经济损失，这就需要对企业所负担的责任提出更高的管理要求。其次，在现代经济生活中，企业面临着国内外众多商家的激烈竞争，其各种经济活动、经济关系日趋复杂，投机活动也越来越多，使各种动态风险因素剧增，并渗透到社会生产和社会生活的各个方面。企业为防止可能发生的风险和损失，以及解决损失后如何获得补偿等问题，就必须进行风险识别、风险估测、风险评价，并在此基础上优化组合各种风险管理技术，对风险实施有效的控制并妥善处置风险所致损失的后果，期望以最小的成本获得最大安全保障的目标。

风险管理目标由两部分组成：损失发生前的风险管理目标和损失发生后的风险管理目标。前者的目标是避免和减少风险事故形成的机会，包括节约经营成本、减少忧虑心理；后者的目标是努力使损失的标的恢复到损失前的状态，包括维持企业的继续生存、生产服务的持续、稳定的收入、生产的持续增长和社会责任。二者的有效结合，构成了完整而系统的风险管理目标。

1. 损失发生前的风险管理目标

（1）降低损失成本。风险事故的形成势必增加企业的经营成本，影响企业利润计划的实现。因此，企业必须根据本身运作的特点，充分考虑到企业所面临的各项风险因素，并且对这些风险因素可能形成的风险事故进行处理，从而使风险事故对企业可能造成的损失成本转化为最小，最终达到最大安全保障的目标。

（2）减轻和消除精神压力。风险因素的存在对于人们的正常生活造成了各种心理和精神的压力，通过制定切实可行的损失发生前的管理目标，可以减轻和消除这种压力，从而有利于社会和家庭的稳定。

2. 损失发生后的风险管理目标

（1）维持企业的生存。在损失发生后，企业至少要在一段合理的时间内才能恢复部分生产和经营状态，这是损失发生后的企业风险管理工作的最低目标。只有在损失发生后能够继续维持受灾企业的生存，才能使企业有机会减少损失所造成的影响，尽早恢复损失发生前的生产状态。

（2）生产能力的保持与利润计划的实现。生产能力的保持与利润计划的实现是损失发生后的企业风险管理工作的最高目标。如何使风险事故对于企业所造成的损失最小，并保证企业的生产能力与利润计划不因为损失的发生而受到严重的影响，是企业风险管理工作中必须策划的目标。为了保证这个目标的实现，企业在制定和设计损失发生后的风险管理的目标过程中，就必须根据企业的资本结构和资产分布状况确定消除风险事故影响的最佳经济和技术方案。

（3）保持企业的服务能力。保持企业的服务能力是损失发生后的企业风险管理工作的社会义务目标。企业的社会责任之一就是保证其对于社会和消费者所做出的服务承诺的正常履行，这种责任的履行不仅是为了维持企业的社会形象，而且是为了保证企业发挥作为整个社会正常运转的一个链条的作用，所以对于企业来说，这个目标具有强制性和义务性的特点。如公共事业必须保证对于公共设施提供不间断的服务，生产民用产品的企业必须能够在损失发生后保证继续履行对于其客户承诺的售后服务，以防止消费者转向该企业的竞争对手等。

（4）履行社会责任。履行社会责任，即尽可能减轻企业受损对其他人和整个社会的不利影响，因为企业遭受一次严重的损失、灾难，转而会影响到雇员、顾客、供货人、债权人、税务部门以致整个社会的利益。这是损失发生后的企业风险管理工作的社会责任目标。企业作为社会的一部分，其本身的损失可能还涉及企业员工的家属、企业的债权人和企业所在社区的直接利益，从而使企业面临严重的社会压力。因此，企业在制定自身的风险管理目标时，不仅要考虑到企业本身的需要，还要考虑到企业所负担的社会责任。

3. 风险管理的作用

目前，风险管理具有两种形式，一种是保险型风险管理，其经济范围仅限于纯粹风险；另一种是经营管理型风险管理，其经营范围不仅包括静态风险，也包括动态风险。德国的风险管理一直属于经济管理型风险管理。

风险管理之所以得到普遍应用，是因为它有着重要的作用。它对整个经济、社会的作用在于：实施风险管理有利于资源分配最佳组合的实现；实施风险管理有助于消除风险给整个经济社会带来的灾害损失及其他连锁反应，从而有利于经济的稳定发展；实施风险管理有助于提高和创造一个有利于经济发展和保障人民生活的良好的社会经济环境。

风险管理对单个企业的作用主要体现在：力图以最小的耗费将风险损失减少到最低程度，从而保障企业经营目标的实现；有助于企业各项决策的科学化和合理化，从而减少决策的风险性；能够为企业提供一个安全稳定的生产经营环境。

（二）风险管理的分类

风险管理按其管理的主体划分，可分为个人风险管理、家庭风险管理、企业风险管理、国家风险管理和国际风险管理五大类。

1. 个人风险管理

个人风险管理是指个人为实现生活稳定和工作的安全，对可能遭遇的种种不测在经济上

所做的各种准备和处置，如储蓄等。

2. 家庭风险管理

家庭风险管理是指一个家庭为保障其收入稳定和生活安定，对可能遭受的自然灾害或意外事故所采取的有效措施，如人身保险、家庭财产保险等。

3. 企业风险管理

企业风险管理是指企业为实现生产、经营和财务的稳定与安全，对可能遭受的各种风险损害所采取的有效措施，如建立消防组织、购置消防器材等。

4. 国家风险管理

国家风险管理是指一个国家为了应付经济、政治、战争、社会以及巨灾风险损害而采取的各种处理措施。

5. 国际风险管理

国际风险管理是指跨国公司、国际公司、国际组织为了应付涉及国际的各种风险而采取的各种处理措施。

二、风险管理的基本程序

由风险管理的定义可知，风险管理的基本程序为风险识别、风险估测、风险评价、选择风险管理技术和风险管理效果评价等环节。

（一）风险识别

风险识别是风险管理的第一步，它是指对企业面临和潜在的风险加以判断、归类和对风险性质进行鉴别的过程。存在于企业自身的风险多种多样、错综复杂，有潜在的也有实际存在的，有企业内部的也有企业外部的，所有这些风险在一定时期和某一特定条件下是否客观存在，存在的条件是什么，以及损害发生的可能性有多大等，都是风险识别阶段应予以解决的问题。风险识别主要包括感知风险和分析风险两方面内容，一方面依靠感性认识，通过经验判断；另一方面可利用财务分析法、流程分析法、实地调查法等进行分析和归类整理，从而发现各种风险的损害情况以及具有规律性的损害风险。在此基础上鉴定风险的性质，从而为风险衡量做准备。风险识别的方法主要有以下几种。

1. 生产流程法

生产流程法是指风险管理部门在生产过程中，从原来购买、投入到成品产出、销售的全过程，对每一阶段、每一环节逐个进行调查分析，从中发现潜在风险，找出风险发生的因素，分析风险发生后可能造成的损失以及对全过程和整个企业造成的影响的大小。该方法的优点是简明扼要，可以揭示生产流程中的薄弱环节。

2. 风险类别列举法

风险类别列举法是指风险管理部门将该企业可能面临的所有风险逐一、归类列出，从而进行管理的方法。

3. 财务报表分析法

财务报表分析法是指按照企业的资产负债表、财产目录、损益计算书等资料，对企业的固定资产和流动资产进行风险分析，以便从财务的角度发现企业面临的潜在风险和财务损失。众所周知，对一个经济单位而言，财务报表是一个反映企业状况的综合指标，经济实体存在的许多问题均可从财务报表中反映出来。

4. 现场调查法

现场调查法是指由风险管理部门通过现场考察企业的设备、财产以及生产流程，发现许多潜在风险并能及时对风险进行处理的方法。

（二）风险估测

风险估测是指在风险识别的基础上，通过对所收集的大量的详细资料加以分析，运用概率论和数理统计估计预测风险发生的概率和损失程度。风险估测的内容主要包括损失频率和损失程度两个方面。

损失频率的高低取决于风险单位数目、损失形态和风险事故。损失程度是指某一特定风险发生的严重程度。风险估测不仅使风险管理建立在了科学的基础上，而且使风险分析定量化。损失分布的建立、损失概率和损失期望值的预测值为风险管理者进行风险决策、选择最佳管理技术提供了可靠的科学依据。它要求从风险发生频率、发生后所致损失的程度和自身的经济情况入手分析自己的风险承受力，为正确选择风险的处理方法提供依据。

（三）风险评价

风险评价是指在风险识别和风险估测的基础上，结合其他因素对风险发生的频率、损失程度进行全面考虑，评估风险发生的可能性及其危害程度，并与公认的安全指标相比较，从而衡量风险的程度，并决定是否需要采取相应的措施。处理风险需要一定的费用，费用和风险损失之间的比例关系直接影响风险管理的效益。通过对风险性质的定性、定量分析和比较处理风险所支出的费用，来确定风险是否需要处理和处理的程度，以判定为处理风险所支出的费用是否有效益。

（四）选择风险管理技术

根据风险评价结果，为实现风险管理目标，选择最佳风险管理技术与实施是风险管理中最为重要的环节。风险管理技术分为控制法和财务法两大类，前者的目的是降低损失频率和减少损失程度，重点在于改变引起风险事故和扩大损失的各种条件；后者是事先做好吸纳风险成本的财务安排。

1. 控制法

控制法是指避免、消除风险或减少风险发生频率及控制风险损失扩大的一种风险管理方法。主要包括：

（1）避免。避免是指放弃某项活动以达到回避因从事该项活动可能导致风险损失的目的的行为。它是处理风险的一种消极方法，通常在两种情况下进行：一是某特定风险所致损失频率和损失幅度相当高时；二是处理风险的成本大于其生产的效益时。避免风险虽简单易行，但有时不能够彻底根除风险，如担心锅炉爆炸就放弃锅炉烧水，而改用电热炉等，但又存在因电压过高致使电热炉被损坏的风险。有时因回避风险而放弃了经济效益，增加了机会成本，且避免的采用通常会受到限制，如新技术的采用、新产品的开发都可能带有多种风险，而如果放弃这些计划，企业就无法从中获得高额利润。地震、人的生老病死、世界性经济危机等，在现有的科技水平下是任何经济单位和个人都无法回避的风险。

（2）预防。预防是指在风险发生前，为了消除和减少可能引起损失的各种因素而采取的处理风险的具体措施，通过消除或减少风险因素而达到降低损失频率的目的。具体方法有工程物理法和人类行为法。前者如精心选择建筑材料以防止火灾风险，其重点是预防各种物质性风险因素；后者包括对设计、施工人员及住户进行教育等，其重点是预防人为风险

因素。

（3）抑制。抑制是指风险事故发生时或发生后采取的各种防止损失扩大的措施。抑制是处理风险的有效技术。例如，在建筑物上安装火灾警报器和自动喷淋系统等可减轻火灾损失的程度，防止损失扩大，降低损失程度。抑制常在损失幅度高且风险又无法回避和转嫁的情况下采用。

（4）风险中和。风险中和是指管理人员采取措施将损失机会与获利机会进行平分。如企业为应付价格变动的风险，可以在签订买卖合同的同时进行现货和期货买卖。风险中和一般只限于对投机风险的处理。

（5）集合或分散。集合或分散是指集合性质相同的多数单位来直接负担所遭受的损失，以提高每一单位承受风险的能力。就纯粹风险而言，可使实际损失的变异局限于预期的一定幅度内，适用于大数法则的要求。就投机风险而言，通过并购联营等手段来增加单位数目，以提高风险的可测性，达到把握风险、分担风险、降低风险成本的目的。该方法适用于大数法则（又称“大数定律”或“平均法则”。人们在长期的实践中发现，在随机现象的大量重复中往往出现几乎必然的规律，即大数法则），但只适用于特殊行业、地区或时期。

2. 财务法

由于人们对风险的认识受到许多因素的制约，因而对风险的估计和预测不可能达到绝对精确的地步，而各种控制处理方法都有一定的缺陷，为此有必要采取财务法。财务法是指在财务上预先提留各种风险准备金，通过事先做好吸纳风险成本的财务安排来降低风险成本的一种风险管理方法，即对无法控制的风险事前所做的财务安排，它包括自留或承担和转移两种。

（1）自留或承担。自留是经济单位或个人自己承担全部风险成本的一种风险管理方法，即对风险的自我承担。自留有主动自留和被动自留之分。采取自留方法应考虑经济上的合算性和可行性。一般来说，在风险所致损失频率和幅度低、损失短期内可预测，以及最大损失不足以影响自己财务稳定时，宜采用自留方法，但有时会因风险单位数量的限制而无法实现其处理风险的功效，一旦发生损失，可能导致财务调度上的困难而失去其作用。

（2）转移。风险转移是指一些单位或个人为避免承担风险损失而有意识地将风险损失或与风险损失有关的财务后果转嫁给另一个单位或个人承担的一种风险管理方式。

风险转移分为直接转移和间接转移。直接转移是指风险管理人将与风险有关的财务或业务直接转嫁给他人；间接转移是指风险管理人在不转移财产或业务本身的条件下，将财产或业务的风险转移给他人。前者主要包括转让、转包等；后者主要包括租赁、保证、保险等。其中，转让是将可能面临风险的标的通过买卖或赠予的方式将标的所有权让渡给他人；转包是将可能面临风险的标的通过承保的方式将标的经营权或管理权让渡给他人；租赁是通过出租财产或业务的方式，将该项财产或业务有关的风险转移给承租人；保证是保证人和债权人的约定，当债务人不履行义务时，保证人按照约定履行债务或承担责任的行为；保险是通过支付保险费购买保险将自身面临的风险转嫁给保险人的行为。如企业通过分包合同将土木建筑工程中的水下作业转移出去、将带有较大风险的建筑物出售等。

上述控制法和财务法的各种形式各有利弊，适用于不同的风险损失类型。

（五）风险管理效果评价

风险管理效果评价是分析比较已实施的风险管理方法的结果与预期目标的契合程度，以此来评判管理方案的科学性、适应性和收益性。由于风险性质的可变性，人们对风险认识的阶段性以及风险管理技术正处于不断完善之中，因此，需要对风险的识别、估测、评价及管理方法进行定期检查、修正，以保证风险管理方法适应变化的新情况。所以，把风险管理视为一个周而复始的管理过程。风险管理效益的大小取决于是否能以最小的风险成本取得最大的安全保障，同时还要考虑与整体管理目标是否一致，以及具体实施的可能性、可操作性和有效性。

三、风险与保险的关系

风险与保险关系密切，二者研究的对象都是风险。保险是研究风险中的可保风险。

风险是保险产生和存在的前提，无风险则无保险。风险是客观存在的，它时时刻刻威胁着人的生命和物质财产的安全，是不以人的意志为转移的。风险的发生直接影响社会生产过程的继续进行和家庭的正常生活，因而产生了人们对损失进行补偿的需要。保险是一种被社会普遍接受的经济补偿方式，因此，风险是保险产生和存在的前提，风险的存在是保险关系确立的基础。

风险的发展是保险的客观依据。社会进步、生产发展、现代科学技术的应用，在给人类社会克服原有风险的同时也带来了新风险。新风险对保险提出了新要求，促使保险业不断设计新险种、开发新业务。从保险的现状和发展趋势看，作为高风险系统的核电站、石油化学工业、航空航天事业、交通运输业的风险都可以纳入保险的责任范围。

保险是风险处理传统的、有效的措施。人们面临的各种风险损失，一部分可以通过控制的方法消除或减少，但风险不可能全部消除，面对各种风险造成的损失，单靠自身力量解决就需要提留与自身财产价值等量的后备基金，这样既造成资金浪费，又难以解决巨灾损失的补偿问题，从而，转移就成为风险管理的重要手段。保险作为转移方法之一，长期以来被人们视为传统的处理风险手段。通过保险，把不能自行承担的集中风险转嫁给保险人，以小额的固定支出换取对巨额风险的经济保障，使保险成为处理风险的有效措施。

保险经营效益受风险管理技术的制约。保险经营效益的大小受多种因素的制约，风险管理技术作为非常重要的因素对保险经营效益产生很大的影响。如对风险的识别是否全面、对风险损失的频率和造成损失的幅度估计是否正确、哪些风险可以接受承保、哪些风险不可以承保、保险的范围应有多大、程度如何、保险成本与效益的比较等，都制约着保险的经营效益。

任务三 保险的认识

一、保险的介绍

（一）保险的定义

根据《中华人民共和国保险法》（以下简称《保险法》）第二条规定：“本法所称保险，是指投保人根据合同约定，向保险人支付保险费，保险人对于合同约定的可能发生的事故因其发生所造成的财产损失承担赔偿保险金责任，或者当被保险人死亡、伤残、疾病或者达到合同约定的年龄、期限等条件时，承担给付保险金责任的商业保险行为”。

现代保险学者一般从两个方面来解释保险的定义。从经济角度上说，保险是分摊意外事

故损失的一种财务安排。投保人参加保险实质上是将其不确定的大额损失变成确定的小额支出，即保险费。而保险人集中了大量同类风险，能借助大数法则来正确预见损失的发生额，并根据保险标的损失概率制定保险费率，通过向所有被保险人收取保险费建立保险基金，用于补偿少数被保险人遭受的意外事故损失。因此，保险是一种有效的财务安排，并体现了一定的经济关系。从法律角度来看，保险是一种合同行为，体现的是一种民事法律关系。保险是通过合同的形式，运用商业化的经营原则，由保险经营者向投保人收取保险费，建立保险基金，当发生保险责任范围内的事故或保险条件实现时，保险人就对财产的损失进行补偿、对人身伤亡或年老丧失劳动能力时给付的一种经济保障制度。

（二）保险的要素

1. 可保风险

可保风险是保险人可以接受承保的风险。尽管保险是人们处理风险的一种方式，它能为人们在遭受损失时提供经济补偿，但并不是所有破坏物质财富或威胁人身安全的风险，保险人都承保。可保风险有以下几个特性：

（1）风险损失发生的意外性及偶然性。意外性是指风险的发生超出了投保人的可控范围，并且与投保人的主观行为无关。

（2）风险损失的可预测性。风险损失的可预测性是指损失发生的原因、时间、地点都可以被确定，损失金额也是可以衡量的。

（3）风险损失程度较高。风险造成的潜在损失必须足够大。

（4）风险损失具有确定的概率分布且发生的概率较小。风险损失具有确定的概率分布，对于正确计算保险费关系重大，而发生的概率较小是为了能恰当地发挥保险转移风险的作用。

（5）存在大量具有同质风险的保险标的。只有保险标的的数量足够大，根据大数法则，风险才能被准确地预测，才会使风险发生的次数及损失值在预期值周围有一个较小的范围，才能够归集足够的保险基金，使遭受风险损失者能够获得充足的保障。

（6）风险不能导致灾难性事件。灾难性事件是指一组标的的所有或大部分标的同时因同一风险而受损。

2. 多数人的同质风险的集合与分散

保险的过程既是风险的集合过程，又是风险的分散过程。众多投保人将其所面临的风险转嫁给保险人，保险人通过承保而将众多风险集合起来。当发生保险责任范围内的损失时，保险人又将少数人发生的风险损失分摊给全部投保人，也就是通过保险的补偿行为分摊损失，将集合的风险予以分散转移。保险风险的集合与分散应具备两个前提条件：一是多数人的风险，如果是少数人或个别人的风险，就无所谓聚合与分散，而且风险损害发生的概率难以测定，大数法则不能有效地发挥作用；二是同质风险，如果风险为不同质的风险，那么风险损失发生的概率就不相同，因此风险也就无法进行集合与分散。此外，由于不同质的风险损失发生的频率与幅度是有差异的，倘若进行集合与分散，则会导致保险经营财务的不稳定，保险人将不能提供保险供给。

3. 费率的合理厘定

保险在形式上是一种经济保障活动，而实质上是一种商品交换行为。因此，厘定合理的费率，即制定保险商品的价格，便构成了保险的基本要素。保险的费率过高，保险需求就会受到限制；反之，保险的费率过低，保险共给就得不到保障，所以这些都不能称为合理的费率。费率的厘定应依据概率论、大数法则的原理进行计算。

4. 保险基金的建立

保险的分摊损失与补偿损失功能是通过建立保险基金实现的。保险基金是用以补偿或给付自然灾害、意外事故和人体自然规律所致的经济损失和人身损害的专项货币基金。它主要来源于开业资金和保险费。就财产保险准备金而言，表现为未到期责任准备金、赔款准备金等形式；就人寿保险准备金而言，主要以未到期责任准备金形式存在。保险基金具有分散性、广泛性、专项性与增值性等特点，保险基金是保险的赔偿与给付的基础。

5. 订立保险合同

保险是一种经济关系，是投保人与保险人之间的经济关系，这种经济关系是通过合同的订立来确定的。保险是专门对意外事故和不确定事件造成的经济损失给予赔偿的。风险是否发生、何时发生、其损失程度如何均具有较大的随机性，保险的这一特性要求保险人与投保人应在确定的法律或契约关系约束下履行各自的权利与义务。倘若不具备在法律上或合同上建立的各自的权利与义务，保险经济关系则难以成立。因此，订立保险合同是保险得以成立的基本要素，它是保险成立的法律保证。

二、保险的特征

1. 经济性

保险是一种经济保障活动。这种经济保障活动是整个国民经济活动的一个组成部分。此外，保险体现了一种经济关系，即商品等价交换关系。保险经营具有商品属性。

2. 互助性

保险在一定条件下分担了个别单位和个人所不能承担的风险，从而形成了一种经济互助关系。它体现了“一人为众，众人为一”的理想。互助性是保险的基本特性。

3. 法律性

保险的经济保障活动是根据合同来进行的。所以从法律角度看，保险又是一种法律行为。

4. 科学性

保险是以数理计算为依据而收取保险费的。保险经营的科学性是代表保险存在和发展的基础。

三、保险的分类

随着经济的发展，保险的险种越来越多，所涉及的领域及具体做法也在不断地扩大和发展。然而迄今为止，各国对保险的分类尚无统一标准，所以只能从不同的角度进行大体上的分类。

（一）按保险的性质分类

保险按具体的性质可分为商业保险、社会保险和政策保险。

1. 商业保险

商业保险是指投保人与保险人订立保险合同，根据保险合同约定，投保人向保险人支付保险费，保险人对可能发生的事故因其发生所造成的损失承担赔偿责任，或者当被保险人死亡、疾病、伤残或者达到约定的年龄期限时给付保险金责任的保险。在商业保险中，投保人与保险人是通过订立保险合同建立保险关系。投保人之所以愿意交付保险费进行投保是因为

保险费用要低于未来可能发生的损失，保险人之所以愿意承保是因为可以从中获取利润。因此，商业保险既是一个经济行为又是一个法律行为。目前，一般保险公司经营的财产保险、人身保险、责任保险、保证保险均属于商业保险性质。

2. 社会保险

我国的社会保险是指国家通过立法对社会劳动者暂时或永久丧失劳动能力或失业时，提供一定的物质帮助以保障其基本生活的社会保障制度。当劳动者遇到年老、生育、疾病、死亡、伤残和失业等危险时，国家以法律的形式由政府指定的专门机构为其提供基本生活保障。社会保险与商业保险不同，商业保险的当事人均出于自愿，而社会保险一般都是强制性的，凡符合法律规定条件的成员无论你是否愿意，均需参加，在保险费的缴纳和保险金的给付方面也不遵循对等原则。所以，社会保险实质上是国家为满足劳动者在暂时或永久丧失劳动能力和待业时的基本生活需要，通过立法采取强制手段对国民收入进行分配和再分配而形成的专项消费基金，用以在物质上给予社会性帮助的一种形式和社会福利制度。

3. 政策保险

政策保险是指政府由于某项特定政策的目的，以商业保险的一半做法而开办的保险，如为辅助农牧渔业增长增收的种植业保险；为促进出口贸易的出口信用保险。政策保险通常由国家设立专门机构或委托官方的保险公司具体承办，例如，我国的出口信用保险是由中国进出口银行和中国人民保险公司承办的。

（二）按保险标的分类

保险标的或称保险对象，是指保险合同中所载明的投保对象。按不同标的，保险可分为财产保险、责任保险、信用保证保险和人身保险四类。

1. 财产保险

财产保险是指以各种有形财产及其相关利益为保险标的保险。保险人承担对各种保险财产及相关利益因遭受保险合同承保责任范围内的自然灾害、意外事故等风险，因其发生所造成的损失负赔偿责任。财产保险的种类繁多，主要有以下几种：

（1）海上保险。海上保险是指保险人对海上的保险标的由于保险合同承保责任范围内的风险的发生所造成的损失或引起的经济责任负责经济赔偿的保险。海上保险包括海洋运输货物保险、船舶保险、海上石油开发工程建设保险等。

（2）运输货物保险。运输货物保险是指承保海洋、陆上、内河、航空、邮政运输过程中的保险标的及其利益所遭受的损失，主要包括海洋运输货物保险、陆上运输货物保险、航空运输货物保险和邮政运输货物保险等。

（3）运输工具保险。运输工具保险是指承保海洋、陆上、航空、内河各种运输工具在行驶和停放过程中所发生的各种损失，主要包括船舶保险、汽车保险、飞机保险等。

（4）火灾保险。火灾保险是指承保在一定地点内的财产，包括房屋、机器、设备、原材料、在制品、制成品、家庭生活用品、家具等发生火灾造成的损失。目前，火灾保险一般不作为单独的险别，而是将其包括在综合性险别的责任范围内。例如在我国，当投保企业财产保险和家庭财产保险时，火灾损失属于其主要的责任范围；在货物运输保险条款中，火灾损失也是保险人承担赔偿责任的重要内容。

（5）工程保险。工程保险是指承保各类建筑工程和机器设备安装工程在建筑和安装过程中，因自然灾害和意外事故造成的物质损失、费用和对第三者损害的赔偿责任。

（6）盗窃保险。盗窃保险主要承保因盗窃等行为造成的财物损失。

（7）农业保险。农业保险是指保险人为农业生产者在从事种植、养殖和捕捞生产过程中，因遇自然灾害或意外事故导致损失而提供经济补偿服务的保险。农业保险有农作物保险、农产品保险、畜牧保险、家禽保险及其他养殖业保险等。

2. 责任保险

责任保险的标的是被保险人依法应对第三者承担的民事损害赔偿责任。在责任保险中，凡根据法律或合同规定，由于被保险人的疏忽或过失造成他人的财产损失或人身伤害所应付的经济赔偿责任，由保险人负责赔偿。常见的责任保险有以下几种：

（1）公众责任保险。公众责任保险是指承担被保险人在各种固定场所进行的生产、营业或其他各项活动中，由于意外事故的发生所引起的被保险人在法律上应承担的赔偿金额，由保险人负责赔偿。

（2）雇主责任保险。雇主责任保险是指凡被保险人所雇佣的员工（包括短期工、临时工、季节工和徒工）在收雇过程中从事保险单所载明的被保险人的业务有关工作时，遭受意外而致受伤、死亡，或患与业务有关的职业性疾病所致伤残或死亡，被保险人根据雇佣合同需付医药费及经济赔偿责任，包括应支付的诉讼费用，由保险公司负责赔偿。

（3）产品责任保险。产品责任保险是指承保由于被保险人所生产、出售或分配的产品或产品发生事故，造成使用、消费或操作该产品或商品的人或其他任何人的人身伤害、疾病、死亡或财产损失，依法由被保险人负责时，由保险人根据保险单的规定，在约定的赔偿限额内予以赔偿。被保险人为上述事故所支付的诉讼费用，及其他事先经保险人书面同意支付的费用也由保险人负责赔偿。据此，能获得产品责任的赔偿必须具备两个条件：第一，造成产品责任事故的产品必须是供给他人使用，即用于销售的商品；第二，产品责任事故的发生必须是在制造、销售该产品的场所范围以外的地点。

产品责任保险是在20世纪70年代以后首次在欧美一些发达国家开始举办并迅速普及起来的。中国人民保险公司于1980年起开始承办产品责任保险，这对增加外商经营我国产品的积极性，提高我国产品的竞争力，促进我国出口贸易都起到了积极的作用。

（4）职业责任保险。职业责任保险是指承保各种专业技术人员，如医生、律师、会计师、工程师等因工作上的疏忽或过失造成合同对方或他人的人身伤害或财产损失的经济赔偿责任，由保险人承担。

3. 信用保证保险

信用保证保险的标的是合同双方权利人和义务人约定的经济信用。信用保证保险是一种担保性质的保险。按照投保人的不同，信用保证保险又可分为信用保险和保证保险两种类型：信用保险的投保人和被保险人都是权利人，所承担的是契约的一方因另一方不履约而遭受的损失。例如在出口信用保险中，保险人对出口人（投保人、被保险人）因进口人不按合同规定支付货款而遭受的损失负赔偿责任。保证保险的投保人是义务人，被保险人是权利人，保证当投保人不履行合同义务或有不法行为使权利人蒙受经济损失时，由保险人承担赔偿责任。例如在履约保证保险中，保险人担保在承包工程业务中的工程承包人不能如期完工或工程质量不符合规定，致使权利人遭受紧急损失时承担赔偿责任。综上所述，无论是信用保险还是保证保险，保险人所保障是都是义务人的信用，最终获得补偿的都是权利人。目前，信用保证保险的主要险种有：

（1）雇员忠诚保证保险。雇员忠诚保证保险是指承保雇主因其雇员的欺骗和不诚实行为所造成的损失，由保险人负责赔偿。

（2）履约保证保险。履约保证保险是指承保签约双方中的一方，由于不能履行合同中规定的义务而使另一方蒙受的经济损失，由保险人负责赔偿。

（3）信用保险。信用保险是指承保被保险人（债权人）在与他人订立合同后，由于对方不能履行合同义务而使被保险人遭受的经济损失，由保险人负责赔偿。常见的有出口信用保险和投资保险等。

4. 人身保险

人身保险是以人的身体或生命作为标的的一种保险。人身保险以伤残、疾病、死亡等人身风险为保险内容，被保险人在保险期间因保险事故的发生或生存到保险期满，保险人应依照合同规定对被保险人给付保险金。由于人的价值无法用金钱衡量，具体的保险金额是根据被保险人的生活需要和投保人所支付的保险金，由投保人和保险人协商规定。人身保险主要包括人寿保险、健康保险和人身意外伤害保险。

（1）人寿保险。人寿保险包括死亡保险、生存保险和两全保险三种。

1）死亡保险是指在保险期内被保险人死亡，保险人即给付保险金。

2）生存保险是以被保险人在保险期内仍然生存为给付条件，如被保险人在保险期内死亡，保险人不仅不给付保险金，而且也不返还已缴纳的保险金。

3）两全保险则是由死亡保险和生存保险合并而成。当被保险人生存到保险期满时，保险人要给付保险金；当被保险人在保险期内死亡时，保险人也要给付保险金。两全保险的保险费带有较多的储蓄因素。

（2）健康保险。健康保险又称疾病保险，它是指承保被保险人因疾病而支付的医疗费用，或丧失劳动能力，按保险单规定，由保险人给付保险金。

（3）人身意外伤害保险。人身意外伤害保险是指承保被保险人因意外事故而伤残或死亡时，由保险人负责给付规定的保险金。包括意外伤害的医疗费用给付和伤残或死亡给付两种。

（三）按保险的实施形式分类

按保险的实施形式，保险可分为强制保险和自愿保险。

1. 强制保险

强制保险又称法定保险，是指国家对一定的对象以法律或行政法规的形式规定其必须投保的保险。这种保险依据法律或行政法规的效力，而不是从投保人和保险人之间的合同行为而产生，如我国的机动车交通事故责任强制保险。凡属于强制保险承保范围的保险标的，其保险责任均自动开始。例如，中国人民保险公司对在国内搭乘火车、轮船、飞机的旅客实施的旅客意外伤害保险，就是规定自旅客买到车票、船票、机票开始旅行时起保险责任就自动开始，每位旅客的保险金额也由法律按不同运输方式统一规定。

2. 自愿保险

自愿保险又称任意保险，是由投保人和保险人双方在平等自愿的基础上，通过协商订立保险合同并建立起保险关系的。在自愿保险中，投保人对于是否参加保险，向哪家保险公司投保，投保何种险别，以及保险金额、保险期限等均有自由选择的权利。在订立保险合同后，投保人还可以中途退保，终止保险合同。保险人也有权选择投保人，自由决定是否接受承保和承保金额。在决定接受承保时，对保险合同中的具体条款，如承保的责任范围、保险费率等也均可通过与投保人协商决定。自愿保险是商业保险的基本形式。

（四）按危险转移的方式划分

按危险转移的方式，保险可分为原保险、再保险、共同保险和重复保险。

1. 原保险

原保险是指投保人与保险人之间直接订立合同确立双方的权利义务关系，投保人将危险转移给保险人。原保险简称保险，平时用的最多的就是原保险。

2. 再保险

再保险是指保险人将所承保到的保险业务的一部分或全部向另一个保险人再一次保险，也就是保险的保险，这种方式也称分保。

3. 共同保险

共同保险又称共保，是由多个保险人联合起来共同承担同一标的的同一危险，并且保险金额不得超过保险标的的价值，发生保险责任时，赔偿是依照各保险人承担的金额比例分摊。

4. 重复保险

重复保险是指投保人以同一标的的同一危险同时向两个或两个以上的保险人进行投保，就构成了重复保险。

共同保险和重复保险的区别在于：

（1）共同保险中，投保人和保险人之间签订的是一个保险合同，其赔偿金额不会超过保险价值。

（2）重复保险中，各保险人之间没有互相沟通，投保人与每个保险人均签订了一个合同，很可能使被保险人获得超额利益。

复习思考题

1. 风险有哪些特点？
2. 风险的构成要素有哪些，它们之间有什么关系？
3. 保险有哪些特征？

项目二 《保险法》解读

教学能力目标

1. 专业能力目标
   ¤ 掌握《保险法》的概念及内容
   ¤ 掌握《保险法》的基本原则
2. 方法能力目标
   ¤ 掌握近因原则、损失赔偿原则、代位追偿原则
3. 社会能力目标
   ¤ 掌握代位追偿原则的运用

法是由国家制定或认可的，反映统治阶级意志的，依靠国家强制力保证实施的，具有普遍约束力的行为规范总和。

法律一词有广义和狭义两种理解。狭义的法律是专指特定或具体意义上的法律，而广义的法律是指一切规范性法律文件的总称。

法律不是从来就有的，也不是永恒不变的，它是人类社会发展到一定历史阶段，随着生产力的发展，私有制、阶级和国家的出现而产生的。人类自进入阶级社会以来，在不同的时期，不同的国家或地区产生了不同的法律体系，而自14世纪中期意大利出现世界上第一部《海上保险法》（以下简称《海商法》）以来，《保险法》就成为各种法律体系中不可缺少的一部分。

《中华人民共和国保险法》于1995年6月30日由第八届全国人民代表大会常务委员会第十四次会议审议通过，并于2002年10月28日第九届全国人民代表大会常务委员会第三十次会议修改了部分条款，将保险合同法与保险业法合并为一法。2015年4月24日，第十二届全国人民代表大会常务委员会第十四次会议再一次修订该法，其内容由总则、保险合同、保险公司、保险经营规则、保险代理人、保险经纪人和保险公估人、保险行业协会及其他市场组织、保险业监督管理、法律责任及附则等共九章组成，全文共二百零八条。

一、《保险法》的概念

《保险法》有广义和狭义之分，又有形式意义和实质意义之分。广义的《保险法》是指以保险为对象的一切法规的总称，包括保险公法和保险私法。狭义的《保险法》则专指保险私法，保险公法不包括在内。形式意义的《保险法》是指以《保险法》命名的专门性文件，如我国1995年6月30日公布的《保险法》。实质意义的《保险法》泛指法律体系中有关保险法律规范的总和。本书中所称《保险法》，是指广义的《保险法》，又指形式意义上的《保险法》。概而言之，《保险法》是调整商业保险法律规范的总称。具体来说，《保险法》既是调整保险活动中保险人与投保人、被保险人以及受益人之间法律关系的重要民商事法律，也是国家对保险企业、保险市场实施监督管理的法律。

二、《保险法》的内容

（一）《保险法》的构成

《保险法》是调整商业保险关系的各种法律规范的总称，其构成主要包括《保险合同法》《保险业法》《保险特别法》等。

1.《保险合同法》

商业保险是一种合同保险，保险合同在保险法律关系中占据极其重要的地位。因此，《保险合同法》是《保险法》中的核心内容，是调整保险合同双方当事人权利和义务的法律规范。这里的双方当事人是指保险方和投保方，《保险合同法》调整其在订立、变更、终止保险合同中所产生的各种权利和义务关系，规范双方的保险合同行为，从而达到保护双方合法权益（特别是投保方的合法权益），维护保险业安定、稳健发展的目的。

2.《保险业法》

《保险业法》又被称为《保险公法》，是调整保险监管关系，规范保险人经营行为的法律规范，其调整对象包括：一是国家在监管保险业过程中发生的关系；二是保险公司之间因合作、竞争而发生的关系；三是保险公司内部管理过程中的关系。由于保险业在国民经济中的特殊地位，世界各国都通过立法加强对保险业的监督管理，从而使保险业法的作用越来越重要。

3.《保险特别法》

《保险特别法》相对于《保险合同法》而言，是指除《保险合同法》之外，《民商法》中有关保险关系的规定。如各国《海商法》中有关海上保险的规定。

（二）《保险法》的调整对象

《保险法》的调整对象是商业保险行为及其形成的社会关系，这种关系包括两个方面：一是保险合同关系，即保险合同当事人之间形成的横向关系，这种关系的实质为民商事关系，因此又被称为保险私法关系；二是保险监督管理机关与保险业经营者之间的监督管理的纵向关系，也就是保险公法关系，因此《保险法》的调整对象是国家、保险人、投保人以及保险中介人等多方主体因参与商业保险活动而形成的社会关系。这些关系主要包括：

1. 国家与保险人之间的关系

国家与保险人之间的关系是一种纵向的管理、监督关系。国家为了规范保险人的经营行为，维护被保险人利益，保障保险业的健康发展，设立了保险业主管机关，负责审批保险企业的设立，监督和管理保险企业的经营行为。所有保险企业都必须在主管机关的监督管理下进行合法经营。

2. 国家与投保人之间的关系

国家与投保人之间的关系包括两层含义：一是为了维护广大投保人的利益而形成的保护和被保护的关系；二是强制与被强制的关系，即国家针对一些特别的危险而立法要求有关主体必须参与特定的保险，这种强制关系从根本上说也是为了保护广大投保人的利益。

3. 国家与保险中介人之间的关系

国家与保险中介人之间的关系也是一种纵向管理关系，国家对保险代理人和经纪人的任职资格和从业条件进行审核和批准，保险代理人和经纪人必须在主管机关的监督下从事合法经营活动。

4. 保险人与投保人之间的关系

保险人与投保人之间的关系是一种横向关系，它是基于保险合同而产生的，是一种合同当事人双方的权利义务关系，是《保险法》调整的主要方面。

5. 保险中介关系

保险中介关系主要是指保险人或投保人与保险代理人或保险经纪人之间的关系，起到沟通保险人与投保人的作用。

6. 保险人之间的关系

保险人之间的关系包括两方面，即保险企业内部组织关系以及保险企业之间的外部关系，前者是一种纵向的管理关系，受保险公司法的规范，后者主要是一种横向的竞争与协调关系。除受《保险法》的规范外，还受《反不正当竞争法》的规范。

7. 投保方之间的关系

投保方之间的关系主要是投保人与被保险人及受益人之间的关系，三者之间可能统一也可能不统一。

三、《保险法》的效力范围

（一）《保险法》的时间效力

1.《保险法》的生效日期

法律的生效日期有两种，一是颁布之日起施行，二是公布之日起满一定时间生效。《保

险法》采用的是后一种，该法第一百八十五条规定其自2009年10月1日起施行。

2.《保险法》的失效日期

一般来说，若法律未规定施行的时间期限，则被视为不受时间的限制直到其被命令废除而失效。废除原有法律的主要方式有：

（1）在新制定的法律中宣布过去生效的法律即行废止，其适用效力上的新法改旧法的原则。

（2）通过发布命令废除已生效的法律。

（3）在新制定的法律中声明凡与之相抵触的法律和法规不再有效。

（4）《保险法》未规定废止时间，留待以后的法律予以明确。

（5）《保险法》的溯及力。法律的溯及力是指法律是否追究生效之前的事件和行为。如果追究，则称之为“溯及既往”，否则称之为“不溯及既往”。我国《保险法》中没有该法具有溯及力的规定，即采用“不溯及既往”原则。

（二）《保险法》的空间效力

关于《保险法》的空间效力，不同的国家有着不同的规定，依照我国《保险法》第三条规定：“在中华人民共和国境内从事保险活动，适用本法。”同时，《中华人民共和国宪法》规定：“除在特别行政区基本法中规定适用的全国法律外，其他法律不适用特别行政区。”据此，我国《保险法》的空间效力是除依法设立的特别行政区外的全部中华人民共和国的领土范围。

（三）《保险法》对人的效力

根据对《保险法》的空间效力及其他条款的理解，《保险法》对人的效力是参加到商业保险活动中的中华人民共和国境内的所有自然人和法人。具体地说有以下几种：

（1）国家负责金融监管部门——中国保险监督委员会。

（2）在中国从事商业保险活动的，具有中国法人资格的保险公司、外国保险公司在中国设立的分公司，以及依法取得营业资格的保险代理人、保险经纪人和保险公证人等。

（3）参加了依照《保险法》开办的商业保险的中国公民、外国公民和无国籍人等。

四、保险合同的基本规定

（一）保险合同的概念

保险合同作为各国保险制度的直接运作手段，是商业保险必须具备的一种特定的法律形式，也是《保险法》的主要规范内容之一。

合同又称契约。合同是民事主体之间设立、变更、终止民事法律关系的协议。保险合同是合同的一种。根据《保险法》第十条规定：“保险合同是投保人与保险人约定保险权利义务关系的协议。”保险合同实质上是一种债权合同，即保险人只能对投保人有请求给付保险费的债权，在保险事故发生前有承担危险的债务，在保险事故发生后有依约赔偿或给付保险金的债务。保险人与投保人，一方的权利对应另一方的义务，因此，保险合同又是一种双方有偿合同。

保险合同既属于合同的一种，又是一种债权债务关系。依据法学原理，其首先受到《保险法》的规定，此外，如《保险法》没有规定的项目还要符合《中华人民共和国民法典》等的规定。

（二）保险合同的主体

保险合同的主体包括保险合同的当事人、关系人和辅助人。主体是保险合同不可缺少的要素，没有主体就没有保险合同。

1. 保险合同的当事人

保险合同的当事人是指保险合同的双方缔约人。就订立保险合同的缔约人而言，保险合同的当事人是保险人和投保人。

《保险法》第十条规定："保险人是指与投保人订立保险合同，并按照合同约定承担赔偿或者给付保险金责任的保险公司。"其法律特征主要是：保险人必须是依法成立的经营保险业务的公司法人，任何自然人或未经特别许可的法人都不得擅自经营保险业务。

《保险法》第十条规定："投保人是指与保险人订立保险合同，并按照合同约定负有支付保险费义务的人。"其法律特征是：投保人可以是自然人，也可以是法人。投保人为自然人时，应当具有完全民事行为能力；投保人为法人时，应当具有权利能力。

2. 保险合同的关系人

保险合同的关系人是指虽然不是保险合同缔约人，却享有保险合同权利或承担保险合同义务的人。保险合同的关系人包括被保险人和受益人。

《保险法》第十二条规定："被保险人是指其财产或人身受保险合同保障，享有保险金请求权的人，投保人可以为被保险人。"第十八条规定："受益人是指人身保险合同中由被保险人或者投保人指定的享有保险金请求权的人。投保人、被保险人可以为受益人。"

在保险业务中，投保人、被保险人和受益人合称投保方，三者之间存在着种种联系。投保人和被保险人可以是一人，也可以是两人，投保人可以为受益人，但须经被保险人指定或同意。

3. 保险合同的辅助人

保险合同的辅助人是指为订立、履行保险合同充当中介人或提供服务，并收取中介服务费的人。保险辅助人包括保险代理人和保险经纪人。

《保险法》第一百一十七条规定："保险代理人是根据保险人的委托，向保险人收取佣金，并在保险人授权的范围内代为办理保险业务的机构或者个人。"其法律特征主要是：

（1）保险代理人以保险人的名义进行代理活动。

（2）保险代理人在保险人授权范围内做独立的意思表示。

（3）保险代理人与投保人实施的民事法律行为具有确立、变更或终止一定的民事权利义务关系的法律意义。

（4）通过保险代理人订立保险合同或办理其他保险业务所产生的权利义务，视为保险人自己的民事法律行为，其后果由保险人承担。

《保险法》第一百一十八条规定："保险经纪人是基于投保人的利益，为投保人与保险人订立保险合同提供中介服务，并依法收取佣金的机构。"其法律特征主要是：

（1）保险经纪人是投保人的代理人，其必须接受投保人的委托，基于投保人的利益，按照投保人的要求进行业务活动。

（2）保险经纪人不是合同当事人，其仅为促使投保人与保险人订立合同创造条件，组织成交，提供中介服务，而不能代保险人订立保险合同。

（3）保险经纪人只能以自己的名义从事中介服务活动，但其有自行选择向哪家保险公

司投保的权利。

（4）保险经纪人从事的是有偿活动，有权向委托人收取佣金，其佣金主要有两种形式：一种是由保险人支付的，主要来自其所收保险费的提成；另一种是当投保人有必要委托保险经纪人向保险人请求赔付时，由投保人向保险经纪人支付相关报酬。

（5）保险经纪人必须是依法成立的机构而非个人，并承担其活动所产生的法律后果。投保人对保险经纪人的经纪活动并不承担责任，保险经纪人因其过错造成的损失由自身承担。

（三）保险合同的客体

保险合同的客体是保险合同当事人的权利和义务共同指向的对象，保险合同如果没有客体就丧失了存在的意义。

根据《保险法》第十二条规定：“财产保险的被保险人在保险事故发生时，对保险标的应当具有保险利益。”保险的对象是保险标的，但保险合同的订立和履行并不能保障保险标的的本身不受损失，而只是保障投保人、被保险人在保险事故或事件发生后，在该保险标的上得到法律承认的利益（即保险利益）不受损失。因此，保险标的本身不是保险合同的客体，只有依附其上的保险利益才是保险合同的客体。

（四）保险合同的内容

保险合同的内容，即保险合同条款。保险合同条款主要体现双方当事人的权利和义务，一般都由保险人事先拟订，其内容包括基本条款和特约条款两部分。

1. 保险合同的基本条款

根据《保险法》第十八条规定，保险合同应当包括下列内容：

（1）保险人的名称和住所。

（2）投保人、被保险人的姓名或名称、住所，以及人身保险的受益人的姓名或名称、住所。

（3）保险标的。

（4）保险责任和责任免除。

（5）保险期间和保险责任开始时间。

（6）保险金额。

（7）保险费以及支付办法。

（8）保险金赔偿或者给付办法。

（9）违约责任和争议处理。

（10）订立合同的年、月、日。

2. 保险合同的特约条款

《保险法》第十八条规定：“投保人和保险人可以约定与保险有关的其他事项。”这说明除基本条款外，当事人还可以通过协商特别约定其他保险条款。这类条款通常都分为两类：一是扩大或限制保险责任的条款；二是约束投保人或被保险人行为的条款，后者又被称为保证条款。

五、保险合同的订立、履行、变更和终止

（一）保险合同的订立和生效

1. 保险合同的订立

保险合同的订立是指投保人和保险人在意思表示一致的情况下设立保险合同的行为。保

险合同是双方当事人约定保险权利和义务的协议，是当事人之间的一种合意行为，需要经过一方当事人提出保险要求，另一方当事人表示同意承保的程序。在法律上，通常把提出保险要求称之为保险上的邀约，把同意承保称之为保险上的承诺，保险合同只有经过邀约和承诺两个阶段才能成立。

投保人邀约是订立保险合同的必须和首要程序，必须采取书面形式。保险实务中，这种书面形式则为投保单。投保单是保险人事先制定的，投保人必须按照投保单所列举的内容逐一填写，投保人填写的内容准确与否直接关系到投保人是否履行了如实告知的义务。当然，对于投保单上没有列举的内容，投保人不承担告知义务。

保险人承诺就是保险人认可了投保人在投保单上填写的全部内容，接受了投保人在投保单上提出的所有条件，同意在双方合意的条件下承担保险责任。保险人承诺是保险合同成立的必须程序，保险人承诺既可以由保险人自己做出，也可以由保险代理人做出。

2. 保险合同的成立和生效

保险合同的成立是指保险合同双方当事人经过邀约、承诺的程序而达成了协议。保险实务中，保险人在投保单上签字盖章并注明订立时间后，保险合同即告成立。

保险合同的生效是指在合同依法成立的前提下，保险合同开始对保险双方当事人产生法律约束力。保险合同的生效除了形式要件外，还必须具备一些实质要件，如订立合同的双方当事人资格是否合格，保险合同有没有与保险法律、法规相抵触的条款，合同内容有没有违背公序良俗等。保险合同若同时具备形式要件和实质要件，一般情况下，合同成立即意味着开始生效，但也有特殊情况，如附加条件生效的保险合同和有试保期生效的保险合同等例外。

3. 保险合同订立的凭证

保险合同订立的凭证是指能够证明双方当事人已经达成保险协议的书面文件，这些文件主要包括投保单、暂保单、保险单、保险凭证、批单或批注等。

4. 保险合同的解释

保险合同生效后，双方当事人在主张权利或履行义务时往往会涉及对合同条款乃至条款中语言文字的理解，不同的理解会产生保险纠纷，甚至引起仲裁或诉讼，因此为了判断当事人的真实意图，保护当事人的合法权益，准确处理保险纠纷，则有必要确立保险合同的解释原则。在保险实务中，对保险合同的解释主要采用以下原则：

（1）文义解释原则，即对于保险合同条款的文字，应当按普遍的理解、通常的含义进行解释的原则。根据这一原则，保险人在制订保险合同条款时，如果使用的文字具有特殊含义，则应当作必要说明，否则一律按文义解释。

（2）逻辑解释原则，即对于保险合同条款的上下文，应当进行逻辑分析和推理，从而判明当事人真实意图的解释原则。根据这一原则，保险人在制订合同条款时，应当注意文本的逻辑概念的统一性，避免上下文之间产生矛盾。

（3）专业解释原则，即对于保险合同中出现的专用术语，应当按照其所属专业的专业技术含义来解释的原则。

（4）有利于被保险人或受益人的解释原则，即当保险合同出现纠纷时，按照其他解释原则难以判明当事人的真实意图时，所采取的保护被保险人或受益人的原则。产生这一原则的根本原因是保险合同双方当事人的地位实质上是不平等的。保险合同由保险人事先制定，

投保方只能表示接受与否，在专业知识、保险信息方面，投保方也处于绝对劣势，作为救济措施，法律要求保险人在制订保险合同时，必须做到公平合理、准确精密，如果保险人做不到这一点，则必须承担法律责任。

（二）保险合同的履行

保险合同的履行是指保险合同成立后，双方当事人完成各自承担的义务，保证对方权利实现的整个行为过程。保险合同的履行是投保方和保险方双方的义务。

1. 投保方的合同履行义务

（1）按期、足额缴纳保险费。

（2）维护保险标的的安全。

（3）履行危险增加通知义务。

（4）履行出险通知义务。

（5）保险事故发生时，履行积极施救义务等。

2. 保险人的合同履行义务

（1）承担赔偿或给付保险金责任。

（2）承担施救及其他合理费用。

六、索赔和理赔

1. 索赔

索赔是保险事故发生后，被保险人或受益人根据保险合同约定，向保险人提出支付保险金要求的行为。行使索赔权的主题，原则上应是被保险人或受益人。若被保险人为无民事行为能力或限制民事行为能力人，则可以由其法定的代理人代为行使索赔权。行使索赔权还有时间限制，即索赔时效。《保险法》第二十六条规定：“人寿保险以外的其他保险的被保险人或者受益人，向保险人请求赔偿或给付保险金的诉讼时效期间为二年，自其知道或者应当知道保险事故发生之日起计算。”“人寿保险的被保险人或者受益人向保险人请求给付保险金的诉讼时效期间为五年，自其知道或者应当知道保险事故发生之日起计算。”此外，索赔是一种要式行为，其过程必须遵循一定程序，一般包括：

（1）提出索赔请求。

（2）接受检验。

（3）提供索赔单证。

（4）领取保险金。

（5）出具权利转让证书等。

2. 理赔

理赔是指保险人因被保险人或受益人的请求，依据保险合同审核保险责任并处理保险赔付的行为。保险人在履行这一重要义务时，应当重合同，守信用，做到主动、迅速、准确、合理。理赔的一般程序是：

（1）立案。

（2）检验。

（3）核定保险责任。

（4）支付保险金或发出拒赔通知书。

3. 理赔期限

理赔中的重要原则是“迅速”，要求保险人迅速进行理赔，这是为了帮助被保险人或受益人尽快从危险事故的阴影中摆脱出来，尽快恢复到出险前的状况。为此，《保险法》在第二十三条、第二十四条、第二十五条中，对理赔的期限做了如下规定：

（1）保险人应对索赔请求及时做出核定，对属于保险责任的，在与被保险人或者受益人达成赔偿或者给付保险金的协议后十日内，履行赔偿或者给付保险金义务。

（2）保险合同对赔付期限有约定的，保险人应当按照约定的期限履行赔付义务。

（3）保险人未及时履行上述义务的，除支付保险金外，应当赔偿被保险人或受益人因此而受到的损失。

（4）对不属于保险责任的，应当自做出核定之日起三日内向被保险人或者受益人发出拒绝赔偿或者拒绝给付保险金通知书，并说明理由。

（5）保险人自收到赔偿或者给付保险金的请求和有关证明、资料之日起六十日内，对其赔偿或者给付保险金的数额不能确定的，应当根据已有证明和资料可以确定的数额先予支付；保险人最终确定赔偿或者给付保险金的数额后，应当支付相应的差额。

4. 保险合同的变更

保险合同的变更是指在保险合同有效期限内，由于订立保险合同时所依据的主客观情况发生变化，双方当事人按照法定或合同规定的程序，对原保险合同的某些条款进行修改或补充的行为。根据保险合同的内容，这种变更行为可分为主体变更、客体变更、条款变更三种。一般而言，保险合同的变更是一种双方民事行为，其生效的条件是：投保人或被保险人提出变更书面申请，保险人同意后签发批单或批注。少数属于单方民事行为，如被保险人变更受益人，只需书面通知保险人即可，而不必得到保险人同意。

5. 保险合同的解除

保险合同的解除是指双方当事人依法或以合同约定而提前终止保险合同的行为。保险合同的解除可以分为投保人解除和保险人解除两大类。

《保险法》第十五条规定：“除本法另有规定或者保险合同另有约定外，保险合同成立后，投保人可以解除合同，保险人不得解除合同。”从法律规定看，保险人得以解除合同的前提是投保人、被保险人或受益人有违约或违法行为。《保险法》在第十六条、二十七条、三十二条、三十六条、三十七条、五十一条和五十二条中分别规定了保险人在以下几种情况出现时可以解除合同：

（1）投保人未履行如实告知义务。

（2）被保险人或受益人谎称发生保险事故骗保。

（3）投保方故意制造保险事故。

（4）被保险人年龄不真实，并且真实年龄不符合合同约定的年龄限制。

（5）投保方未按照约定履行对保险标的的安全应尽的责任。

（6）保险标的的危险程度增加。

（7）保险合同终止后未能复效等。

除通过法律规定外，如果双方当事人在订立保险合同时有解除合同的约定，保险人也可以据此解除合同。保险合同一经解除，合同效力归于消灭，双方当事人约定的权利和义务不复存在，但合同解除不影响原合同中争议处理条款的效力，也不影响当事人要求赔偿的

权利。

6. 保险合同的终止

保险合同的终止是指保险合同双方当事人消灭合同确定的权利和义务行为。保险合同一旦终止，就失去法律效力，但是原合同中争议处理条款的效力和当事人要求赔偿的权利不受影响，保险合同的终止可以分为三种情况：

（1）自然终止。自然终止即保险合同因合同期限届满而终止的情况。

（2）义务履行而终止。保险事故发生后，由于保险人履行了赔付保险金的全部责任，导致合同终止。这里的全部责任是指发生了保险人应当按约定的保险额全部赔偿或给付的保险事故，保险人赔付后即承担了全部责任。如果保险标的只是部分受损，保险人履行部分赔付保险责任后，保险合同则继续有效。

（3）当事人行使终止权而终止。在符合法律规定或合同约定的一定条件下，当事人具有终止权，在履行适当的义务后即行使终止权而使保险合同终止，包括解除合同而终止。

7. 无效保险合同

无效保险合同是法律不予承认或保护的保险合同。该保险合同因法定或约定的原因，自然而确定地不发生效力。如前所述，保险合同成立后是否发生效力，除形式上必须具备生效要件外，还必须具备生效的实质性要件，只要缺少其中之一，该合同就是无效合同。《保险法》第三十一条规定：“订立合同时，投保人对被保险人不具有保险利益的，合同无效。”《保险法》第四十八条规定：“保险事故发生时，被保险人对保险标的不具有保险利益的，不得向保险人请求赔偿保险金”。《保险法》第十七条规定：“对保险合同中免除保险人责任的条款，保险人在订立合同时应当在投保单、保险单或者其他保险凭证上做出足以引起投保人注意的提示，并对该条款的内容以书面或者口头形式向投保人做出明确说明；未做提示或者明确说明的，该条款不产生效力。”这是合同部分无效的情况。《保险法》第五十五条规定：“保险金额不得超过保险价值。超过保险价值的，超过部分无效，保险人应当退还相应的保险费。”《保险法》第三十四条规定：“以死亡为给付保险金条件的合同，未经被保险人同意并认可保险金额的，合同无效。”除了以上五种法条直接规定无效的情况外，也可能出现合同的内容与法律、法规相抵触，或主体资格不合格等可以明确判定合同无效的情况，以及出现合同中约定的无效情况。

无效保险合同不受法律保护，也不能达到当事人预期的效果，但是这并不表明无效保险合同没有法律意义，保险合同一旦被认定为无效，同样会产生一定的法律后果，其中主要有返还财产、赔偿损失和行政处罚等。

七、保险业的基本规定

1. 保险公司的规定

我国保险业的组织形式是实行公司制，保险公司应当采取股份有限公司或国有独资公司的组织形式。设立保险公司必须经金融监管部门的批准，其注册资本的最低限额为人民币2亿元。保险公司的设立、变更、解散和清算，适用《保险法》《中华人民共和国公司法》等其他有关法律和行政法规的规定。

2. 保险业务范围和经营规则的规定

《保险法》第四章中规定了保险公司的业务范围，包括：

（1）财产保险业务包括财产损失保险、责任保险、信用保险等保险业务。

（2）人身保险业务包括人寿保险、健康保险、意外伤害保险等保险业务。

（3）国务院保险监督管理机构批准的与保险有关的其他业务。

保险人不得兼营人身保险业务和财产保险业务。但是，经营财产保险业务的保险公司经国务院保险监督管理机构批准，可以经营短期健康保险业务和意外伤害保险业务。

为了确保投保人的利益和维护保险业务的安全，保险公司应当具有与其业务规模相适应的最低偿付能力。保险公司应当根据保障被保险人利益、保证偿付能力的原则提取各项责任准备金。

在资金运用上，保险公司必须遵循稳健与安全性原则，并保证资产的保值增值。其资金运用途径按照《保险法》的规定限于在银行存款、买卖政府债券、金融债券和国务院规定的其他资金运用形式。

3. 保险业的监督管理的规定

我国保险业的监管部门是国务院保险监督管理机构和中国保险监督委员会（以下简称保监会）。保险公司依法接受保监会的监督管理，保监会有权检查保险公司的业务状况、财务状况及资金运用情况，有权要求保险公司在规定的期限内提供有关的书面报告和资料。

4. 法律责任的规定

《保险法》第七章规定，投保人、被保险人或者受益人进行保险欺诈活动构成犯罪的，应依法追究刑事责任。保险公司及其工作人员在保险业务中有隐瞒与保险合同有关的重要情况，欺骗保险人、被保险人或者受益人，不履行保险合同等违反保险经营规则的行为，都应依法承担相应的法律责任。保险代理人和保险经纪人在其业务活动中有欺骗行为、非法从事保险代理业务或者经营业务，要依法承担相应的法律责任。擅自设立保险公司或者非法从事商业保险业务活动的，或超出批准的业务范围从事保险业务的，由保监会处理。

八、《保险法》的基本原则

《保险法》的基本原则，即集中体现《保险法》本质和精神的基本准则。它既是保险立法的依据，又是保险活动中必须遵循的准则。《保险法》的基本原则是通过《保险法》的具体规定来实现的，而《保险法》的具体规定也必须符合基本原则的要求。

（一）保险与防灾减损相结合的原则

从根本上说，保险是一种危险管理制度，目的是通过危险管理来防止或减少危险事故，把危险事故造成的损失缩小到最低程度，由此产生了保险与防灾减损相结合的原则。

1. 保险与防灾相结合的原则

保险与防灾相结合的原则主要适用于保险事故发生前的事先预防。根据这一原则，保险方应对承保的危险责任进行管理，其具体内容包括：调查和分析保险标的的危险情况，据此向投保方提出合理建议，促使投保方采取防范措施并进行监督检查，向投保方提供必要的技术支援，共同完善防范措施和设备，对不同的投保方采取差别费率制，以促使其加强对危险事故的管理，即对事故少、信誉好的投保方给予降低保险费的优惠，反之，则提高保险费等。遵循这一原则，投保方应遵守国家有关消防、安全、生产操作、劳动保护等方面的规定，主动维护保险标的的安全，履行所有人、管理人应尽的义务。同时，按照保险合同的规定，履行危险增加通知义务。

2. 保险与减损相结合的原则

保险与减损相结合的原则主要适用于保险事故发生后的事后减损。根据这一原则，如果

发生保险事故，投保方应尽最大努力积极抢险，避免事故蔓延、损失扩大，并保护出险现场，及时向保险人报案，而保险方则通过承担施救及其他合理费用来履行义务。

（二）最大诚信原则

由于保险关系的特殊性，人们在保险实务中越来越感到诚信原则的重要性，要求合同双方当事人最大限度地遵守这一原则，故称最大诚信原则。具体讲是要求双方当事人不隐瞒事实，不相互欺诈，以最大诚信全面履行各自的义务，从而保证对方权利的实现。最大诚信原则是合同双方当事人都必须遵循的基本原则，其表现为以下几个方面：

1. 履行如实告知义务

履行如实告知义务是最大诚信原则对投保人的要求。由于保险人面对广大的投保人，所以不可能一一去了解保险标的的各种情况。因此，投保人在投保时应当将足以影响保险人决定是否承保，足以影响保险人确定保险费率或增加特别条款的重要情况向保险人如实告知。保险实务中一般以投保单为限，即投保单中询问的内容，投保人必须如实填写。除此之外，投保人不承担任何告知义务。告知分保险人的告知和投保人的告知两种。

（1）保险人的告知形式。保险人的告知形式包括明确列明和明确说明。

1）明确列明是指保险人只需将保险的主要内容明确列明在保险合同中，即视为已告知被保险人。

2）明确说明是指保险人在明确列明的基础上，还需要对投保人进行明确的提示和正确的解释。

国际上只要求保险人采用明确列明。我国要求保险人采用明确列明和明确说明。

（2）投保人的告知形式。投保人的告知形式包括无限告知和询问回答告知。

《保险法》第十六条规定：“订立保险合同，保险人就保险标的或者被保险人的有关情况提出询问的，投保人应当如实告知。”

投保人因故意或过失没有履行如实告知义务，则将要承担相应的法律后果，包括保险人可以据此解除保险合同，如果发生保险事故，保险人有权拒绝赔付等。

例如，车辆如果被车主私自改装，在投保时却没有告诉保险公司，则发生相关保险事故时，保险公司将有权拒赔。

2. 履行说明义务

履行说明义务是最大诚信原则对保险人的要求。由于保险合同由保险人事先制定，投保人只有表示接受与否的选择，通常投保人又缺乏保险知识和经验，因此在订立保险合同时，保险人应当向投保人说明合同条款内容。对于保险合同的一般条款，保险人应当履行说明义务。对于保险合同的责任免除条款，保险人应当履行说明义务，未明确说明的，责任免除条款不发生效力。

3. 履行保证义务

这里的保证是指投保人向保险人做出承诺，保证在保险期间遵守作为或不作为的某些规则，或保证某一事项的真实性。因此，这也是最大诚信原则对投保人的要求。

保证分为明示保证和默示保证两种。

（1）明示保证。明示保证以保险合同条款的形式出现，是保险合同的内容之一，故为明示。如机动车辆保险中有遵守交通规则、安全驾驶、做好车辆维修和维护工作等条款，一旦合同生效，即构成投保人对保险人的保证，对投保人具有作为或不作为的约束力。

（2）默示保证。默示保证在保险合同条款中并不出现，往往以社会上普遍存在或认可的某些行为规范为准则，并将此视作投保人保证作为或不作为的承诺，故为默示。如财产保险附加盗窃险合同中，虽然没有明文规定被保险人外出时一定要关闭门窗，但这是一般常识下应该做的行为，这种社会公认的常识，即作为默示保证，也成为保险人之所以承保的基础。所以，因被保险人没有关闭门窗而招致的失窃，保险人则不承担保险责任。

4. 弃权和禁止抗辩

弃权和禁止抗辩是最大诚信原则对保险人的要求。弃权是指保险人放弃法律或保险合同中规定的某项权利，如拒绝承保的权利、解除保险合同的权利等。禁止抗辩与弃权有紧密联系，是指保险人既然放弃了该项权利，就不得向被保险人或受益人再主张这种权利。

5. 违反最大诚信原则的处理

对投保人而言，违反如实告知义务的主要表现为遗漏、隐瞒、伪报、欺诈等行为。可以视情况决定是否从违约开始废止保险合同，也可以对某一个索赔案拒绝赔付。

对保险人而言，违反如实说明义务的主要表现是未履行说明义务，则责任免除条款不发生效力。如果保险人已经弃权，那么其后果是保险人将丧失基于被保险人的某特定违约行为而产生的合同解除权和抗辩权。但如果投保人、被保险人、受益人有其他违约行为，保险人仍可依据法律或约定享有抗辩权或合同解除权。

（三）保险利益原则

我国《保险法》第三十一条规定："订立合同时，投保人对被保险人不具有保险利益的，合同无效。"《保险法》第四十八条规定："保险事故发生时，被保险人对保险标的不具有保险利益的，不得向保险人请求赔偿保险金"。

《保险法》第十二条规定："保险利益是指投保人或者被保险人对保险标的具有法律上承认的利益。"

根据上述规定，保险利益的原则主要有两层含义：其一，投保人在投保时，必须对保险标的具有保险利益，否则保险就可能成为一种赌博，丧失其补偿经济损失、给予经济帮助的功能；其二，有无保险利益，是判断保险合同有效或无效的根本依据。缺乏保险利益要件的保险合同，自然不发生法律效力。保险利益表现形式体现为下列权利：所有权、租赁权、抵押权、使用权、保管权等。

1. 财产保险利益

财产保险的保险标的是财产及其相关利益，其保险利益是指投保人对保险标的具有法律上承认的经济利益。财产保险的保险利益应当具备以下三个要素：

（1）必须是法律认可并予以保护的合法利益。

（2）必须是经济上的利益。

（3）必须是确定的经济利益。

2. 人身保险利益

人身保险的保险标的是人的寿命和身体，其保险利益是指投保人对被保险人寿命和身体所具有的经济利害关系，以《保险法》第三十一条规定可以得出，人身保险的保险利益具有以下特点：

（1）是法律认可并予以保护的人身关系。

（2）人身关系中具有财产内容。

（3）构成保险利益的是经济利害关系。

经济利害关系虽然无法用金钱估算，但投保人与保险人在订立保险合同时，可以通过约定保额来确定。

保险利益原则在保险合同的订立、履行过程中有不同的使用要求。就财产保险而言，投保人应当在投保时对保险标的具有保险利益。合同成立后，被保险人可能因保险标的的买卖、转让、赠予、继承等情况而变更，因此发生保险事故时，被保险人应当对保险标的具有保险利益，否则就不能得到保险公司的合理赔偿，而投保人是否仍具有保险利益，则无关紧要。

在机动车辆保险实践中，这就要求在车辆转让或交易时一定要办理批改业务，否则，原有车主投保的机动车辆保单仍然在有效期内，新的车主也不能在得到车辆的所有权的同时获得该保单的所有权。例如，车辆过户后，原车主对该车辆就不具备可保利益（即该车已不是原车主的财产，与原车主之间不存在利益关系），因此，如果不对保单进行批改，则原保单将失效。

就人身保险而言，投保时，投保人必须对被保险人具有保险利益，至于发生保险事故时投保人是否仍具有保险利益，则无关紧要。

（四）损失赔偿原则

这是财产保险特有的原则，是指保险事故发生后，如保险人在其责任范围内，则对被保险人遭受的实际损失进行赔偿的原则，其内涵主要有以下几点：

1. 补偿原则

（1）赔偿必须在保险人的责任范围内进行。保险人只有在保险合同规定的期限内，以约定的保险金额为限，对合同中约定的危险事故所致损失进行赔偿。保险期限、保险金额和保险责任是构成保险人赔偿的不可或缺的要件。

（2）赔偿额应当等于实际损失额。按照民事行为的准则，赔偿应该和损失等量，被保险人不能从保险上得到更多的利益。因此，保险人赔偿的金额只能是保险标的实际损失的金额。换言之，保险人的赔偿应当恰好使保险标的恢复到出险之前的状态。

（3）损失赔偿是保险人的义务。据此，被保险人提出索赔请求后，保险人应当按主动、迅速、准确、合理的原则尽快核定损失，与索赔人达成协议并履行赔偿义务。保险人未及时履行赔偿义务时，除支付保险金外，还应当赔偿被保险人因此受到的损失。

2. 补偿限额

损失赔偿原则可有效杜绝保险不法行为，防范道德风险的发生。赔偿时，必须把握三个限度，以保证被保险人既能恢复失去的经济利益，又不会额外收益，其三个限度如下：

（1）以实际损失为限。

（2）以保险金额为限。

（3）以保险利益为限。

例如，车主以10万元购一辆二手车，投保车损险时，应按此款车新车购置价18万元投保；但如果保险事故车辆全损，保险公司则只能赔付10万元而非18万元。

（五）近因原则

近因原则是指损害结果必须与危险事故的发生具有直接的因果关系，若危险事故属于保险人责任范围的，保险人就赔偿或给付。在实际生活中，损害结果可能由单因或多因造成。

1. 单因

如果该近因属于保险风险，则保险人应该承担赔偿或给付保险金的责任。

2. 多因

多因比较复杂，分为以下几种情况：

（1）多因同时发生。若同时发生的都是保险事故，则保险人承担责任，若其中既有保险事故也有责任免除事项，保险人只承担保险事故造成的损失。

（2）多因连续发生。两个以上灾害事故连续发生造成的损害，一般以最近的（后因）、最有效的原因为近因，若其属于保险事故，则保险人承担赔付责任，但后果是前因直接自然的结果，合理连续或自然延续时，以前因为近因。

（3）多因间断发生。多因间断发生即后因与前因之间没有必然因果关系，彼此独立。这种情况的处理与单因大致相同，即保险人视各种独立的危险事故是否属于保险事故来决定是否赔付。

（六）分摊原则

分摊原则是损失赔偿原则的派生原则，适用于重复保险。其作用主要防止被保险人获不当利益和避免引发道德风险。

在机动车辆保险实务中，重复保险的分摊原则的方法一般采用比例责任制和超额赔偿制。

1. 比例责任制

当损失发生的时候，如果保险合同均属有效，则按照各保险合同中承保的保险金额占总保险金额的比例分摊损失，但其赔偿总额不能超过保险标的的实际价值。机动车辆保险的综合责任险一般采用以下三种方式分摊：

（1）比例责任制分摊。比例责任制又称保险金额比例分摊制，是各保险人按各自单独承保的保险金额占总保险金额的比例来分摊保险事故损失的方式。计算公式如下：

某保险人承担的赔偿责任 = 该保险人的保险金额 ÷ 所有保险人的保险金额总和 × 实际损失

（2）限额责任制分摊。限额责任制也称赔款比例分摊制，是指保险人承担的赔偿责任以单独承保时的赔款额作为分摊的比例而不是以保险额为分摊的基础。计算公式如下：

某保险人承担的赔偿责任 = 该保险人单独承保时的赔款金额 ÷ 所有保险人单独承保时的赔款金额的总和 × 实际损失

（3）顺序责任制分摊。顺序责任制按出单时间顺序赔偿，先出单的公司在其保险限额内赔偿，后出单的公司只在其损失额超出前家公司的保险额时，再在其保险限额内赔偿超出部分，如果还有其他保险公司承担，那么依据时间顺序按照此方法顺推下去。

2. 超额赔偿制

当没有其他保险合同可以理赔或其他保险合同赔偿不足时，本保险合同予以赔偿。在理赔时，投保人应该先向其他保险人索赔，本保险合同仅对超额部分予以赔偿。如当机动车第三者责任险与社会保险发生重叠时，采用此方式分摊。

（七）代位追偿原则

代位追偿是指在财产保险中，由于第三者的过错致使保险标的发生保险责任范围内的损失，保险人按照保险合同的约定给付了保险金后，保险人取得被保险人作为受害人的地位，

行使向致害人（侵权者）进行民事侵权索赔的权利。

代位追偿原则是损失赔偿原则的派生原则。代位原则只在财产保险中适用，不适合于人寿保险。

1. 赔偿原则

（1）保险人通过代位追偿得到的第三者的赔偿额度，只能以保险人支付给被保险人的实际赔偿的保险金额为限，超出部分的权利属于被保险人，保险人无权处理。

（2）如果被保险人向有责任的第三者请求并得到全部赔偿，保险人则不再履行任何赔偿义务，也无代位追偿可言。

（3）如果被保险人向有责任的第三者请求并得到部分赔偿，则仍然有权向保险人提出索赔要求，保险人的赔偿责任是保险标的的实际损失与被保险人已获得第三者赔偿的差额。对于此差额部分，保险人具有代位追偿权。

2. 代位原则分类

代位原则分为权利代位和物上代位两种。

（1）权利代位。权利代位又称代位追偿，是指由于第三者的过错致使保险标的发生保险责任范围内的损失，保险人按照保险合同的约定给付了保险金后，依法取得向对损失负有责任的第三者进行追偿的权利。代位追偿权产生的条件如下：

1）保险标的损失必须是由第三者造成的。

2）保险标的的损失是保险责任范围内的损失。

3）代位追偿权的产生必须在保险人给付保险金之后。

4）不能放弃对第三方追偿的权利。

5）车辆必须购买有车辆损失险。

代位追偿权的范围：保险人通过代位追偿得到的第三者的赔偿额度，只能以保险人支付给被保险人的实际赔偿的保险金额为限。超出部分的权利属于被保险人，保险人无权处理。

代位追偿对象的限制：除被保险人的家庭成员或者其组成人员故意造成保险事故以外，保险人不得对被保险人的家庭成员或者其组成人员行使代位追偿的权利。

例如，汽车驾驶人因闯红灯违章，撞坏了甲的汽车，如果甲投保了汽车碰撞保险，则甲有两种选择：第一种是直接向责任方乙索赔；第二种是为了减少麻烦，甲可以从保险公司取得应有的赔款，保险公司再向责任方乙追讨同额的补偿，其代位追偿如图 1-3 所示。

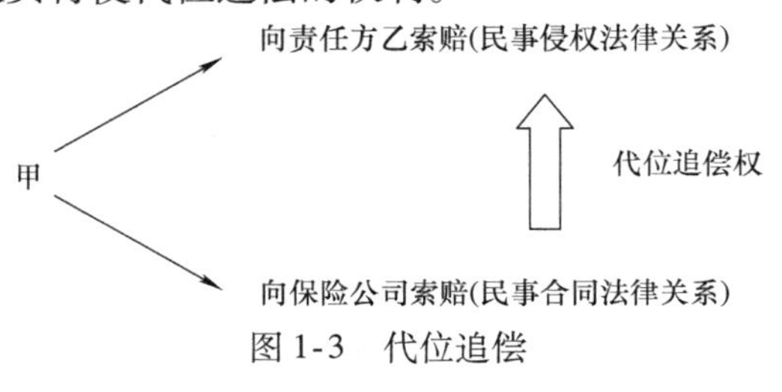

图 1-3 代位追偿

（2）物上代位。物上代位又称所有权代位，是指保险标的因遭受保险事故而发生全损或推定全损，保险人在全额支付保险赔偿金之后，即拥有对该保险标的物的所有权，即代位取得对受损保险标的的权利和义务。

物上代位一般产生于对保险标的做推定全损的处理。推定全损是指保险标的遭受保险事故尚未达到完全损毁或完全灭失的状态，但实际全损已经不可避免，或者修复和费用将超过保险价值，或者失踪达一定时间，保险人按照全损处理的一种推定性的损失。由于推定全损是保险标的并未完全损毁或灭失，即还有残值，而失踪可能是被他人非法占有，并非物质上的灭失，日后或许能够得到索还，所以保险人在按全损支付保险赔款后，理应取得保险标的的所有权，否则被保险人就可能由此而获得额外的收益。

物上代位权的取得是通过委付。委付的成立必须具备一定的条件，委付产生的条件有：

（1）委付必须由被保险人向保险人提出。

（2）委付应就保险标的的全部。

（3）委付不得附有条件。

（4）委付必须经过保险人的同意。

3. 申请代位追偿流程

（1）代位追偿步骤。申请代位追偿需要 5 个步骤，具体代位追偿流程如图 1-4 所示。

1）找 4S 店协助走程序定损、修车、填表等。

2）等待对方复议，复议时间为 15 天，复议期间对方会接到交警的电话通知。

3）保险公司正式代位追偿，同时提前赔付。

4）车主配合保险公司作证。

5）取得赔偿，案子终结。

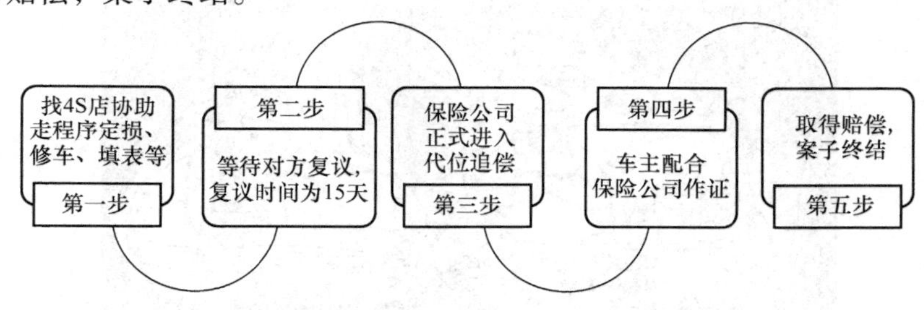

图 1-4 代位追偿流程

（2）申请代位追偿时需要准备的材料。申请代位追偿时需要准备的材料如图 1-5 所示。

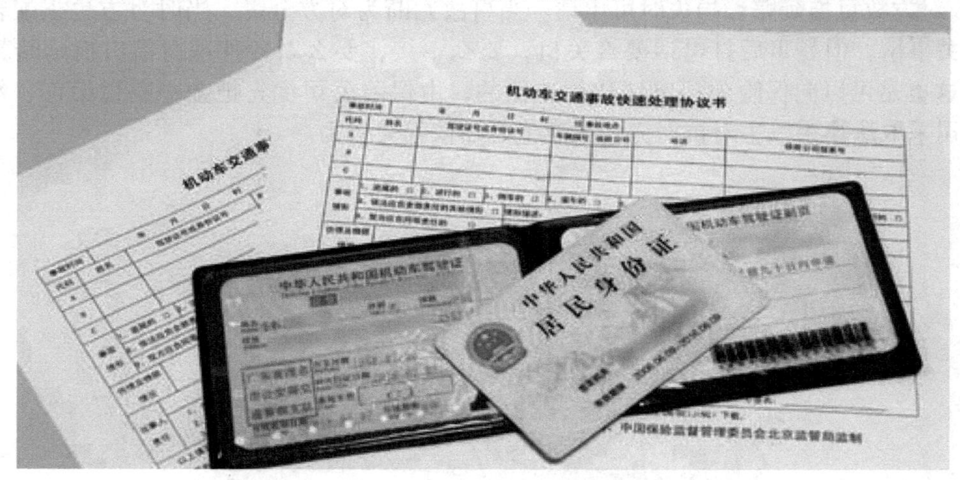

图 1-5 申请代位追偿时需要准备的材料

1）事故认定书，这个非常重要。

2）对方的信息，如果现场没有获取，可以到下发事故认定书的交警队去调取。

3）自己的驾驶证、身份证等相关证件。

4）保险单。

4. 代位追偿运用

代位追偿的对象是负民事赔偿责任的第三者，既可以是法人、自然人，也可以是其他经济组织。被保险人本人及其家属成员或其组成成员的过失行为造成的被保险财产损失，不适用代位追偿的规定。

（1）可申请代位追偿的情况

1）对方拒绝或者无法赔偿损失时可申请。有一部分车只买了交强险，一旦出了较大事故，保险根本不够赔偿，肇事方也赔付不起，所以拒绝赔偿（图1-6）。往往碰到这种情况的时候，无辜被撞的受害方就特别揪心。此时受害方可以向自己的保险公司申请先把修车的金额赔付自己，然后由保险公司去向对方追讨赔偿款。

图1-6 发生碰撞对方拒绝赔偿

2）对方故意拖延赔偿损失时可申请。当事故判断为对方全责，当时对方也很配合地完成了相关事情。但是事后打电话要么关机，要么不接，要么以各种理由借口拖延赔款（图1-7），这也是可以向保险公司申请代位追偿的，由保险公司优先把金额赔付给你，然后由保险公司采取法律手段去对抗对方的故意拖延赔偿损失行为。

图1-7 故意拖延赔偿损失

3）对方拒签责任认定书时可申请。本来在事故认定的过程当中，有交警在现场公平公正的定责，应该不会出现什么蛮横的事情。但总有一些人对于交警出具的事故责任认定书不理不睬，直接拒签（图 1-8）。对于这种情况，车主也可以向保险公司申请代位追偿。

图 1-8　拒签责任认定书

4）对方逃逸后记下车牌号时可申请。肇事者逃逸常常出现。如果对方逃逸时，可记下对方的车牌号，之后向保险公司申请代位追偿。保险公司会根据车牌号从相关部门处查到车主信息，然后进一步追讨赔偿。

（2）不能申请代位追偿的情况

1）事故没有第三者时不能申请。如果事故只是因为自己失误造成，并没有第三者的介入，这种情况下是不能申请代位追偿的。因自己操作失误导致的事故如图 1-9 所示。

图 1-9　因自己操作失误导致的事故

2）事故第三者无责时不能申请。如果事故认定中自己全责对方无责，也不能申请代位追偿。全责就等于是自己负上所有的损失赔偿，保险公司也就没有第三者可以追讨赔偿了。事故中对方无责如图 1-10 所示。

3）事故损失在保险赔偿外时不能申请。如果在事故中造成的损失并不属于车险保险范围内，无论有无第三者，无论是否全责，都不能申请代位追偿。如轮胎、被车内物品砸坏的玻璃等。事故中的除外责任如图 1-11 所示。

图 1-10 事故中对方无责

图 1-11 事故中的除外责任

复习思考题

一、选择题

1. 纯粹风险引起事故构成风险的（　　）。

A. 结果　　B. 原因　　C. 基础　　D. 前提

2. 符合保险人承保条件的特定风险称为（　　）。

A. 可保风险　　B. 客观风险　　C. 特殊风险　　D. 政治风险

3. 投保人与两个以上保险人之间，就同一保险利益、同一风险共同缔结保险合同的一种保险是（　　）。

A. 重复保险　　B. 共同保险　　C. 再保险　　D. 原保险

4. 保险的法律性主要体现在（　　）。

A. 保险索赔　　B. 保险合同　　C. 保险监管　　D. 保险纠纷

5. 保险合同的双方当事人是保险人和（　　）。

A. 受益人　　B. 被保险人　　C. 投保人　　D. 再保险人

6. 保险最大诚信原则中弃权和禁止抗辩主要是约束（　　）。

A. 收益人　　B. 被保险人　　C. 保险人　　D. 关系人

7. 投保人的最基本义务是（　　）。

A. 赔偿或给付保险金　　B. 说明合同内容

C. 缴纳保险费　　D. 及时签单

8. 代位追偿必须购买那个险种？（　　）

A. 交强险　　B. 第三者责任险　　C. 车辆损失险　　D. 全车盗抢险

9. 保险人承担赔偿或者给付保险责任的最高限额称为（　　）。

A. 保险价值　　B. 保险金额　　C. 保险责任　　D. 保险范围

10. 投保人与保险标的之间存在利害关系的标志是（　　）。

A. 保险利益　　B. 保险责任　　C. 保险收益　　D. 保险补偿

二、问答题

1. 保险利益有哪些确立条件？

2. 近因原则在保险实务中如何应用？

3. 代位追偿原则在保险实务中如何应用？

模块二 汽车保险产品与营销

项目一 机动车交通事故责任强制保险

教学能力目标

1. 专业能力目标
   - ¤ 掌握交强险的保险责任和责任免除
   - ¤ 掌握交强险的特点及与商业三者险的区别
   - ¤ 掌握交强险的保险费率及理赔细则
2. 方法能力目标
   - ¤ 掌握交强险与商业三者险的不同保险责任和责任免除
3. 社会能力目标
   - ¤ 能运用所学交强险知识，处理交通事故中涉及交强险的赔付

2006 年 3 月，与人民群众生活密切相关的《机动车交通事故责任强制保险条例》（以下简称《交强险条例》）由国务院发布，并于 2006 年 7 月 1 日起正式实施。作为规范机动车交通事故责任强制保险（以下简称交强险）制度的行政法规，《交强险条例》严格遵守了《中华人民共和国道路交通安全法》（以下简称《道路交通安全法》）有关强制保险的规定，贯彻了《道路交通安全法》"以人为本、关爱生命、关注安全、保畅交通"的理念。建立机动车交通事故责任强制保险制度，是我国经济社会发展的必然要求，体现了以人为本的人文关怀精神。

任务一 认识交强险

一、交强险的定义

交强险是指保险公司对被保险机动车发生道路交通事故造成本车人员、被保险人以外的受害人的人身伤亡、财产损失，在责任限额内予以赔偿的强制性责任保险，交强险从 2006 年 7 月 1 日起正式实施。2007 年 12 月 14 日，保监会对交强险费率调整方案进行了听证，从 2008 年 2 月 1 日起，全国实行新的交强险责任限额和费率方案。

交强险的保障对象是被保险机动车致害的交通事故受害人，但不包括被保险机动车本车人员、被保险人（见图 2-1）。其保障内容包括受害人的人身伤亡和财产损失，也就是说交

强险是赔给受害的第三方，而不是投保人或保险车辆。

交强险承保对象根据《交强险条例》规定，在中华人民共和国境内道路上行驶的机动车的所有人或者管理人都应当投保交强险（见图 2-2）。

图 2-1　交强险赔付对象

图 2-2　交强险承保对象

二、交强险的特征

与商业汽车责任保险相比，交强险所具有的特征表现为：

（1）强制性，国家用法律法规的手段强制被保险人必须参加责任保险。

（2）突出“以人为本”，将保障受害人得到及时有效的赔偿作为首要目标。

（3）坚持社会效益原则，即保险公司经营交强险不以赢利为目的。

（4）实行统一条款和基础费率，并且费率与交通违法次数挂钩，体现“奖优罚劣”，即

安全驾驶者将享有优惠的费率，经常肇事者将负担高额保险费。

（5）实行分项责任限额、限额内完全赔偿原则。交强险分死亡伤残赔偿限额、医疗费用赔偿限额、财产损失赔偿限额以及被保险人在道路交通事故中无责任的赔偿限额。

（6）具有公益性。

三、交强险的意义

交强险是责任保险的一种。目前现行的商业机动车第三者责任保险（以下简称商业三者险）是按照自愿原则由投保人选择购买。在现实中，商业三者险投保比率比较低（2005年约为35%），致使发生道路交通事故后，有的因没有保险保障或致害人支付能力有限，受害人往往得不到及时的赔偿，造成了大量经济赔偿纠纷。因此，实行交强险制度就是通过国家法律强制机动车所有人或管理人购买相应的责任保险，以提高商业三者险的投保面，在最大程度上为交通事故受害人提供及时和基本的保障。

建立交强险制度有利于道路交通事故受害人获得及时的经济赔付和医疗救治，有利于减轻交通事故肇事方的经济负担，化解经济赔偿纠纷。通过实行“奖优罚劣”的费率浮动机制，有利于促进驾驶人增强交通安全意识；有利于充分发挥保险的保障功能，维护社会稳定。

四、交强险的特点

1. 鲜明的强制性

我国现在实行的社会主义市场经济体制，在经济生活中倡导契约自由。但是，要防止契约自由本身无法克服的弊端，在特殊领域仍然要实行国家干预，以保护公共利益。交强险最明显的特点在于：基于社会公共利益的需要而对契约自由的合理限制，原本是由缔约双方依照自愿原则签订合同，现在强制双方都必须签订强制保护第三者的保险合同。

《交强险条例》第二条规定：“在中华人民共和国境内道路上行驶的机动车的所有人或者管理人，应当依照《道路交通安全法》投保交强险。”交强险的强制性不仅体现在强制投保上，同时也体现在强制承保上。违反强制性规定的机动车所有人、管理人或保险公司都将受到处罚。

（1）未投保交强险的机动车不得上牌、年审、上路。《交强险条例》规定，未投保交强险的机动车，不得登记，不得检验；机动车所有人、管理人未按照规定投保交强险的，由公安机关交通管理部门扣留机动车，通知机动车所有人、管理者依照规定投保，处以依照规定投保最低责任限额应缴纳的保险费的两倍罚款。如图2-3所示，未买交强险的车辆被交警扣留处理。

（2）经营交强险的保险公司必须承保。具有经营交强险资格的保险公司既不能拒绝承保交强险业务，也不能随意解除交强险合同（投保人未履行如实告知义务的除外）。《交强险条例》规定，投保人在投保时可以选择具备经营交强险业务资格的保险公司，被选择的保险公司不得拒绝或者拖延承保。保险公司不得解除交强险合同，但投保人对重要事项未履行如实义务的除外。《交强险条例》同时规定，保险公司违反规定，有拒绝或者拖延承保交强险的行为以及违反规定解除交强险合同行为的，由保监会责令改正，并处5万元以上30万元以下罚款，可以限制业务范围、责令停止接受新业务或者吊销经营保险业务许可证。

2. 体现“奖优罚劣”的原则

利用经济杠杆促使驾驶人员守法合规是世界各国强制保险制度的通行做法，即安全驾驶

图 2-3　未买交强险的车辆被交警扣留处理

者将享有优惠的费率，经常肇事者将负担高额保险费。对有交通违法行为和发生交通事故的保险车辆提高保险费，对没有交通违法行为和没有发生交通事故的保险车辆降低保险费。将交通违法行为、交通事故与保险费挂钩，这比单纯的行政处罚更为有效。

为了使交通违法行为、交通事故与保险费挂钩得以落实，要逐步建立交强险与道路交通安全违法行为和道路交通事故的信息共享机制，保监会和公安、交通等相关部门正在进行信息共享平台的建设工作。

《交强险条例》规定，被保险人没有发生道路交通安全违法行为和道路交通事故的，保险公司应当在下一年度降低其保险费率。在此后的年度内，被保险人仍然没有发生道路交通安全违法行为和道路交通事故的，保险公司应当继续降低其保险费率。被保险人发生道路交通安全违法行为或者道路交通事故的，保险公司应当在下一年提高其保险费率。多次发生道路交通安全违法行为、道路交通事故，或者发生严重道路交通事故的，保险公司应当加大提高其保险费率的幅度。在道路交通事故中被保险人没有责任的，不提高其保险费率。

3. 坚持社会效益原则

我国实施交强险制度，其目的是为了维护社会公共利益，将保障受害人得到及时有效的赔偿作为首要目标，而不是为保险公司拓展销售渠道、谋取公司利益提供方便。为了使公众利益得到保护，保险公司得以正常经营，《交强险条例》规定：保监会按照交强险业务总体上不盈利不亏损的原则审批保险费率交强险业务，必须与其他业务分开管理，单独核算。保监会将定期核查保险公司经营交强险业务的盈亏情况，以保护投保人的利益。“不盈利”原则是由交强险保护社会公众利益的立法宗旨所决定的，“不亏损”原则是由保险公司是市场主体的性质所决定的。确切地说，“不盈利不亏损”原则是指保险公司在厘定交强险费率时只考虑成本因素，不设定预期利润率，即费率构成中不含利润。也就是说，“不盈不亏”原则体现在费率制定环节，而不是简单等同于保险公司的经营结果。保险公司在实际经营过程中，可以通过加强管理、降低成本来实现微利，也可能由于新环境下赔付成本过高而出现亏损。自《道路交通安全法》实施以来，涉及交通事故赔偿的法律环境发生了较大改变。一是《道路交通安全法》第七十六条的规定使交强险的赔付范围扩大；二是最高人民法院《关于审理人身损害赔偿案件适用法律若干问题的解释》提高了人身损害赔偿标准，这两个法律文件的同时实施使保险赔付成本上升。此外，《交强险条例》规定社会救助基金的主要

来源是交强险保险费收入的一定比例，这些因素都将导致交强险费率水平较原商业三者险费率有所提高。

为便于人们了解交强险保险费收入和使用情况，参与公共事务的管理，同时确保保险费收入能够取之于民，用之于民，使保险费交得明白，用得清楚，使强制保险制度得以有效实施，《交强险条例》规定，保监会应当每年对保险公司的交强险业务情况进行核查，并向社会公布。根据保险公司交强险业务的总体赢利或者亏损情况，可以要求或者允许保险公司调整保险费率。对于费率调整幅度较大的，还应当进行听证。交强险的这一规定在一定程度上是对保险监督管理机构的制约，也对保险监督管理机构、保险公司提出了更高的要求。

由于交强险在我国还属于新生事物，对保险条款的制定、保险费率的厘定等都需要有一个认识、研究、摸索的过程，需要有一个数据收集的过程，在没有任何历史数据支持的情况下，要准确厘定强制保险费率还存在一定难度，在此情况下，交强险坚持社会效益原则，更加体现了保护社会公众利益的立法思想。

4. 突出以人为本，保障及时理赔

由于设立交强险制度的目的在于保障交通事故受害人依法得到及时的医疗救助及有效的经济补偿，因此，为防止保险公司拖延赔付、无理拒赔和保护交通事故受害人的利益，交强险规定了保险公司的三项义务：

（1）及时答复义务。若被保险人或受害人通知保险公司，保险公司应该及时答复，并告知具体的赔偿程序等有关事项。

（2）书面告知义务。保险公司自收到赔偿要求之日起 1 日内，向被保险人签发书面文件，说明赔偿标准，被保险人需要向保险公司提供与赔偿有关的证明和资料。

（3）限期理赔义务。保险公司自收到被保险人提供的证明和资料之日起 5 日内，对是否属于保险责任做出核定，并将结果通知被保险人；对不属于保险责任的，应书面说明理由；对属于保险责任的，在与被保险人达成赔偿保险金的协议后 10 日内赔偿保险金。

与商业三者险（即第三者责任险）的理赔规定相比较，交强险的理赔规定更明确、具体、严格，更能切实保障交通事故受害人的权益，使交通事故受害人能够得到及时理赔。

5. 明确保障对象

《交强险条例》第三条规定，受害人中不包括本车人员及被保险人。作为被保险机动车发生道路交通事故时的受害人，是交强险合同双方以外的第三方。但是，出于防范道德风险、降低成本等方面的考虑，对受害第三者的范围做了限制。

将被保险人排除在第三者范围之外，符合交强险的原则和多数国家的通行做法，也有利于防止道德风险。而将本车人员排除在第三者范围之外，其主要理由如下：

（1）交强险的赔偿限额、投保人的实际承受能力的限制，不能不顾现实盲目扩大范围。

（2）基于乘车人与驾驶人建立了一种信任关系，对可能发生的风险有一定的预测和认识。

（3）对客运车辆出现的群死群伤事故，已通过其他制度实现了保障。2004 年 5 月发布的《中华人民共和国道路运输条例》规定，客运车辆从事客运服务必须购买承运人责任险，因此，本车人员相应的责任保障已得到实现，无须在交强险制度中重复体现。

6. 实行无过错责任原则

《交强险条例》第三条规定：“机动车交通事故责任强制保险是指由保险公司对被保险机动车发生道路交通事故造成本车人员、被保险人以外的交通事故受害人的人身伤亡、财产损失，在责任限额内予以赔偿的强制性责任保险。”该规定贯彻了《道路交通安全法》第七十六条的有关规定，确立了交强险的无过错责任原则。

如果交强险规定过高的赔偿金额，则可能导致以生命换取金钱的道德风险的扩大，为此，交强险从两方面做了立法技术限制。

（1）《交强险条例》规定，道路交通事故的损失是由交通事故受害人故意造成的，保险公司不予赔偿。

（2）在考虑我国的现实情况以及借鉴国外经验的基础上，《交强险条例》规定在全国范围内实行统一的责任限额。责任限额分为死亡伤残赔偿限额、医疗费用赔偿限额、财产损失赔偿限额以及被保险人在道路交通事故中无责任的赔偿限额。

7. 实行救助基金制度

《道路交通安全法》第十七条规定，国家设立道路交通事故社会救助基金制度，《交强险条例》第二十四条细化了这一具体制度。依照《交强险条例》第二十五条规定，救助基金的来源之一包括按照交强险的保险费的一定比例提取的资金。

道路交通事故社会救助基金是交强险的重要组成部分，其担负了较大的社会职责。如果不设立救助基金，就会严重影响到实施。救助基金可起到两个作用：

（1）救助基金的数额直接影响强制保险保险费的高低，如果救助基金的数额无法确定，则将导致强制保险的费率无法确定，影响强制保险的收取。

（2）救助基金可以保证交通事故受害人得到及时、有效的赔偿。

五、交强险与商业三者险的关系

机动车所有人、管理者按照规定投保交强险后，商业三者险是否存在，取决于市场的需求。从目前情况来看，《道路交通安全法》和最高人民法院《关于审理人身损害赔偿案件适用法律若干问题的解释》的相关规定，使交强险的赔付范围扩大、赔偿标准提高，但交强险只能提供一个基本保障，保险赔偿金额较低。因此，出于对家庭和社会负责的角度考虑，机动车所有人、管理者在投保交强险的同时，可以投保商业三者险作为补充，以有效分散风险。当然，在机动车所有人、管理者投保交强险和商业三者险两类保险的情况下，当发生交通事故时，应由交强险先行赔付，不足部分再由商业三者险赔付。这为交通事故受害人设置了双重保护，更加有利于保证交通事故受害人得到及时救助，保护受害人的利益，符合交强险的宗旨和目的。

交强险与商业三者险的区别主要有以下几方面：

1. 投保的强制性不同

交强险实行强制性投保和强制性承保，区别于基于保险双方自愿的商业三者险。

2. 交强险与商业三者险的赔偿原则不同

无论被保险人是否在交通事故中负有责任，保险公司均将按照《交强险条例》以及机动车交通事故责任强制保险条款的具体要求，在责任限额内予以赔偿。也就是说，交强险有责也赔，无责也赔，只不过有责比无责赔得多而已。而商业三者险则是“有责赔付”，只在投保人有责任时才赔付，并且是根据责任大小进行赔付，而无责免赔。

3. 保障范围不同

交强险为有效控制风险，减少损失，商业三者险规定有不同的责任免除事项和免赔率（额）。

4. 保险费率不同

交强险按“不赢不亏”原则制定保险费率，实行与其他保险业务分开管理、单独核算。而商业三者险则无须与其他车险险种分开管理、单独核算。

5. 赔偿限额不同

交强险实行分项责任限额，且责任限额固定，赔偿限额最高为12.2万元；商业三者险的每次事故最高赔偿限额分几个档次，分别为5万元、10万元、20万元、50万元、100万元、100万元以上，由被保险人自愿选择投保。

6. 运营管理机制不同

交强险实行全国统一条款和基础费率，并且费率与交通违法挂钩。在商业三者险中，不同保险公司的条款费率相互存在差异。交强险实行统一的保险条款和基础费率。此外，交强险实行费率与交通违法及交通事故挂钩这一“奖优罚劣”的费率浮动机制。一辆车如果多次出险，则第二年的保险费很快会涨上去，而常年不出险，保险费也会逐年降低。

任务二 解读交强险条款

一、总则

(1) 根据《道路交通安全法》《保险法》《交强险条例》等法律、行政法规制定。

(2) 交强险合同由本条款与投保单、保险单、批单和特别约定共同组成。凡与交强险合同有关的约定，都应当采用书面形式。

(3) 交强险费率实行与被保险机动车道路交通安全违法行为、交通事故记录相联系的浮动机制。

签订交强险合同时，投保人应当一次支付全部保险费。保险费按照保监会批准的交强险费率计算。

二、定义

(1) 交强险合同中的被保险人是指投保人及其允许的合法驾驶人。投保人是指与保险人订立交强险合同，并按照合同负有支付保险费义务的机动车的所有人、管理人。

(2) 交强险合同中的受害人是指因被保险机动车发生交通事故遭受人身伤亡或者财产损失的人，但不包括被保险机动车本车车上人员、被保险人。

> **特别解读：**
>
> 交强险的赔付对象只能是受害的第三方，本车上的人员、被保险人的任何损失，保险公司都不予赔付。

(3) 交强险合同中的责任限额是指被保险机动车发生交通事故，保险人对每次保险事故所有受害人的人身伤亡和财产损失所承担的最高赔偿金额。责任限额分为死亡伤残赔偿限额、医疗费用赔偿限额、财产损失赔偿限额，以及被保险人在道路交通事故中无责任的赔偿限额。其中，无责任的赔偿限额分为无责任死亡伤残赔偿限额、无责任医疗费用赔偿限额，以及无责任财产损失赔偿限额。

特别解读：

交强险责任限额是指每次保险事故的最高赔偿金额，也就是说在一个保险年度里，不管发生多少次事故，只要本次事故的赔偿不超过限额，保险公司都可以赔付，每次事故的赔偿是不累加的。例如，某车辆上一次发生交通事故赔偿了第三方修车费2000元，而本次事故又要赔偿2000元修车费给第三方，保险公司会全额赔付。

（4）交强险合同中的抢救费用是指被保险机动车发生交通事故导致受害人受伤时，医疗机构对生命体征不平稳和虽然生命体征平稳但如果不采取处理措施会产生生命危险，或者导致残疾、器官功能障碍，或者导致病程明显延长的受害人，参照国务院卫生主管部门组织制定的《道路交通事故受伤人员临床诊疗指南》和国家基本医疗保险标准，采取必要的措施处理所发生的医疗费用。

三、保险责任

在中华人民共和国境内（不含港、澳、台地区），被保险人在使用被保险机动车过程中发生交通事故，致使受害人遭受人身伤亡或者财产损失的，应当依法由被保险人承担的损害赔偿责任，保险人按照交强险合同的约定，对每次事故在下列赔偿限额内负责赔偿，交强险各分项赔偿限额如表2-1所示。

表2-1 交强险各分项赔偿限额

赔偿限额种类	有责	无责
死亡伤残赔偿限额	180000元	18000元
医疗费用赔偿限额	18000元	1800元
财产损失赔偿限额	2000元	100元
合计	200000元	19900元

特别解读：

保险公司对交强险的赔付只分有责和无责，不分责任大小，和商业险完全不一样，除财产外，有责的赔偿限额是无责的10倍。交警判定机动车在事故中的全部事故责任、主要事故责任、同等事故责任、次要事故责任都全部划归为有责，无责指的是交警判定机动车在本次事故不负任何事故责任。

死亡伤残赔偿限额和无责任死亡伤残赔偿限额项下负责赔偿丧葬费、死亡补偿费、受害人亲属办理丧葬事宜支出的交通费用、残疾赔偿金、残疾辅助器具费、护理费、康复费、交通费、被扶养人生活费、住宿费、误工费，被保险人依照法院判决或者调解承担的精神损害抚慰金。

医疗费用赔偿限额和无责任医疗费用赔偿限额项下负责赔偿医药费、诊疗费、住院费、住院伙食补助费，必要的、合理的后续治疗费、整容费、营养费。

财产费用赔偿限额和无责任财产费用赔偿限额项下负责赔偿车辆损失费、路产、施救费等财产费用。

特别解读：

交强险主要保障的是人身伤害，在有责的情况下最多可以赔付120000元，而财产损失只能赔付2000元。在无责的情况下，人身伤害最多可以赔付12000元，而财产只能赔付100元。例如，某驾驶人开车撞到一辆宝马轿车，负全部责任，宝马车修理费要赔付10万元，宝马车驾驶人伤残费要赔付10万元。如果只购买交强险，宝马车的修理费，保险公司只赔付2000元，剩下的98000元只能由肇事车主承担，而驾驶人伤残费10万元由保险公司全部赔付。

四、垫付与追偿

被保险机动车在本条（1）~（4）之一的情形下发生交通事故，造成受害人受伤需要抢救的，保险人在接到公安机关交通管理部门的书面通知和医疗机构出具的抢救费用清单后，按照国务院卫生主管部门组织制定的《道路交通事故受伤人员临床诊疗指南》和国家基本医疗保险标准进行核实。对于符合规定的抢救费用，保险人在医疗费用赔偿限额内垫付。被保险人在交通事故中无责任的，保险人在无责任医疗费用赔偿限额内垫付。对于其他损失和费用，保险人不负责垫付和赔偿。其中四种情形如下：

（1）驾驶人未取得驾驶资格的。

（2）驾驶人醉酒的。

（3）被保险机动车被盗抢期间肇事的。

（4）被保险人故意制造交通事故的。

对于垫付的抢救费用，保险人有权向致害人追偿。

五、责任免除

下列损失和费用，交强险不负责赔偿和垫付：

（1）因受害人故意造成的交通事故的损失。

（2）被保险人所有的财产及被保险机动车上的财产遭受的损失。

（3）被保险机动车发生交通事故，致使受害人停业、停驶、停电、停水、停气、停产、通讯或者网络中断、数据丢失、电压变化等造成的损失，以及受害人财产因市场价格变动造成的贬值、修理后因价值降低造成的损失等其他各种间接损失。

（4）因交通事故产生的仲裁或者诉讼费用以及其他相关费用。

六、保险期间

除国家法律、行政法规另有规定外，交强险合同的保险期间为1年，以保险单载明的起止时间为准。但有下列情形之一的，投保人可以投保短期机动车交通事故责任强制保险：

（1）境外机动车临时入境的。

（2）机动车临时上道路行驶的。

（3）机动车距规定的报废期限不足1年的。

（4）保监会规定的其他情形。

七、投保人、被保险人义务

（1）投保人投保时，应当如实填写投保单，向保险人如实告知重要事项，并提供被保险机动车的行驶证和驾驶证复印件。重要事项包括机动车的种类、厂牌型号、识别代码、号牌号码、使用性质和机动车所有人或者管理人的姓名（名称）、性别、年龄、住所、身份证或者驾驶证号码（组织机构代码）、续保前该机动车发生事故的情况以及保监会规定的其他事项。

投保人未如实告知重要事项，对保险费计算有影响的，保险人应按照保单年度重新核定保险费计收。

（2）签订交强险合同时，投保人不得在保险条款和保险费率之外向保险人提出附加其他条件的要求。

（3）投保人续保时，应当提供被保险机动车上一年度交强险的保险单。

（4）在保险合同有效期内，被保险机动车因改装、加装、使用性质改变等导致危险程度增加的，被保险人应当及时通知保险人，并办理批改手续。否则，保险人按照保单年度重新核定保险费计收。

（5）被保险机动车发生交通事故，被保险人应当及时采取合理、必要的施救和保护措施，并在事故发生后及时通知保险人。

（6）发生保险事故后，被保险人应当积极协助保险人进行现场查勘和事故调查。

发生与保险赔偿有关的仲裁或者诉讼时，被保险人应当及时书面通知保险人。

八、赔偿处理

（1）被保险机动车发生交通事故的，由被保险人向保险人申请赔偿保险金。被保险人索赔时，应当向保险人提供以下材料：

1）交强险的保险单。

2）被保险人出具的索赔申请书。

3）被保险人和受害人的有效身份证明、被保险机动车行驶证和驾驶人的驾驶证。

4）公安机关交通管理部门出具的事故证明，或者人民法院等机构出具的有关法律文书及其他证明。

5）被保险人根据有关法律法规规定选择自行协商方式处理交通事故的，应当提供依照《交通事故处理程序规定》规定的记录交通事故情况的协议书。

6）受害人财产损失程度证明、人身伤残程度证明、相关医疗证明以及有关损失清单和费用单据。

7）其他与确认保险事故的性质、原因、损失程度等有关的证明和资料。

（2）保险事故发生后，保险人按照国家有关法律法规规定的赔偿范围、项目和标准以及交强险合同的约定，并根据国务院卫生主管部门组织制定的《道路交通事故受伤人员临床诊疗指南》和国家基本医疗保险标准，在交强险的责任限额内核定人身伤亡的赔偿金额。

（3）因保险事故造成受害人人身伤亡的，未经保险人书面同意，被保险人自行承诺或支付的赔偿金额，保险人在交强险责任限额内有权重新核定。

因保险事故损坏的受害人财产需要修理的，被保险人应当在修理前会同保险人检验，协商确定修理或者更换项目、方式和费用。否则，保险人在交强险责任限额内有权重新核定。

（4）被保险机动车发生涉及受害人受伤的交通事故，因抢救受害人需要保险人支付抢救费用的，保险人在接到公安机关交通管理部门的书面通知和医疗机构出具的抢救费用清单后，按照国务院卫生主管部门组织制定的《道路交通事故受伤人员临床诊疗指南》和国家基本医疗标准进行核实。对于符合规定的抢救费用，保险人在医疗费用赔偿限额内支付。被保险人在交通事故中无责任的，保险人在无责任医疗费用赔偿限额内支付。

九、合同变更与终止

（1）在交强险合同有效期内，被保险机动车所有权发生转移的，投保人应当及时通知

保险人，并办理交强险合同变更手续。

（2）在下列三种情况下，投保人可以要求解除交强险合同：

1）被保险机动车被依法注销登记的。

2）被保险机动车办理停驶的。

3）被保险机动车经公安机关证实丢失的。

交强险合同解除后，投保人应当及时将保险单、保险标志交还保险人；无法交回保险标志的，应当向保险人说明情况，征得保险人同意。

（3）发生《交强险条例》所列明的投保人、保险人解除交强险合同的情况时，保险人按照日费率收取自保险责任开始之日起至合同解除之日止期间的保险费。

十、附则

（1）因履行交强险合同发生争议的，由合同当事人协商解决。协商不成的，提交保险单载明的仲裁委员会仲裁。保险单未载明仲裁机构或者争议发生后未达成仲裁协议的，可以向人民法院起诉。

（2）交强险合同争议处理适用中华人民共和国法律。

（3）本条款未尽事宜，按照《交强险条例》执行。

任务三 交强险费率

交强险费率方案（以下简称费率方案）适用于经中国保监会批准的交强险业务。

费率方案由交强险基础费率表及说明、交强险费率浮动办法、保险费的计算办法和解除保险合同保险费计算办法等4个部分组成。

一、交强险基础费率表及说明

交强险基础费率如表2-2所示。

表2-2 交强险基础费率 金额单位：人民币（元）

车辆大类	序号	车辆明细分类	保险费
一、家庭自用汽车	1	家庭自用汽车6座以下	950
	2	家庭自用汽车6座及以上	1100
二、非营业客车	3	企业非营业汽车6座以下	1000
	4	企业非营业汽车6～10座	1130
	5	企业非营业汽车10～20座	1220
	6	企业非营业汽车20座以上	1270
	7	机关非营业汽车6座以下	950
	8	机关非营业汽车6～10座	1070
	9	机关非营业汽车10～20座	1140
	10	机关非营业汽车20座以上	1320
三、营业客车	11	营业出租租赁6座以下	1800
	12	营业出租租赁6～10座	2360
	13	营业出租租赁10～20座	2400
	14	营业出租租赁20～36座	2560
	15	营业出租租赁36座以上	3530
	16	营业城市公交6～10座	2250

（续）

车辆大类	序号	车辆明细分类	保险费
三、营业客车	17	营业城市公交 10～20 座	2520
	18	营业城市公交 20～36 座	3020
	19	营业城市公交 36 座以上	3140
	20	营业公路客运 6～10 座	2350
	21	营业公路客运 10～20 座	2620
	22	营业公路客运 20～36 座	3420
	23	营业公路客运 36 座以上	4690
四、非营业货车	24	非营业货车 2t 以下	1200
	25	非营业货车 2～5t	1470
	26	非营业货车 5～10t	1650
	27	非营业货车 10t 以上	2220
五、营业货车	28	营业货车 2t 以下	1850
	29	营业货车 2～5t	3070
	30	营业货车 5～10t	3450
	31	营业货车 10t 以上	4480
六、特种车	32	特种车一	3710
	33	特种车二	2430
	34	特种车三	1080
	35	特种车四	3980
七、摩托车	36	摩托车 50mL 及以下	80
	37	摩托车 50～250mL（含）	120
	38	摩托车 250mL 以上及侧三轮	400
八、拖拉机	39	兼用型拖拉机 14.7kW 及以下	按保监产险【2007】53 号实行地区差别费率
	40	兼用型拖拉机 14.7kW 以上	
	41	运输型拖拉机 14.7kW 及以下	
	42	运输型拖拉机 14.7kW 以上	

说明：

（1）座位和吨位的分类都按照含起点不含终点的原则来解释。

（2）特种车一：油罐车、汽罐车、液罐车；特种车二：专用净水车、特种车一以外的罐式货车，以及用于清障、清扫、清洁、起重、装卸、升降、搅拌、挖掘、推土、冷藏、保温等的各种专用机动车；特种车三：装有固定专用仪器设备从事专业工作的监测、消防、运钞、医疗、电视转播等的各种专用机动车；特种车四：集装箱拖头。

（3）挂车根据实际的使用性质并按照对应吨位货车的 30% 计算。

（4）低速载货汽车参照运输型拖拉机 14.7kW 以上的费率执行。

各地区拖拉机基础费率如表 2-3 所示。

表 2-3 各地区拖拉机基础费率 金额单位：人民币（元）

执行地区	车辆分类	车辆明细分类	保险费	使用保单类型
江苏	拖拉机	兼用型拖拉机 14.7kW 及以下	105	拖拉机交强险定额保单
		兼用型拖拉机 14.7kW 以上	155	拖拉机交强险定额保单
		运输型拖拉机 14.7kW 及以下	700	拖拉机交强险定额保单
		运输型拖拉机 14.7kW 以上	910	拖拉机交强险定额保单
	变型拖拉机	变型拖拉机 14.7kW 及以下	810	拖拉机交强险定额保单
		14.7kW < 变型拖拉机 ≤ 17.6kW	1050	拖拉机交强险定额保单
	超标变拖	17.6kW < 变型拖拉机 ≤ 50kW	1450	机动车交强险保单
		50kW < 变型拖拉机 ≤ 80kW	2200	机动车交强险保单
	低速载货汽车交强险费率标准参照变拖交强险费率标准执行			
	变拖的交强险费率标准可以参照机动车交强险费率浮动的有关规定，在签发交强险保单时，实行交强险费率与道路交通事故进行挂钩浮动，根据被保险变拖所发生的道路交通事故，在下年度续保时进行费率浮动，浮动的范围为：符合规范的变拖应不大于 ±30%；超标变拖应不大于 ±50%			
江苏	摩托车	摩托车 50mL 及以下	104	重新印刷无定额保险费的保单，过渡期之后改用机动车交强险保单
		摩托车 50～250mL（含）	156	
		摩托车 250mL 以上及侧三轮	520	
安徽	摩托车	摩托车 50mL 及以下	104	参考江苏模式
		摩托车 50～250mL	156	
		摩托车 250mL（含）以上及侧三轮	520	
江西	拖拉机	既从事田间作业、又从事运输作业的手扶拖拉机	70/台	
		小型方向盘式拖拉机和牵引挂车从事运输作业的大中型轮式拖拉机	110/台	
		单缸和两缸发动机	640/台	整体式车架的运输型拖拉机（变型机）按发动机缸数投保
		三缸和四缸发动机	1560/台	
		耕整机和履带式拖拉机等从事纯农田作业的机具不要求购买交强险		
浙江	摩托车	摩托车 50mL 及以下	60	参考江苏模式
		摩托车 50～250mL	156	
		摩托车 250mL（含）以上及侧三轮	520	
湖南	兼用型拖拉机	手扶式拖拉机	70	
		小型方向盘式拖拉机	110	
		带牵引挂车的大中型轮式拖拉机	110	
	运输型拖拉机	单缸	640	按发动机缸数投保
		两缸	1200	
		三缸	1850	
		四缸	2450	
		四缸以上	3070	
	只有机头不带货箱的轮式拖拉机、耕整机和履带式拖拉机、装载机、小型挖掘机等从事纯农田作业的机具不要求购买交强险			

（续）

执行地区	车辆分类	车辆明细分类	保险费	使用保单类型
江西	拖拉机	选择从事田间作业、又从事运输作业的手扶拖拉机	70	
		小型方向盘式拖拉机和牵引挂车从事运输作业的大中型轮式拖拉机	110	
		单缸和两缸发动机	640	整体式车架的运输型拖拉机（变型机）按发动机缸数投保
		三缸和四缸发动机	1560	
		耕整机和履带式拖拉机等从事纯农田作业的机具不要求购买交强险		
宁波	摩托车	摩托车 50mL 及以下	104	
		摩托车 50～250mL（含）	156	
		摩托车 250mL 以上及侧三轮	520	

交强险基础费率表的结构、费率水平全国统一（除拖拉机和低速载货汽车）。现将表中需说明事项明确如下：

1. 机动车种类

交强险按机动车种类、使用性质分为家庭自用汽车、非营业客车、营业客车、非营业货车、营业货车、特种车、摩托车和拖拉机 8 种类型。

（1）家庭自用汽车。家庭自用汽车是指家庭或个人所有，且用途为非营业性的客车。

（2）非营业客车。非营业客车是指党政机关、企事业单位、社会团体、使领馆等机构从事公务或在生产经营活动中不以直接或间接方式收取运费或租金的客车，包括党政机关、企事业单位、社会团体、使领馆等机构为从事公务或在生产经营活动中承租且租赁期限为 1 年或 1 年以上的客车。

非营业客车分为党政机关、事业团体客车、企业客车。

用于驾驶教练、邮政公司用于邮递业务、快递公司用于快递业务的客车、警车、普通囚车、医院的普通救护车、殡葬车，按照其行驶证上载明的核定载客数，适用对应的企业非营业客车的费率。

（3）营业客车。营业客车是指用于旅客运输或租赁，并以直接或间接方式收取运费或租金的客车。

营业客车分为城市公交客车、公路客运客车、出租、租赁客车。

旅游客运车按照其行驶证上载明的核定载客数，适用对应的公路客运车费率。

（4）非营业货车。非营业货车是指党政机关、企事业单位、社会团体自用或仅用于个人及家庭生活，不以直接或间接方式收取运费或租金的货车（包括客货两用车）。货车是指载货机动车、厢式货车、半挂牵引车、自卸车、电动运输车、装有起重机械但以载重为主的起重运输车。

用于驾驶教练、邮政公司用于邮递业务、快递公司用于快递业务的货车，按照其行驶证上载明的核定载质量，适用对应的非营业货车的费率。

（5）营业货车。营业货车是指用于货物运输或租赁，并以直接或间接方式收取运费或租金的货车（包括客货两用车）。

（6）特种车。特种车是指用于各类装载油料、气体、液体等专用罐车，或用于清障、

清扫、清洁、起重、装卸（不含自卸车）、升降、搅拌、挖掘、推土、压路等的各种专用机动车，或适用于装有冷冻或加温设备的厢式机动车，或车内装有固定专用仪器设备，从事专业工作的监测、消防、运钞、医疗、电视转播、雷达、X 光检查等机动车，或专门用于牵引集装箱箱体（货柜）的集装箱拖头。

特种车按其用途共分成四类，不同类型的特种车采用不同的收费标准，四类特种车如下：

特种车一：油罐车、汽罐车、液罐车。

特种车二：专用净水车、特种车一以外的罐式货车，以及用于清障、清扫、清洁、起重、装卸（不合自卸车）、升降、搅拌、挖掘、推土、冷藏、保温等的各种专用机动车。

特种车三：装有固定专用仪器设备从事专业工作的监测、消防、运钞、医疗、电视转播等的各种专用机动车。

特种车四：集装箱拖头。

（7）摩托车。摩托车是指以燃料或蓄电池为动力的各种两轮、三轮摩托车。

摩托车分成 3 类：50mL 及以下、50 ~ 250mL（含）、250mL 以上及侧三轮。

正三轮摩托车按照排气量分类执行相应的费率。

（8）拖拉机。拖拉机按其使用性质分为兼用型拖拉机和运输型拖拉机。

兼用型拖拉机是指以田间作业为主，通过铰接连接牵引挂车可进行运输作业的拖拉机。兼用型拖拉机分为 14.7kW 及以下和 14.7kW 以上两种。

运输型拖拉机是指货箱与底盘一体，不通过牵引挂车可运输作业的拖拉机。运输型拖拉机分为 14.7kW 及以下和 14.7kW 以上两种。

低速载货汽车参照运输型拖拉机 14.7kW 以上的费率执行。

（9）挂车。挂车是指就其设计和技术特征需机动车牵引才能正常使用的一种无动力的道路机动车。

挂车根据实际的使用性质并按照对应吨位货车的 30% 计算。

装有油罐、汽罐、液罐的挂车按特种车一的 30% 计算。

（10）补充说明

交强险基础费率表中各车型的座位和吨位的分类都按照含起点不含终点的原则来解释（表中另有说明的除外）。各车型的座位按行驶证上载明的核定载客数计算；吨位按行驶证上载明的核定载质量计算。

2. 基础保险费的计算

（1）一年期基础保险费的计算。投保一年期交强险的，根据交强险基础费率表中相对应的金额确定基础保险费。

（2）短期基础保险费的计算。机动车投保保险期间不足一年的交强险，按短期费率系数计收保险费。具体为：先按交强险基础费率表中相对应的金额确定基础保险费，再根据投保期限选择相对应的短期费率系数，两者相乘即为短期基础保险费。

投保人投保保险期间小于 7 日短期险的计算公式如下：

短期费率 = 基础保险费 ×7/365

投保人投保保险期间大于或等于 7 日短期险的计算公式如下：

短期费率 = 基础保险费 ×n/365（n 为投保人的投保天数）

交强险短期投保的保险期限内未发生道路交通事故的，投保下一完整年度交强险时，交强险费率不下浮。

摩托车、拖拉机投保保险期间不足一年的交强险，按短期费率系数计收保险费，不足一个月按一个月计算。具体为：先按交强险基础费率表中相对应的金额确定基础保险费，再根据投保期限选择相对应的短期月费率系数（见表2-4），两者相乘即为短期基础保险费。

表2-4 短期月费率系数

保险期间/月	1	2	3	4	5	6	7	8	9	10	11	12
短期月费率系数（%）	10	20	30	40	50	60	70	80	85	90	95	100

短期基础保险费 = 年基础保险费 × 短期月费率系数

二、交强险基础费率浮动因素和浮动比率

中国保监会会同公安部制定的《机动车交通事故责任强制保险费率浮动暂行办法》（以下简称为《办法》），自2007年7月1日起，已在全国范围内统一实行交强险费率与道路交通事故挂钩浮动机制。

三、保险费的计算办法

交强险最终保险费 = 交强险基础保险费 ×（1 + 与道路交通事故相联系的浮动比率）

（1）交强险条例逐步实现保险费率与交通违法挂钩。安全驾驶者可以享有优惠的费率，经常肇事者将负担高额保险费。

（2）交强险的费率与风险程度相匹配。交强险采用的是商业化运作模式，即由保险公司自主经营，自负盈亏。因此，实现交强险保险基础费率浮动，可以充分利用市场机制，督促保险公司进一步加强管理，提高服务意识和管理水平。

《办法》有三大突出表现：

1）费率浮动暂不与道路交通安全违法行为挂钩，只保留了6种与道路交通事故相联系的浮动因素（A1～A6）（见表2-5～表2-9）。与道路交通事故挂钩时，是以被保险机动车上一年度已赔付的交强险责任事故赔案为依据。

表2-5 内蒙古、海南、青海、西藏4个地区实行以下费率调整方案A

	浮动因素	浮动比率
与道路交通事故相联系的浮动方案A	A1，上一个年度未发生有责任道路交通事故	-30%
	A2，上两个年度未发生有责任道路交通事故	-40%
	A3，上三个及以上年度未发生有责任道路交通事故	-50%
	A4，上一个年度发生一次有责任不涉及死亡的道路交通事故	0%
	A5，上一个年度发生两次及两次以上有责任道路交通事故	10%
	A6，上一个年度发生有责任道路交通死亡事故	30%

表 2-6 陕西、云南、广西 3 个地区实行以下费率调整方案 B

	浮动因素	浮动比率
与道路交通事故相联系的浮动方案 B	B1，上一个年度未发生有责任道路交通事故	-25%
	B2，上两个年度未发生有责任道路交通事故	-35%
	B3，上三个及以上年度未发生有责任道路交通事故	-45%
	B4，上一个年度发生一次有责任不涉及死亡的道路交通事故	0%
	B5，上一个年度发生两次及两次以上有责任道路交通事故	10%
	B6，上一个年度发生有责任道路交通死亡事故	30%

表 2-7 甘肃、吉林、山西、黑龙江、新疆 5 个地区实行以下费率调整方案 C

	浮动因素	浮动比率
与道路交通事故相联系的浮动方案 C	C1，上一个年度未发生有责任道路交通事故	-20%
	C2，上两个年度未发生有责任道路交通事故	-30%
	C3，上三个及以上年度未发生有责任道路交通事故	-40%
	C4，上一个年度发生一次有责任不涉及死亡的道路交通事故	0%
	C5，上一个年度发生两次及两次以上有责任道路交通事故	10%
	C6，上一个年度发生有责任道路交通死亡事故	30%

表 2-8 北京、天津、河北、宁夏 4 个地区实行以下费率调整方案 D

	浮动因素	浮动比率
与道路交通事故相联系的浮动方案 D	D1，上一个年度未发生有责任道路交通事故	-15%
	D2，上两个年度未发生有责任道路交通事故	-25%
	D3，上三个及以上年度未发生有责任道路交通事故	-35%
	D4，上一个年度发生一次有责任不涉及死亡的道路交通事故	0%
	D5，上一个年度发生两次及两次以上有责任道路交通事故	10%
	D6，上一个年度发生有责任道路交通死亡事故	30%

表 2-9 江苏、浙江、安徽、上海、湖南、湖北、江西、辽宁、河南、福建、重庆、山东、广东、深圳、厦门、四川、贵州、大连、青岛、宁波 20 个地区实行以下费率调整方案 E

	浮动因素	浮动比率
与道路交通事故相联系的浮动方案 E	E1，上一个年度未发生有责任道路交通事故	-10%
	E2，上两个年度未发生有责任道路交通事故	-20%
	E3，上三个及以上年度未发生有责任道路交通事故	-30%
	E4，上一个年度发生一次有责任不涉及死亡的道路交通事故	0%
	E5，上一个年度发生两次及两次以上有责任道路交通事故	10%
	E6，上一个年度发生有责任道路交通死亡事故	30%

2）扩大了下浮比例。上一个年度未发生有责任道路交通事故的，下浮比率为 10%；上两个年度未发生有责任道路交通事故的，下浮比率最多为 40%；上三个及以上年度未发生有责任道路交通事故的，下浮比率最多为 50%。

3）缩小了上浮比例。上一个年度发生两次及两次以上有责任道路交通事故的，上浮比率为10%；上一个年度发生有责任道路交通死亡事故的，上浮比率为30%。

上一个年度发生一次有责任不涉及死亡的道路交通事故的，费率不实行浮动。仅发生无责任道路交通事故的，无论次数多少，费率仍可享受向下浮动。摩托车和拖拉机暂不浮动。

交强险最终保险费计算方法如下：

交强险最终保险费 = 交强险基础保险费 ×（1 + 与道路交通事故相联系的浮动比率 A）

与道路交通事故挂钩依据的主要信息来源是公安交管部门提供的道路交通事故信息。

目前，保监会和公安部等相关部门已着手进行信息共享平台的建设工作，正在积极推动通过平台实现交强险费率浮动。

说明：

（1）交强险费率浮动标准根据被保险机动车所发生的道路交通事故计算。摩托车和拖拉机暂不浮动。

（2）与道路交通事故相联系的浮动比率 A 为 A1 ~ A6 其中之一，不累加。同时满足多个浮动因素的，按照向上浮动或者向下浮动比率的高者计算。

（3）仅发生无责任道路交通事故的，交强险费率仍可享受向下浮动。

（4）浮动因素计算区间为上期保单出单日至本期保单出单日之间。

（5）与道路交通事故相联系浮动时，应根据上年度交强险已赔付的赔案浮动。上年度发生赔案但还未赔付的，本期交强险费率不浮动，直至赔付后的下一年度，交强险费率向上浮动。

（6）几种特殊情况的交强险费率浮动方法

1）首次投保交强险的机动车费率不浮动。

2）在保险期限内，被保险机动车所有权转移，应办理交强险合同变更手续，且交强险费率不浮动。

3）机动车临时上道路行驶或境外机动车临时入境投保短期交强险的，交强险费率不浮动。其他投保短期交强险的情况下，根据交强险短期基准保险费并按照上述标准浮动。

4）被保险机动车经公安机关证实丢失后追回的，根据投保人提供的公安机关证明，在丢失期间发生道路交通事故的，交强险费率不向上浮动。

5）机动车上一期交强险保单满期后未及时续保的，浮动因素计算区间仍为上期保单出单日至本期保单出单日之间。

6）在全国车险信息平台联网或全国信息交换前，机动车跨省变更投保地时，如投保人能提供相关证明文件的，则可享受交强险费率向下浮动；不能提供的，交强险费率不浮动。

（7）交强险保单出单日距离保单起期最长不能超过三个月。

（8）除投保人明确表示不需要的，保险公司应当在完成保险费计算后和出具保险单以前，向投保人出具机动车交通事故责任强制保险费率浮动告知单（附件），经投保人签章确认后，再出具交强险保单、保险标志。投保人有异议的，应告知其有关道路交通事故的查询方式。

（9）已经建立车险联合信息平台的地区，应通过车险联合信息平台实现交强险费率浮动。除当地保险监管部门认可的特殊情形以外，机动车交通事故责任强制保险费率浮动告知单和交强险保单必须通过车险信息平台出具。

未建立车险联合信息平台的地区，应通过保险公司之间相互报盘、简易理赔共享查询系统或者手工方式等实现交强险费率浮动。

四、解除保险合同保险费计算办法

根据《交强险条例》规定解除保险合同时，保险人应按如下标准计算退还投保人保险费：

（1）投保人已交纳保险费，但保险责任尚未开始的，则应全额退还保险费。

（2）投保人已交纳保险费，但保险责任已开始的，则应退回未到期责任部分保险费，其计算公式如下：

$$退还保险费 = 保险费 \times (1 - 已了责任天数/保险期间天数)$$

任务四 交强险出险的处理

一、互碰自赔

互碰自赔处理机制，就是对事故各方均有责任，各方车辆损失均在交强险有责任财产损失赔偿限额（2000元）以内，不涉及人员伤亡和车外财产损失的交通事故，由各保险公司在本方机动车交强险有责任财产损失赔偿限额内对本车损失进行赔付。

互碰自赔的适用条件如下：

1. 两车或多车互碰，各方均投保交强险

根据《交强险条例》第二条规定：“在中华人民共和国境内道路上行驶的机动车的所有人或者管理人，应当依照《道路交通安全法》的规定投保交强险。”理论上，所有道路上行驶的机动车之间互碰都满足这个条件。

2. 仅涉及车辆损失（包括车上财产和车上货物）、不涉及人员伤亡和车外财产损失，各方车损金额均在交强险有责任财产损失赔偿限额（2000元）以内

在交通事故中，事故各方车辆损失维修费用、车上财产和车上货物三项损失的总和分别不超过2000元即满足此条件，如果事故中有任何一方的损失超过2000元就不能使用互碰自赔处理办法。事故中若遇见人员伤亡或非事故车辆的损失，便不满足此条件。

3. 由交通警察认定或当事人根据出险地关于交通事故快速处理的有关规定自行协商确定双方均有责任（包括同等责任、主次责任）

正常的交通事故的认定方法就是交通警察认定，而当事故中损失金额小且双方没有争议时，我国有些地方则不需要交通警察认定，只需根据当地的交通事故快速处理办法自行协商处理。交强险采用的是无过错赔偿方式，互碰自赔是在交强险的基础上研发的，也继承了无过错赔偿方式，所以赔偿时只分有责和无责，不考虑具体责任比例，只要事故双方都对本起事故有责，即满足此条件。

4. 当事人同意采用互碰自赔方式处理

某保险公司互碰自赔协议书如表2-6所示。

表 2-6　某保险公司互碰自赔协议书

案发时间	年　月　日　时　分	地点		天气	

当事人姓名		联系电话	机动车牌号	车型	事故责任
甲					主责□次责□同等□
乙					主责□次责□同等□
丙					主责□次责□同等□

交强险承保公司名称		交强险保险单号	交强险保险期间	承保公司报案号
甲			年　月　日至　年　月　日	
乙			年　月　日至　年　月　日	
丙			年　月　日至　年　月　日	

请用箭头标出车辆碰撞的部位（有条件的可用手机照相固定证据）

甲车：	乙车：	丙车：

上述各项内容属实。经各方协商，同意采用“互碰自赔”办法处理。

甲方签名：　　　　乙方签名：　　　　丙方签名：

交强险承保公司查勘员姓名	办公电话	手机号码	备注
甲			
乙			
丙			

二、事故快速处理

为保障道路交通有序、安全、畅通，缓解因交通事故造成的交通堵塞，提高通行效率，方便群众，维护广大交通参与者和交通事故当事人的合法权益，目前北京、上海、广州、武汉、天津、深圳等多个城市都已出台《机动车交通事故快速处理办法》，但各城市的快速处理条例在适用范围及处理流程上有细微差别，但都是大同小异。

1. 能进行快速处理的事故必须具备的条件

（1）每方车辆损失在5000元以下（现在很多城市为了缓解交通压力，对车辆损失已经不再设限）。

（2）未造成人员损伤及其他损失，车辆能够自行移动行驶。

（3）事故车辆的驾驶证和行驶证均有效。

（4）事故车辆均购买交强险且在有效期内。

（5）在城市主要道路上发生交通事故，高速路除外。

2. 不符合快速处理的条件

（1）夜间20时至次日7时期间发生的案件（各城市可能稍有不同）。

（2）存在人员伤亡和较大财产损失。

（3）车辆不能自行移动。

（4）驾驶人饮酒、服用国家管制的精神药品或者麻醉药品嫌疑的。

（5）驾驶人无有效机动车驾驶证的。

（6）碰撞建筑物、公共设施或者其他设施的。

（7）事故车辆无号牌、无检验合格标志、未投保交强险的。

（8）载运爆炸物品、易燃易爆化学物品及毒害、放射性等危害物品的车辆。

3. 交通事故快速处理的基本流程

对适用快处快赔机制的道路交通事故，不需要保险公司和交警到达现场处理，应由双方当事人在采取必要的处置措施后快速撤离事故现场，前往附近的快速理赔服务网点，快速划分事故责任和核实车辆损失，及时解决交通拥堵，保障道路交通安全畅通。对于符合应当自行撤离现场而未撤离、需要实施强制撤离或发现事故车辆滞留造成交通堵塞的，由公安交警部门现场处理并依法对驾驶人予以处罚。快速处理流程如图 2-4 所示。

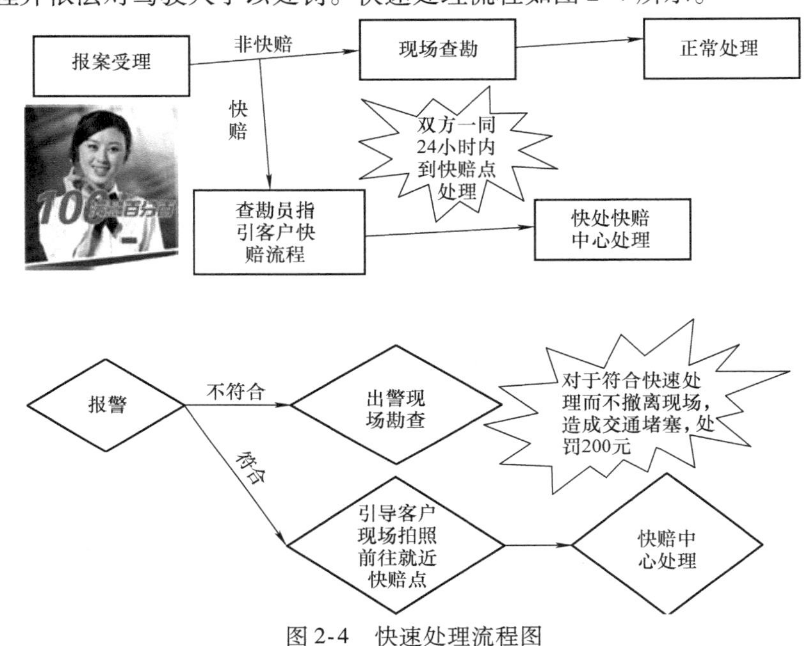

图 2-4 快速处理流程图

交通事故快速处理的基本流程如下：

第一步，设置危险警告标识，防止二次事故发生。事故发生后，第一时间亮起车辆的危险警告灯并在车后设置危险警告标识（见图 2-5），防止二次事故发生，保障车内乘客以及车辆的安全。

图 2-5 设置危险警告标识

第二步，事故现场拍照取证。设立好警告标识后，在移动车辆前，要对事故现场拍照取证。对现场进行拍照主要是为了向保险公司提供事故的证据。拍照时特别注意，要从前后左右、碰撞部位、周边环境参照物、道路分道线拍进去（见图2-6），以免车辆移动后，无法根据照片认定责任。

图2-6　从不同角度对事故现场拍照

第三步，确认对方是否违规驾驶。拍照取证后要确认对方车辆是否无牌无证车辆，判断对方是否喝酒。如发现上述任何一种情况都应马上报警，且不能移动车辆；如未发现问题，则可以把车辆移到不阻碍交通的地方（见图2-7）。

图2-7　把事故车辆移到路边

接下来要详细核对对方证件。要核对的证件包括身份证、驾驶证、行驶证、车牌号、保险凭证以及年检凭证（见图2-8）。如发现有问题，要马上报警，让交警到现场处理。

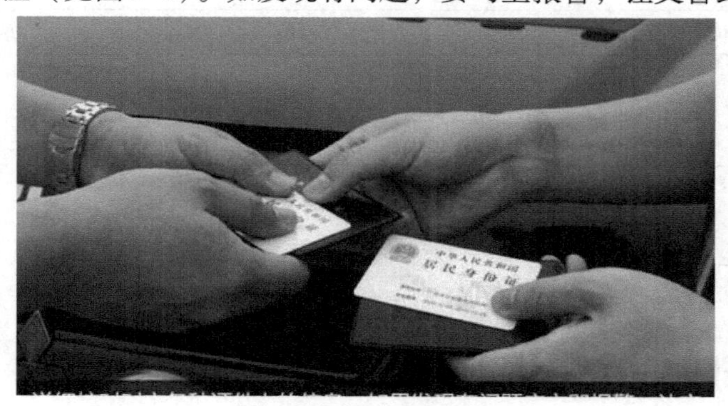

图2-8　核对对方证件

第四步，向保险公司报案。双方各自打电话到投保的保险公司，告知事故发生的时间、

地点以及损失情况（见图 2-9 所示），等候保险公司处理。

图 2-9　向保险公司报案

第五步，填写事故快速处理协议书。事故双方协商处理完毕后，填写事故快速处理协议书。××市事故快速处理协议书如表 2-7 所示。

表 2-7　××市事故快速处理协议书

<table>
<tr><td colspan="2">事故时间</td><td colspan="2">年　月　日　时　分</td><td>事故地点</td><td colspan="3"></td></tr>
<tr><td>代码</td><td>姓名</td><td>驾驶证号或身份证号</td><td>车辆牌号</td><td>保险公司</td><td>电话</td><td colspan="2">保险公司报案号</td></tr>
<tr><td>A</td><td></td><td></td><td></td><td></td><td></td><td colspan="2"></td></tr>
<tr><td>B</td><td></td><td></td><td></td><td></td><td></td><td colspan="2"></td></tr>
<tr><td>C</td><td></td><td></td><td></td><td></td><td></td><td colspan="2"></td></tr>
<tr><td rowspan="3">事故情形</td><td>1. 追尾的□</td><td>2. 逆行的□</td><td>3. 倒车的□</td><td>4. 溜车的□</td><td>5. 开关车门的□</td><td>6. 违反交通信号的□</td><td>7. 未按规定让行的□</td></tr>
<tr><td colspan="2">8. 依法应负全部责任的其他情形□</td><td colspan="5">情形描述：</td></tr>
<tr><td colspan="2">9. 双方应负同等责任的□</td><td colspan="5">情形描述：</td></tr>
<tr><td>伤情及物损情况</td><td colspan="7"></td></tr>
<tr><td rowspan="4">当事人责任</td><td colspan="2">A 方负本起事故</td><td colspan="2">B 方负本起事故</td><td colspan="3">C 方负本起事故</td></tr>
<tr><td colspan="2">1. 全部责任　□</td><td colspan="2">1. 全部责任　□</td><td colspan="3">1. 全部责任　□</td></tr>
<tr><td colspan="2">2. 同等责任　□</td><td colspan="2">2. 同等责任　□</td><td colspan="3">2. 同等责任　□</td></tr>
<tr><td colspan="2">3. 无责任　□</td><td colspan="2">3. 无责任　□</td><td colspan="3">3. 无责任　□</td></tr>
<tr><td colspan="8">以上填写内容均为事实，如有不实，愿负法律责任。

A 签名：____________
B 签名：____________
C 签名：____________</td></tr>
<tr><td>赔偿情况</td><td colspan="7">自愿放弃保险索赔，自行解决协议如下：</td></tr>
<tr><td></td><td colspan="7">A 签名：____________
B 签名：____________
C 签名：____________</td></tr>
</table>

获得保险公司的报案号后，就可以填写事故快速处理协议书（见图 2-10）。如果车上没有事故快速处理协议书打印件，也可用白纸代替，白纸上要注明事故情况、双方信息、明确事故责任，最后事故当事人在纸上签字即可。

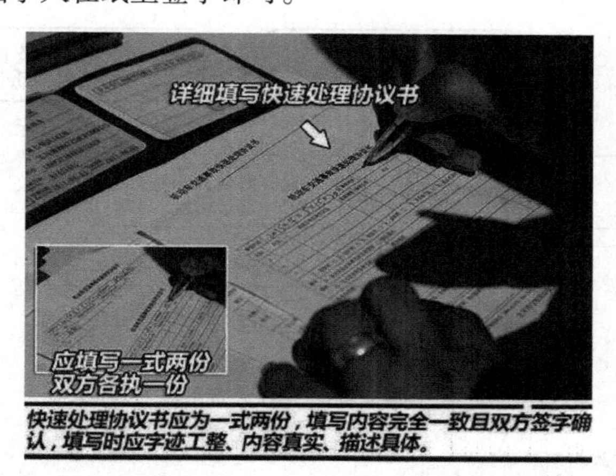

图 2-10 填写事故快速处理协议书

第六步，事故车辆定损、理赔。

三、事故定损

1. 定损流程

根据肇事双方在事故中所负的责任，应按以下流程进行定损（见图 2-11 和图 2-12）：

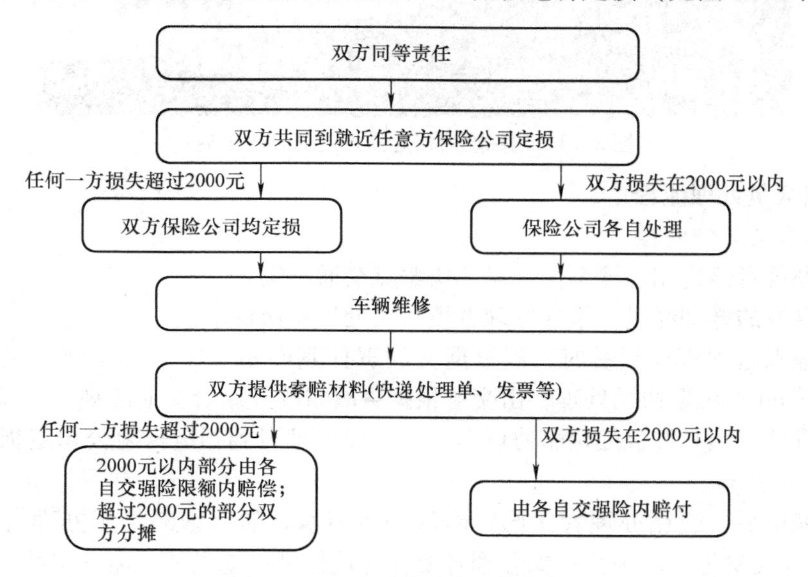

图 2-11 双方均有责任的定损流程

在事故现场完成快速处理流程后，事故当事人便可以到指定的定损点定损（见图 2-13）。在车辆维修完成后，车主到保险公司理赔即可。这里要注意的是，单方责任事故需到全责方保险公司定损及索赔；双方同等责任事故则可到任意方保险公司定损及索赔。

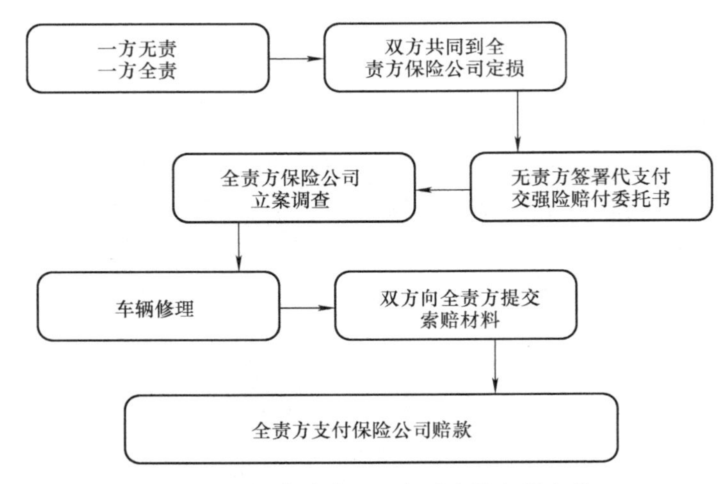

图 2-12 一方全责、一方无责的定损流程

图 2-13 到保险公司定损点定损事故车辆

2. 快赔点人员处理流程

（1）接待人员工作内容

1）指导办理者停进相应停车位，避免快赔点交通不畅。

2）了解事故的详细经过，指导办理者填写快处快赔协议书。

3）当办理者遇到责任纠纷时，需根据交通责任判断示意图参与调解。遇到调解无果时，需及时通知驻点民警协助处理，由交警根据事故情况并结合交通法规给予双方调解。

4）确定责任并填写好快处快赔协议书后，引导办理者到相应保险公司定损员处办理车辆定损事宜。

5）定损完毕后，遵循办理者意愿，确认是否留修，如留修的给予办理者办理代赔事宜，免去办理者交单理赔的烦恼；如办理者要自行选择维修地点的，需一次性告知办理者理赔所需单证，以方便办理者理赔。

6）做好工作记录，将每天的登记递交给主管。

（2）驻点定损人员工作内容

1）接受办理者咨询，指导接待人员与办理者办理相关流程。

2）核实事故真实性及责任判断情况。

3）根据车辆损失给予定损，定损需准确、迅速、合理。

4）收集办理者理赔资料，包括影像资料、物理单证资料等。

5）一次性告知办理者索赔所需资料，避免办理者反复收集。

6）对于责任有争议或者超过5000元损失的案件，需配合办理者寻求驻点民警协助处理。

7）每天做好快赔台账登记和资料对接。

（3）驻点民警工作内容

1）接受当事者咨询，告知快赔新规，解答快赔流程。

2）调解当事者矛盾，根据提供的资料给予裁定责任意见。

3）对于损失超过5000元的案件，应核实事故真实性及责任情况后给予出具事故认定书。

4）对于保险公司定损员或者当事者提出的疑问，应积极给予协调解决。不能解决时，需及时向交通事故组反馈，并进行下一步处理。

5）对每天处理的事故进行统计汇编。

3. 快速处理的理赔规则

（1）理算规则

1）一方承担全部责任，另一方无责任的，由全责方保险公司进行赔付，如全责方未购买商业险的，超出交强险赔偿限额的部分由车主自行承担。

2）各方承担同等责任的，并且各方车辆损失金额在2000元以内的，按照交强险互碰自赔原则，应各自向交强险承保公司申请在交强险项赔付。

3）各方承担同等责任的，一方车辆损失金额超过2000元，各方保险公司按交强险赔偿限额内进行赔付，超过2000元的损失金额，应在商业险责任范围按同等责任比例内进行赔付，如未购买商业险的，由车主自行承担。

（2）定损标准

1）车辆在综合修理厂维修，工时费按行业协会制定的统一综合修理厂标准执行，配件价格按保险公司配件系统（综合修理厂）价格核价。

2）车辆在4S店维修，工时费按行业协会制定的统一4S店标准执行，配件价格按当地品牌4S店价格（用户价）核价。

3）如在快赔点定损的车辆，在4S店维修有价格差异的，由承保公司自行协商处理，原则上4S店工时费按行业统一价格执行，不能随意改动。

4. 争议处理

（1）对于在快速理赔服务网点处理的案件，各保险公司应遵守行业协会出台的维修及配件指导价格出具相关定损单证。

（2）当事人对保险公司定损结论有异议的，可在车辆修理前向财产损失评估机构申请评估，保险公司对评估机构做出的评估结论有异议的，可依法申请仲裁或向人民法院提起诉讼。

（3）事故当事人达成赔偿协议后不履行的，或对交通警察出具的事故认定书有异议的，可以向人民法院提起诉讼。

任务五 交强险赔款的计算

一、基本计算公式

保险人在交强险各分项赔偿限额内，对受害人死亡伤残费用、医疗费用、财产损失分别计算赔偿：

（1）总赔款 = ∑各分项损失赔款 = 死亡伤残费用赔款 + 医疗费用赔款 + 财产损失赔款

（2）各分项损失赔款 = 各分项核定损失承担金额，即：

死亡伤残费用赔款 = 死亡伤残费用核定承担金额

医疗费用赔款 = 医疗费用核定承担金额

财产损失赔款 = 财产损失核定承担金额

（3）各分项核定损失承担金额超过交强险各分项赔偿限额的，各分项损失赔款等于交强险各分项赔偿限额。

注："受害人"为被保险机动车的受害人，不包括被保险机动车本车车上人员、被保险人，下同。

二、当保险事故涉及多个受害人时

（1）基本计算公式中的相应项目表示为：

各分项损失赔款 = ∑各受害人各分项核定损失承担金额，即：

死亡伤残费用赔款 = ∑各受害人死亡伤残费用核定承担金额

医疗费用赔款 = ∑各受害人医疗费用核定承担金额

财产损失赔款 = ∑各受害人财产损失核定承担金额

（2）各受害人各分项核定损失承担金额之和超过被保险机动车交强险相应分项赔偿限额的，各分项损失赔款等于交强险各分项赔偿限额。

（3）各受害人各分项核定损失承担金额之和超过被保险机动车交强险相应分项赔偿限额的，各受害人在被保险机动车交强险分项赔偿限额内应得到的赔偿为：

被保险机动车交强险对某一受害人分项损失的赔偿金额 = 交强险分项赔偿限额 ×（事故中某一受害人的分项核定损失承担金额/∑各受害人分项核定损失承担金额）。

三、当保险事故涉及多辆肇事机动车时

（1）各被保险机动车的保险人分别在各自的交强险各分项赔偿限额内，对受害人的分项损失计算赔偿。

（2）各方机动车按其适用的交强险分项赔偿限额占总分项赔偿限额的比例，对受害人的各分项损失进行分摊。

某分项核定损失承担金额 = 该分项损失金额 ×（适用的交强险该分项赔偿限额/∑各致害方交强险该分项赔偿限额）

注：1）肇事机动车中的无责任车辆不参与对其他无责车辆和车外财产损失的赔偿计算，仅参与对有责方车辆损失或车外人员伤亡损失的赔偿计算。

2）无责方车辆对有责方车辆损失应承担的赔偿金额，由有责方在本方交强险无责任财产损失赔偿限额项下代赔。

一方全责，一方无责的，无责方对全责方车辆损失应承担的赔偿金额为全责方车辆损失，以交强险无责任财产损失赔偿限额为限。

一方全责，多方无责的，无责方对全责方车辆损失应承担的赔偿金额为全责方车辆损失，以各无责方交强险无责任财产损失赔偿限额之和为限。

多方有责，一方无责的，无责方对各有责方车辆损失应承担的赔偿金额以交强险无责任财产损失赔偿限额为限，在各有责方车辆之间平均分配。

多方有责，多方无责的，无责方对各有责方车辆损失应承担的赔偿金额以各无责方交强险无责任财产损失赔偿限额之和为限，在各有责方车辆之间平均分配。

3）肇事机动车中应投保而未投保交强险的车辆，视同投保机动车参与计算。

4）对于相关部门最终未进行责任认定的事故，统一适用有责任限额计算。

（3）肇事机动车均有责任且适用同一限额的，简化为各方机动车对受害人的各分项损失进行平均分摊：

1）对于受害人的机动车、机动车上人员、机动车上财产损失：

$$某分项核定损失承担金额=受害人的该分项损失金额\div(N-1)$$

2）对于受害人的非机动车、非机动车上人员、行人、机动车外财产损失：

$$某分项核定损失承担金额=受害人的该分项损失金额\div N$$

注：N为事故中所有肇事机动车的辆数；肇事机动车中应投保而未投保交强险的车辆视同投保机动车参与计算。

（4）初次计算后，如果有致害方交强险限额未赔足，同时有受害方损失没有得到充分补偿的，则对受害方的损失在交强险剩余限额内再次进行分配，在交强险限额内补足。对于待分配的各项损失合计没有超过剩余赔偿限额的，则按分配结果赔付各方；超过剩余赔偿限额的，则按每项分配金额占各项分配金额总和的比例乘以剩余赔偿限额分摊，直至受损各方均得到足额赔偿或应赔付方交强险无剩余限额。

四、受害人财产损失需要施救的，财产损失赔款与施救费累计不超过财产损失赔偿限额

五、主车和挂车在连接使用时发生交通事故，主车与挂车的交强险保险人分别在各自的责任限额内承担赔偿责任

若交通管理部门未确定主车、挂车应承担的赔偿责任，主车、挂车的保险人对各受害人的各分项损失平均分摊，并在对应的分项赔偿限额内计算赔偿。

主车与挂车由不同被保险人投保的，在连接使用时发生交通事故，按互为三者的原则（即主车与挂车视为互为第三方，而不是同一保险人）处理。

六、被保险机动车投保一份以上交强险的，保险期间起期在前的保险合同承担赔偿责任，起期在后的不承担赔偿责任

交强险只要购买一份就可以了，如果同一保险标的购买两份或两份以上的，最先生效的保险合同承担赔偿责任，不能多买多赔。

七、对被保险人依照法院判决或者调解承担的精神损害抚慰金，原则上在其他赔偿项目足额赔偿后，在死亡伤残赔偿限额内赔偿

精神损害抚慰金也是交强险的赔偿范围，但是在死亡伤残赔偿限额内赔偿。

八、死亡伤残费用和医疗费用的核定标准

按照《最高人民法院关于审理人身损害赔偿案件适用法律若干问题的解释》规定的赔偿范围、项目和标准，公安部颁布的《道路交通事故受伤人员伤残评定》（GB 18667—2002），以及《道路交通事故人员临床诊疗指南》和交通事故发生地的基本医疗标准核定人身伤亡的赔偿金额。

九、交强险赔款计算案例

[例1] A、B两机动车发生交通事故，A车负主要责任，B车负次要责任。A、B两车车损分别为1800元和5000元，B车车上人员医疗费用为7000元，死亡伤残费用为60000元。则：

1. A车交强险赔偿计算

A车交强险赔偿金额=B车车上人员死亡伤残费用核定承担金额+B车车上人员医疗费用核定承担金额+财产损失核定承担金额

（1）B车车上人员死亡伤残费用核定承担金额为60000元<交强险有责任的死亡伤残费用赔偿限额180000元，所以A车应赔付60000元。

（2）B车车上人员医疗费用核定承担金额为7000元<交强险有责任的医疗费用赔偿限额18000元，所以A车应赔付7000元。

（3）B车财产损失核定承担金额，B车财产损失5000元>交强险有责任的财产赔偿限额2000元，所以A车应赔付2000元。

（4）A车交强险赔偿金额=60000+7000+2000=69000（元）

2. B车交强险赔偿计算

B车交强险赔偿金额=A车损失核定承担金额1800元<财产损失赔偿限额2000元，按限额赔偿，赔偿金额为1800元。

[例2] A、B两机动车发生交通事故，A车全责，B车无责，A、B两车车损分别为2000元和5000元，另造成路产损失1000元。则：

1. A车交强险赔偿计算

A车交强险赔偿金额=B车损失核定承担金额+路产损失核定承担金额

=5000元+1000元=6000元>有责任财产损失赔偿限额2000元，按限额赔偿，赔偿金额为2000元。

2. B车交强险赔偿计算

B车交强险赔偿金额=A车损失核定承担金额

=2000元>无责任财产损失赔偿限额100元，按限额赔偿，赔偿金额为100元。

B车对A车损失应承担的100元赔偿金额，由A车保险人在交强险无责财产损失赔偿限额项下代赔。

保险事故涉及多个受害人的，在所有受害人均提出索赔申请，且受害人所有材料全部提交后，保险人方可计算赔款。

（1）事故中所有受害人的分项核定损失承担金额之和在被保险机动车交强险分项赔偿限额之内的，按实际损失计算赔偿。

（2）事故中各受害人各分项核定损失承担金额之和超过被保险机动车交强险相应分项赔偿限额的，各受害人在被保险机动车交强险分项赔偿限额内应得到的赔偿为：

被保险机动车交强险对某一受害人分项损失的赔偿金额 = 交强险分项赔偿限额 ×（事故中某一受害人的分项核定损失承担金额/∑各受害人分项核定损失承担金额）。

[例3] A 车肇事造成两行人甲、乙受伤，甲医疗费用为7500元，乙医疗费用为5000元。设A车适用的交强险医疗费用赔偿限额为10000元，则A车交强险对甲、乙的赔款计算为：

A 车交强险赔偿金额 = 甲医疗费用 + 乙医疗费用

= 7500 元 + 5000 元 = 12500 元 < 适用的交强险医疗费用赔偿限额，

所以 A 车应赔付 12500 元。

甲获得交强险赔偿：12500 × 7500/（7500 + 5000）= 7500（元）

乙获得交强险赔偿：12500 × 5000/（7500 + 5000）= 5000（元）

[例4] 甲、乙两车发生交通事故，甲车在事故中负主要责任，乙车负次要责任。甲、乙两车车损分别为3000元和7000元，乙车车上人员医疗费用为7000元，死亡伤残费用为110000元，另造成路产损失2000元，试计算甲乙两车获得交强险赔款为多少？

1. 甲车交强险赔款的计算

乙车车上人员死亡伤残费用 110000 元 < 交强险有责任的死亡伤残限额 180000 元，所以赔付 110000 元。

乙车车上人员受伤医疗费用 7000 元 < 交强险有责任的医疗费用限额 18000 元，所以赔付 7000 元。

乙车车损损失 7000 元 + 路产损失（2000/2）元 = 8000 元 > 交强险有责任的财产损失赔偿限额 2000 元，所以赔付 2000 元。

乙车获得财产损失赔偿 = 2000 × 7000/（7000 + 2000/2）= 1750（元）

路产获得财产损失赔偿 = 2000 × 1000/（7000 + 2000/2）= 250（元）

2. 乙车交强险赔款的计算

甲车车损损失 3000 元 + 路产损失（2000/2）元 = 4000 元 > 交强险有责任的财产损失赔偿限额 2000 元，所以赔付 2000 元。

甲车获得财产损失赔偿 = 2000 × 3000/（3000 + 2000/2）= 1500（元）

路产获得财产损失赔偿 = 2000 × 1000/（3000 + 2000/2）= 500（元）

任务六 特殊案件处理

一、满限额提前结案处理机制

1. 适用条件

同时满足以下条件，属于交强险赔偿责任的事故：

（1）涉及人员伤亡，医疗费用支出已超过交强险医疗费用赔偿限额或估计死亡伤残费用明显超过交强险死亡伤残赔偿限额。

（2）被保险人申请并提供必要的单据。

2. 基本原则

对于涉及人员伤亡的事故，损失金额明显超过保险车辆适用的交强险医疗费用赔偿限额或死亡伤残赔偿限额的，保险公司可以根据被保险人的申请及相关证明材料，在交强险限额内先予赔偿结案，待事故处理完毕、损失金额确定后，再对剩余部分在商业险项下赔偿。

相关证明材料包括：

（1）索赔申请书、机动车行驶证、机动车驾驶证、被保险人身份证明、领取赔款人身份证明。

（2）交通事故责任认定书。

（3）人员费用证明：医院诊断证明、医疗费报销凭证、死亡证明、被扶养人证明等。

3. 基本流程

（1）被保险人提出索赔申请。

（2）被保险人提供必要单证。

（3）保险公司在收到索赔申请和相关单证后进行审核，对于根据现有材料能够确定赔款金额明显超过医疗费用限额或死亡伤残限额的案件，应由医疗审核人员签署意见，在5日内先予支付赔款。不再涉及交强险赔付的，对交强险进行结案处理。

二、交通事故责任未确定案件的抢救费用支付

保险公司收到受害人抢救费用支付申请时，被保险人在交通事故中是否有责任尚未明确的，在无责任医疗费用赔偿限额内支付抢救费用。

在道路交通管理部门能够确认被保险人在交通事故中负有责任后，保险公司应及时在交强险医疗费用赔偿限额内补充应垫付的抢救费用。

三、交通事故中死者为无名氏的交强险赔偿

交通事故死亡人员身份无法确认的，其交强险赔偿金由道路交通事故社会救助基金管理机构提存保管。

无法由道路交通事故社会救助基金管理机构提存的，保险公司可以对已产生的费用，如医疗费、丧葬费按照交强险赔偿标准凭票据赔偿，其他项目原则上不应向无赔偿请求权的个人或机构赔偿，可以根据法律文书另行处理。

四、无责代赔

交强险无责代赔是一种交强险简化处理机制，即两方或多方机动车互碰，对于应由无责方交强险承担的对全责/有责方车辆损失的赔偿责任，由全责/有责方保险公司在本方交强险项下代为赔偿。交强险无责代赔的前提是双方均买交强险。

以下为交强险无责代赔的处理原则：

（1）无责代赔仅适用于对全责/有责方车辆损失部分的赔偿，对于人员伤亡损失不进行代赔。

（2）对于应由无责方交强险承担的对全责/有责方车辆损失的赔偿责任，由全责/有责方承保公司在单独的交强险无责任财产损失代赔偿限额内代赔，不占用普通的交强险赔偿限额。

事故涉及多方车辆的，代赔偿限额为无责方交强险无责任财产损失赔偿限额之和，在各有责方之间平均分配。

代赔偿限额 = 无责方车辆数 × 无责任财产损失赔偿限额/有责方车辆数。

1）一方全责，一方无责的，代赔偿限额为交强险无责任财产损失赔偿限额。

2）一方全责，多方无责的，代赔偿限额为各无责方交强险无责任财产损失赔偿限额之和。

3）多方有责，一方无责的，代赔偿限额为交强险无责任财产损失赔偿限额除以有责方车辆数。

4）多方有责，多方无责的，代赔偿限额为各无责方交强险无责任财产损失赔偿限额之和除以有责方车辆数。

事故涉及多个无责车辆的，所有无责方视为一个整体。各无责方车辆不参与对其他无责车辆损失和车外财产损失的赔偿计算，仅参与对全责/有责方车辆损失或本车以外人员伤亡损失的赔偿计算。在计算各方车辆的核定损失承担金额时，应首先扣除无责代赔的部分，再对剩余部分损失进行分摊计算。

(3）无责代赔后，各保险公司之间不进行清算。

五、《保险法》第六十五条规定

保险人对责任保险的被保险人给第三者造成的损害，可以依照法律的规定或者合同的约定，直接向该第三者赔偿保险金。

责任保险的被保险人给第三者造成损害，被保险人对第三者应负的赔偿责任确定的，根据被保险人的请求，保险人应当直接向该第三者赔偿保险金。被保险人怠于请求的，第三者有权就其应获赔偿部分直接向保险人请求赔偿保险金。

责任保险的被保险人给第三者造成损害，被保险人未向该第三者赔偿的，保险人不得向被保险人赔偿保险金。

任务七 支付赔款

一、支付赔款情况

有关赔付情况应按规定及时上传至机动车交通事故责任交强险信息平台。未建立机动车交通事故责任交强险信息平台的，保险人支付赔款后应在保险单正本上加盖“×年×月×日出险，负××（全部、主要、同等、次要）责任，××（有无）造成死亡”条形章。

二、单证分割

如果交强险和商业三者险在不同的保险公司投保，若损失金额超过交强险责任限额，由交强险承保公司留存已赔偿部分发票或费用凭据原件，将需要商业保险赔付的项目原始发票或发票复印件加盖保险人赔款专用章，并交被保险人办理商业险索赔事宜。

三、直接向受害人支付赔款的赔偿处理

1. 发生受害人人身伤亡或财产损失时，保险人可以受理受害人索赔的条件

（1）被保险人出具书面授权书。

（2）人民法院签发的判决书或执行书。

（3）被保险人死亡、失踪、逃逸、丧失索赔能力或书面放弃索赔权利。

（4）被保险人拒绝向受害人履行赔偿义务。

（5）法律规定的其他情形。

2. 受害人索赔时应当向保险人提供的材料

（1）人民法院签发的判决书或执行书，或交警部门出具的交通事故责任认定书和调解书原件。

（2）受害人的有效身份证明。

（3）受害人人身伤残程度证明以及有关损失清单和费用单据。

（4）其他与确认保险事故的性质、原因、损失程度等有关的证明和资料。

经被保险人书面授权的，还应提供被保险人书面授权书。

四、结案和归档

保险人向被保险人或受害人支付赔款后，将赔案所有单证按赔案号进行归档。必备单证包括：

（1）保单抄件。

（2）报案记录、被保险人书面索赔申请。

（3）查勘报告、现场照片及损失项目照片、损失情况确认书、医疗费用原始票据及费用清单、赔款计算书。以上原始票据由查勘定损公司留存。

（4）行驶证及驾驶证复印件，被保险人和受害人的身份证明复印件。

（5）公安机关交通管理部门或法院等机构出具的合法事故证明、有关法律文件及其他证明，当事人自行协商处理的协议书。

（6）其他能够确认保险事故性质、原因、损失程度等的有关证明、协议及文字记录。

（7）赔款收据、领取赔款授权书。

复习思考题

一、选择题

1. 一辆广西地区6座以下家用轿车，在一个保险年度出了5次有责任但未涉及死亡的交通事故，下一年度应交纳的保险费为（　　）。

A. 950元　　B. 760元　　C. 1045元　　D. 1235元

2. 一辆6座以下家用轿车交强险的基础保险费是（　　）。

A. 120元　　B. 850元　　C. 950元　　D. 1050元

3.《交强险条例》中规定，每次事故依法由被保险人承担的损害赔偿责任的，死亡伤残赔偿限额为（　　）。

A. 5000元　　B. 10000元　　C. 110000元　　D. 180000元

4. 交强险是哪一年开始实施的（　　）。

A. 2004 年 1 月 1 日　　B. 2005 年 1 月 1 日

C. 2006 年 7 月 1 日　　D. 2006 年 10 月 1 日

5. 桑塔纳出租车交强险的基础保险费是（　　）。

A. 1000 元　　B. 1800 元　　C. 2000 元　　D. 2500 元

6. 《交强险条例》中规定，被保险人无责任时，财产赔偿限额为（　　）。

A. 100 元　　B. 2000 元　　C. 5000 元　　D. 10000 元

7. 《交强险条例》中规定，被保险人无责任时，医疗费用赔偿限额为（　　）。

A. 100 元　　B. 500 元　　C. 800 元　　D. 1800 元

8. 《交强险条例》规定，上道路行驶的机动车必须放置保险标志，否则公安机关交通管理部门应当扣留机动车，并可处（　　）。

A. 警告或者 20 元以上 200 元以下罚款　　B. 50 元以上 200 元以下罚款

C. 50 元以上 500 元以下罚款　　D. 吊销驾驶证

二、问答题

1. 何为交强险？

2. 简述交强险与商业三者险的区别。

3. 简述不投保交强险和未按规定粘贴交强险标志的后果。

4. 计算一辆 5 座家用轿车连续三年不出险时每年应交纳的交强险保险费。

5. 在什么情况下，交强险不负责赔偿和垫付？

6. 交强险的赔偿限额是如何规定的？

7. 何为互碰自赔？应满足什么条件才能使用互碰自赔？

8. 何为无责代赔？

三、案例计算题

【案例 1】 甲、乙两车互撞，甲车承担 70% 责任，车损为 3000 元；乙车承担 30% 的责任，车损为 1000 元。计算甲、乙两车获得交强险的赔偿分别为多少？

【案例 2】 A、B 两车在某路段发生正面碰撞，不仅两车受损，还致使行人 C 受伤致死，造成道路护栏 D 受损。经裁定，A 车负主要责任，承担 70% 责任，B 车负次要责任，承担 30% 的责任。交通事故各方的损失分别为：A 车车损为 4000 元；B 车车损为 10000 元，车上人员重伤一名，造成残疾，花费医药费 10000 元，残疾赔偿金 50000 元；对行人 C 需赔偿 60 万元死亡赔偿金；道路护栏 D 损失 2000 元。A、B 两车均承保了交强险，计算 A、B 两车的交强险赔款各为多少？双方交强险赔款应赔给相应受害人的赔偿金额各为多少？

【案例 3】 A、B、C 三车互碰造成三方车损，A 车负主要责任，车损为 600 元；B 车无责任，车损为 500 元；C 车负次要责任，车损为 300 元，车外财产为 400 元。计算 A 车、B 车、C 车的交强险赔偿金额为多少？

项目二 机动车商业基本险产品知识

教学能力目标

1. 专业能力目标
   ¤ 掌握车辆损失险的保险责任和责任免除
   ¤ 掌握第三者责任险的保险责任和责任免除
   ¤ 掌握车上人员责任险的保险责任和责任免除
   ¤ 掌握基本险的保险费率及理赔细则
2. 方法能力目标
   ¤ 熟练掌握交通事故中基本险的赔付
3. 社会能力目标
   ¤ 利用所学的基本险知识，为客户解读基本条款

任务一 认识机动车商业险

机动车辆保险（汽车保险）是运输工具保险的主要险别，根据我国《保险法》对于保险条款管理的有关规定，商业保险的险种分为主要险种的基本保险条款和其他险种的保险条款。2000 年 7 月 1 日我国开始执行统一的《机动车保险条款》，2003 年 1 月 1 日各保险公司，如中国人民保险公司、太平洋保险公司、平安保险公司、华安保险公司等，都分别制定并执行各自的《机动车辆保险条款》。2006 年 10 月以后，各保险公司又根据《道路交通安全法》和《机动车交通事故责任强制保险条例》的要求，对汽车保险条款进行了修订。2015 年 6 月 1 日，黑龙江、山东、青岛、广西、陕西和重庆等 6 个地区试行新条款。2020 年 9 月，对 2014 版条款进行修订，2020 年 9 月 19 日，全面施行修订后条款。

一、机动车辆保险险种

机动车辆保险事故以机动车辆本身及其相关经济利益为保险标的定值财产保险。目前使用的机动车辆保险产品由**主险条款和附加险条款**构成。其中，主险分为**车辆损失险、第三者责任险、车上人员责任险三个险种**，附加险有附加绝对免赔率特约险、车轮单独损失险、新增加设备损失险、车身划痕损失险、修理期间费用补偿险、发动机进水损坏除外特约条款、车上货物责任险、精神损害抚慰金责任险、法定节假日限额翻倍险、医保外用药责任险、机动车增值服务特约条款 11 个险种。

二、相关概念

家庭自用汽车：指在中华人民共和国境内（不含港、澳、台地区）行驶的家庭或个人所有，且用途为非营业性运输的客车。

非营业用汽车：指在中华人民共和国境内（不含港、澳、台地区）行驶的党政机关、企事业单位、社会团体、使领馆等机构从事公务或在生产经营活动中不以直接或间接方式收取运费或租金的自用汽车，包括客车、货车、客货两用车。

营业运输：指经由交通运输管理部门核发营运证书，被保险人或其允许的驾驶人利用被保险机动车从事旅客运输、货物运输的行为。未经交通运输管理部门核发营运证书，被保险人或其允许的驾驶人以牟利为目的，利用被保险机动车从事旅客运输、货物运输的，视为营业运输。

特种车：是指在中华人民共和国境内（不含港、澳、台地区）行驶的，用于牵引、清障、清扫、起重、装卸、升降、搅拌、挖掘、推土、压路等的各种轮式或履带式专用机动车，或车内装有固定专用仪器设备，从事专业工作的监测、消防、清洁、医疗、电视转播、雷达、x光检查等机动车，或油罐车、汽罐车、液罐车、冷藏车、集装箱拖头以及约定的其他机动车（以下简称被保险机动车）。

暴风：指风速在28.5m/s（相当于11级大风）以上的大风。风速以气象部门公布的数据为准（如图2-14所示）。

图2-14 暴风事故

地陷：指地壳因为自然变异、地层收缩而发生突然塌陷以及海潮、河流、大雨侵蚀时，地下有孔穴、矿穴，以致地面突然塌陷（如图2-15所示）。

图2-15 地陷事故

雷击：由于雷电直接击中被保险车辆或难过物体引起车辆损失的现象（如图2-16所示）。

图2-16 雷击现象

暴雨：每小时降雨量达16mm以上，或连续12小时降雨量达30mm以上，或连续24小时降雨量达50mm以上的大雨（见图2-17）。

图2-17 暴雨

洪水：因江河泛滥、山洪暴发、潮水上岸及倒灌，致使车辆遭受浸泡、淹没损失（见图2-18）。

图2-18 洪水

崖崩：石崖、土崖因自然风化、雨蚀而崩裂下塌，或山上岩石滚落，或雨水使山上沙土透湿而崩塌（见图2-19）。

图2-19　崖崩

雪崩：由于大量积雪突然崩落，致使车辆遭受损失（见图2-20）。

图2-20　雪崩

雹灾：由于冰雹降落造成车辆受损的现象（见图2-21）。

图2-21　雹灾

泥石流：由于山地突然暴发饱含大量泥沙、石块的洪流而造成车辆受损（见图2-22）。

图2-22 泥石流

滑坡：由于斜坡上不稳的岩体或土体在重力下突然整体向下滑动而造成车辆受损（见图2-23）。

图2-23 滑坡

台风：指形成于热带或副热带26℃以上广阔海面上的热带气旋，中心持续风速在12级至13级（即32.7～41.4m/s）（见图2-24）。

热带风暴：热带风暴（tropical storm）是热带气旋的一种，其中心附近持续风力为63～87km/h，即烈风程度的风力，是所有自然灾害中最具破坏力的。每年飓风都从海洋横扫至内陆地区，强劲的风力和暴风雨过后留下的只是一片狼藉。热带风暴是台风的一种，是指中心最大风力达8～9级（17.5～24.2m/s）的热带气旋。

暴雪：暴雪指自然天气现象的一种降雪过程，它给人们的生活、出行带来了极端不便。暴雪预警信号分为四种：蓝色、黄色、橙色和红色（见图2-25）。

冰凌：冰凌是水在0℃或低于0℃时凝结成的固体为冰，积冰为凌。冰凌可分为水成冰、沉积冰、冰川冰三大类（见图2-26）。

图 2-24　台风

图 2-25　暴雪

图 2-26　冰凌

沙尘暴：沙尘暴（sand duststorm）是沙暴（sandstorm）和尘暴（duststorm）两者兼有

的总称，是指强风把地面大量沙尘物质吹起并卷入空中，使空气特别混浊，水平能见度小于1000m的严重风沙天气现象。其中，沙暴是指大风把大量沙粒吹入近地层所形成的挟沙风暴；尘暴则是大风把大量尘埃及其他细颗粒物卷入高空所形成的风暴（见图2-27）。

图2-27 沙尘暴

地震及其次生灾害：地震（earthquake）又称地动、地振动，是地壳快速释放能量过程中造成的振动，期间会产生地震波的一种自然现象。强烈地震发生后，自然以及社会原有的状态被破坏，造成的山体滑坡、泥石流、海啸、水灾、瘟疫、火灾、爆炸、毒气泄漏、放射性物质扩散对生命产生威胁等一系列的因地震引起的灾害，统称为地震次生灾害。

使用被保险机动车过程：指被保险机动车作为一种工具被使用的整个过程，包括行驶、停放及作业，但**不包括**在营业场所被维修养护期间、被营业单位拖带或被吊装等施救期间。

自然灾害：指对人类以及人类赖以生存的环境造成破坏性影响的自然现象，包括雷击、暴风、暴雨、洪水、龙卷风、冰雹、台风、热带风暴、地陷、崖崩、滑坡、泥石流、雪崩、冰陷、暴雪、冰凌、沙尘暴、**地震及其次生灾害**等。

意外事故：指被保险人不可预料、无法控制的突发性事件，但**不包括**战争、军事冲突、恐怖活动、暴乱、污染（含放射性污染）、核反应、核辐射等。

交通肇事逃逸：是指发生道路交通事故后，当事人为逃避法律责任，驾驶或者遗弃车辆逃离道路交通事故现场以及潜逃藏匿的行为。

车轮单独损失：指未发生被保险机动车其他部位的损失，因自然灾害、意外事故或被盗窃、抢劫、抢夺，仅发生轮胎、轮毂、轮毂罩的分别单独损失，或上述三者之中任意二者的共同损失，或三者的共同损失。

车身划痕：仅发生被保险机动车车身表面油漆的损坏，且无明显碰撞痕迹。

新增加设备：指被保险机动车出厂时原有设备以外的，另外加装的设备和设施。

新车购置价：指本保险合同签订地购置与被保险机动车同类型新车的价格，无同类型新车市场销售价格的，由投保人与保险人协商确定。

实物赔付：即保险人以实物赔付方式在保险责任范围内按照条款约定的赔款计算方法承

担保险赔偿责任。发生部分损失的，保险人直接向修理厂（车辆修理劳务提供方）购买修理劳务，将受损被保险机动车或受损财产修复至出险时的状态；发生全部损失的，保险人提供与出险时被保险机动车或第三者机动车价值相同或相当的机动车予以赔偿。由于被保险人已从第三方获得的赔偿金额、投保人自选的免赔额、免赔率导致的赔款金额与实物赔付购买金额之间产生的差额，由被保险人进行支付。

家庭成员：指配偶、父母、子女和其他共同生活的近亲属。

市场公允价值：指熟悉市场情况的买卖双方在公平交易的条件下和自愿的情况下所确定的价格，或无关联的双方在公平交易的条件下一项资产可以被买卖或者一项负债可以被清偿的成交价格。参考折旧系数见折旧率表。

最高折旧金额不超过投保时被保险机动车新车购置价的80%。

折旧金额 = 新车购置价 × 被保险机动车已使用月数 × 月折旧系数

饮酒：指驾驶人饮用含有酒精的饮料，驾驶机动车时血液中的酒精含量**大于等于**20mg/100mL的。

全部损失：包括实际全损与推定全损。被保险机动车发生事故后灭失，或者受到严重损坏完全失去原有形体、效用，或者不能再归被保险人所拥有的，为实际全损；被保险机动车发生事故后，认为实际全损已经不可避免，或者为避免发生实际全损所需支付的费用超过或接近实际价值，经保险人与被保险人协商按照全部损失方式进行赔偿的，为推定全损。

法定节假日：法定节假日包括中华人民共和国国务院规定的元旦、春节、清明节、劳动节、端午节、中秋节和国庆节放假调休日期，及星期六、星期日，具体以国务院公布的文件为准。

法定节假日不包括：因国务院安排调休形成的工作日、国务院规定的一次性全国假日、地方性假日。

污染（含放射性污染）：指被保险机动车正常使用过程中或发生事故时，由于油料、尾气、货物或其他污染物的泄漏、飞溅、排放、散落等造成的被保险机动车和第三方财产的污损、状况恶化或人身伤亡。

特需医疗费费用：指医院的特需医疗部门/中心/病房，包括但不限于特需医疗部、外宾医疗部、VIP部、国际医疗中心、联合医院、联合病房、干部病房、A级病房、家庭病房、套房等不属于社会基本医疗保险范畴的高等级病房产生的费用，以及名医门诊、指定专家团队门诊、特需门诊、国际门诊等产生的费用。

三、机动车辆商业保险示范条款总则部分规定

（1）本保险条款分为主险、附加险。

主险包括**机动车损失保险、机动车第三者责任保险、机动车车上人员责任保险共三个独立的险种**，投保人可以选择投保全部险种，也可以选择投保其中部分险种。

附加险不能独立投保。附加险条款与主险条款相抵触之处，以附加险条款为准，附加险条款未尽之处，以主险条款为准。

保险人按照承保险种分别承担保险责任。

（2）本保险合同中的被保险机动车是指在中华人民共和国境内（不含港、澳、台地区）行驶，以动力装置驱动或者牵引，上道路行驶的供人员乘用或者用于运送物品以及进行专项作业的轮式车辆（含挂车）、履带式车辆和其他运载工具，但不包括摩托车、拖拉机、特

种车。

（3）本保险合同中的**第三者是指因被保险机动车发生意外事故遭受人身伤亡或者财产损失的人，但不包括被保险机动车本车车上人员、被保险人**。

（4）本保险合同中的**车上人员是指发生意外事故的瞬间，在被保险机动车车体内或车体上的人员，包括正在上下车的人员**。

（5）除本保险合同另有约定外，投保人应在保险合同成立时一次交清保险费。保险费未交清前，本保险合同不生效。

任务二　机动车辆损失保险产品知识

机动车辆损失险指的是被保险人或其允许的驾驶员在驾驶保险车辆时发生保险事故，造成保险车辆受损，保险公司在合理范围内予以赔偿（见图2-28）。

图2-28　车辆损失事故

一、保险责任（保什么）

（1）保险期间内，被保险人或被保险机动车驾驶人（以下简称“驾驶人”）在使用被保险机动车过程中，因**自然灾害、意外事故**造成被保险机动车直接损失，且**不属于免除保险人责任的范围**，保险人依照本保险合同的约定负责赔偿。

被保险机动车被盗窃、抢劫、抢夺，经出险地县级以上公安刑侦部门立案证明，满60天未查明下落的全车损失，以及因被盗窃、抢劫、抢夺受到损坏，且不属于免除保险人责任的范围，保险人依照本保险合同的约定负责赔偿。

意外事故：指被保险人不可预料、无法控制的突发性事件，但不包括战争、军事冲突、恐怖活动、暴乱、污染（含放射性污染）、核反应、核辐射等。

特别解读：

这里说的意外事故包括常见的碰撞、倾覆、坠落、火灾、爆炸、外界物体坠落等事故，也包括了2014版示范条款除外的自燃、玻璃单独破碎、汽车涉水造成的发动机进水造成的事故。

自然灾害：指对人类以及人类赖以生存的环境造成破坏性影响的自然现象，包括雷击、暴风、暴雨、洪水、龙卷风、冰雹、台风、热带风暴、地陷、崖崩、滑坡、泥石流、雪崩、冰陷、暴雪、冰凌、沙尘暴、**地震及其次生灾害**等。

> **特别解读：**
> 车损险的赔付对象是投保的机动车，赔偿只能是车辆的损失。车上人员、财物和第三方的损失都不是车损险的赔付对象。例如，一机动车发生事故撞到一电线杆，造成电线杆、所驾车辆受损及驾驶人受伤。车辆的损失属于车损险赔偿，而树的损失和驾驶人受伤都不是车损失险的赔偿范畴，树的损失属于交强险和三者险赔偿，而驾驶人的受伤属于车上人员责任险赔。

（2）发生保险事故时，被保险人为防止或者减少被保险机动车的损失所支付的必要的、合理的施救费用，由保险人承担；施救费用数额在被保险机动车损失赔偿金额以外另行计算的，最高不超过保险金额的数额。

二、责任免除（不保什么）

1. 在上述保险责任范围内，下列情况下，不论任何原因造成被保险机动车的任何损失和费用，保险人均不负责赔偿

（1）事故发生后，被保险人或驾驶人故意破坏、伪造现场、毁灭证据。

（2）驾驶人有下列情形之一者

① 发生道路交通事故后，当事人为逃避法律责任，驾驶或者遗弃车辆逃离道路交通事故现场以及潜逃藏匿的行为（**肇事逃逸**）。

② 饮酒、吸食或注射毒品、服用国家管制的精神药品或麻醉药品。

③ 无驾驶证，驾驶证被依法扣留、暂扣、吊销、注销期间。

> **特别解读：**
> 无驾驶证，驾驶证被依法扣留、暂扣、吊销、注销期间保险公司不赔，而驾驶证不年审、违法被扣12分以上或到期未换证不能作为保险公司拒赔的理由。

④ 驾驶与驾驶证载明的准驾车型不相符合的机动车。

（3）被保险机动车有下列情形之一者

① 发生保险事故时被保险机动车行驶证、号牌被注销的。

> **特别解读：**
> 发生保险事故时被保险机动车行驶证、号牌被注销的保险公司不赔，而车辆不年审或年审不合格并不在车辆损失险的责任免除范围，意味着车辆不年审或年审不合格不能作为保险公司拒赔的理由。

② 被扣押、收缴、没收期间。

③ 竞赛、测试期间，在营业性场所维修、保养、改装期间。

特别解读：

竞赛、测试造成车辆损失属于保险的免责范围。典型案例，2015 年 4 月 11 日 21 时许，唐某某、于某某分别驾驶兰博基尼小型轿车与法拉利小型轿车，在北京大屯路隧道外环处道路上由东向西故意超速行驶，相互追逐后发生交通事故，造成两车及护栏、防护墙等交通设施损坏，并致兰博基尼车内乘客徐某腰椎爆裂性骨折，经鉴定，为轻伤一级。由于事故是由飙车引起，属竞赛、测试造成车辆损失的免责范围，保险公司不予以赔偿（如图 2-29 所示）。

图 2-29 竞赛、测试造成车辆损失不予赔偿

在营业性维修、养护场所修理、养护期间出险的，属于保险的免责范围。例如车辆在汽车修理厂、4S 店维修时发生事故造成车辆损失，保险公司不赔偿，这点应特别注意。

④ 被保险人或其允许的驾驶人故意或重大过失，导致被保险机动车被利用从事违法犯罪行为。

2. 下列原因导致被保险机动车损失和费用，保险人不负责赔偿

（1）战争、军事冲突、恐怖活动、暴乱、污染（含放射性污染）、核反应、核辐射。

特别解读：

通过一个例子说明，例如一辆车停放在树荫底下（特别是夏天车主为车辆不被太阳晒），树枝或树上的果掉落下来砸坏车辆，车损险赔偿。但如果是树脂或鸟粪掉下来腐蚀了车漆，这是属于污染，保险公司不赔偿。所以夏天停车时要特别小心，不要停放有树脂掉落的树荫底下。

（2）违反安全装载规定。

（3）被保险机动车被转让、改装、加装或改变使用性质等，导致被保险机动车危险程度显著增加，且未及时通知保险人，因危险程度显著增加而发生保险事故的。

（4）投保人、被保险人或驾驶人故意制造保险事故。

3. 下列损失和费用，保险人不负责赔偿

（1）市场价格变动造成的贬值、修理后价值降低引起的减值损失。

（2）自然磨损、朽蚀、腐蚀、故障、本身质量缺陷。

（3）投保人、被保险人或其允许的驾驶人知道保险事故发生后，故意或者因重大过失未及时通知，致使保险事故的性质、原因、损失程度等难以确定的，保险人对无法确定的部分不承担赔偿责任，但保险人通过其他途径已经及时知道或者应当及时知道保险事故发生的除外。

（4）因被保险人未和保险共同检验自行修理导致无法确定的损失。

（5）车轮的单独损坏，无明显碰撞的车身划痕，以及新增设备的损失（见图2-30）。

图2-30　轮胎、轮毂单独损坏属于车损险免赔范围

（6）非全车盗抢、仅车上零部件或附属设备被盗窃或损坏。

4. 免赔额

保险人在依据本保险合同约定计算赔款的基础上，按照下列方式免赔：对于投保人与保险人在投保时协商确定绝对免赔额的，本保险增加每次事故绝对免赔额。

三、保险金额

保险金额按投保时被保险机动车的实际价值确定。

特别解读：

改革前为高保低赔，指车主在为所购买的车辆向保险公司投保时，需要按照车辆新车购置价格加购置税进行投保；而投保车辆发生整车被盗或发生事故后造成全车损失时，保险公司只能按照车辆现行实际价值进行赔偿，购置税也要买保险。改革后是按被保险机动车的实际价值确定保险金额，很好地解决了“高保低赔”和购置税也要买保险的问题。

投保时被保险机动车的实际价值由投保人与保险人根据投保时的新车购置价减去折旧金额后的价格协商确定或其他市场公允价值协商确定。

折旧金额可根据本保险合同列明的参考折旧率表（见表2-8）确定。

表2-8 折旧率表

车辆种类	月折旧率			
	家庭自用	非营业	营业	
			出租	其他
9座以下客车	0.60%	0.60%	1.10%	0.90%
10座以上客车	0.90%	0.90%	1.10%	0.90%
微型载货汽车	/	0.90%	1.10%	1.10%
带拖挂的载货汽车	/	0.90%	1.10%	1.10%
低速货车和三轮汽车	/	1.10%	1.40%	1.40%
其他车辆	/	0.90%	1.10%	0.90%

折旧按月计算，不足一个月的部分，不计折旧。最高折旧金额不超过投保时被保险机动车新车购置价的80%。

折旧金额 = 投保时的新车购置价 × 被保险机动车已使用月数 × 月折旧率

四、赔偿处理

（1）发生保险事故后，保险人依据本条款约定在保险责任范围内承担赔偿责任。赔偿方式由保险人与被保险人协商确定，可采取现金赔付或实物赔付。

（2）因保险事故损坏的被保险机动车，修理前被保险人应当会同保险人检验，协商确定维修机构、修理项目、方式和费用。无法协商确定的，双方委托共同认可的有资质的第三方进行评估。

（3）被保险机动车遭受损失后的残余部分由保险人、被保险人协商处理。如折归被保险人的，由双方协商确定其价值并在赔款中扣除。

（4）**因第三方对被保险机动车的损害而造成保险事故，被保险人向第三方索赔的，保险人应积极协助；被保险人也可以直接向本保险人索赔，保险人在保险金额内先行赔付被保险人，并在赔偿金额内代位行使被保险人对第三方请求赔偿的权利。**

特别解读：

旧条款实行的“有责赔偿，无责免赔”赔付原则，也就是说，如果车辆的损失是由第三方责任造成的，只能由被保险人向第三方追讨，如果追不到，只能由被保险人自己承担。

改革后索赔方向更加明确，车辆受损后，车主既可以向责任方索赔，也可以向保险公司索赔，还可以向自己保险公司申请先行赔付，并交由他们向责任方追偿。也就是说，车主遭遇第三方责任造成的事故，对方车辆即便没有投保的情况下，也不用担心得不到赔付，可以先向自己投保的保险公司先索赔，再由保险公司向对方追偿。

被保险人已经从第三方取得损害赔偿的，保险人进行赔偿时，相应扣减被保险人从第三方已取得的赔偿金额。

保险人未赔偿之前，被保险人放弃对第三方请求赔偿的权利的，保险人不承担赔偿责任。

被保险人故意或者因重大过失致使保险人不能行使代位请求赔偿的权利的，保险人可以扣减或者要求返还相应的赔款。

保险人向被保险人先行赔付的，保险人向第三方行使代位请求赔偿的权利时，被保险人应当向保险人提供必要的文件和所知道的有关情况。

（5）机动车损失赔款按以下方法计算：

① 全部损失：

赔款＝保险金额－被保险人已从第三方获得的赔偿金额－绝对免赔额

② 部分损失：被保险机动车发生部分损失，保险人按实际修复费用在保险金额内计算赔偿。

赔款＝实际修复费用－被保险人已从第三方获得的赔偿金额－绝对免赔额

③ 施救费：施救的财产中，含有本保险合同未保险的财产，应按本保险合同保险财产的实际价值占总施救财产的实际价值比例分摊施救费用。

（6）被保险机动车发生本保险事故，导致全部损失，或一次赔款金额与免赔金额之和（不含施救费）达到保险金额，保险人按本保险合同约定支付赔款后，本保险责任终止，保险人不退还机动车损失保险及其附加险的保险费。

任务三　机动车第三者责任保险产品知识

第三者责任险定义：第三者是指因被保险机动车发生意外事故遭受人身伤亡或者财产损失的人，但不包括被保险机动车本车车上人员、被保险人。

一、保险责任（保什么）

保险期间内，被保险人或其允许的驾驶人在使用被保险机动车过程中发生意外事故，致使第三者遭受人身伤亡或财产直接损毁，依法应当对第三者承担的损害赔偿责任，且不属于免除保险人责任的范围，保险人依照本保险合同的约定，**对于超过机动车交通事故责任强制保险各分项赔偿限额的部分负责赔偿**。如图 2-31 所示，驾车不小心撞树，树的损失赔偿属

于第三者损失，而车辆的损失不属于第三方的损失，不属于第三者责任险赔偿范围。

特别解读：

第三者责任险和交强险的赔付对象是一样的，都是受害的第三方。但赔付的先后顺序却不一样。发生交通事故造成第三方伤害的，先由交强险在交强险责任限额内赔偿，交强险赔不完的部分才由第三者责任险赔付。如果没买交强险或交强险已过期，第三者责任险也不承担交强险应承担的部分，这点要特别注意！

图 2-31　第三者责任险事故

保险人依据被保险机动车一方在事故中所负的事故责任比例，承担相应的赔偿责任。

被保险人或被保险机动车一方根据有关法律法规规定选择自行协商或由公安机关交通管理部门处理事故未确定事故责任比例的，按照下列规定确定事故责任比例：

被保险机动车一方负主要事故责任的，事故责任比例为 70%；

被保险机动车一方负同等事故责任的，事故责任比例为 50%；

被保险机动车一方负次要事故责任的，事故责任比例为 30%。

涉及司法或仲裁程序的，以法院或仲裁机构最终生效的法律文书为准。

二、责任免除（不保什么）

1. 在上述保险责任范围内，下列情况下，不论任何原因造成的人身伤亡、财产损失和费用，保险人均不负责赔偿

（1）事故发生后，被保险人或驾驶人故意破坏、伪造现场、毁灭证据。

（2）驾驶人有下列情形之一者

① 发生道路交通事故后，当事人为逃避法律责任，驾驶或者遗弃车辆逃离道路交通事故现场以及潜逃藏匿的行为。

② 饮酒、吸食或注射毒品、服用国家管制的精神药品或麻醉药品。

③ 无驾驶证，驾驶证被依法扣留、暂扣、吊销、注销期间。

④ 驾驶与驾驶证载明的准驾车型不相符合的机动车。

（3）被保险机动车有下列情形之一者

① 发生保险事故时被保险机动车行驶证、号牌被注销的。

② 被扣押、收缴、没收期间。

③ 竞赛、测试期间，在营业性场所维修、保养、改装期间。

④ 全车被盗窃、被抢劫、被抢夺、下落不明期间。

2. 下列原因导致的人身伤亡、财产损失和费用，保险人不负责赔偿

（1）战争、军事冲突、恐怖活动、暴乱、污染（含放射性污染）、核反应、核辐射。

（2）第三者、被保险人或驾驶人故意制造保险事故、犯罪行为，第三者与被保险人或其他致害人恶意串通的行为。

（3）被保险机动车被转让、改装、加装或改变使用性质等，导致被保险机动车危险程度显著增加，且未及时通知保险人，因危险程度显著增加而发生保险事故的。

3. 下列人身伤亡、财产损失和费用，保险人不负责赔偿

（1）被保险机动车发生意外事故，致使任何单位或个人停业、停驶、停电、停水、停气、停产、通信或网络中断、电压变化、数据丢失造成的损失以及其他各种间接损失。

（2）第三者财产因市场价格变动造成的贬值，修理后因价值降低引起的减值损失。

（3）被保险人及其家庭成员、驾驶人及其家庭成员所有、承租、使用、管理、运输或代管的财产的损失，以及本车上财产的损失。

特别解读：

被保险人及其家庭成员、驾驶人及其家庭成员所有、承租、使用、管理、运输或代管的财产属于第三者责任险的免赔范围，广大驾驶人驾车回家时要特别注意，千万别撞到自家的财产，第三者责任险不赔，交强险也不赔。如图2-32所示，事故的两辆车同属一车主的，保险公司对于被撞的车辆是免赔的。

这里所指的家庭成员是指配偶、父母、子女和其他共同生活的近亲属。

图2-32　自家车撞自家车事故

（4）被保险人、驾驶人、本车车上人员的人身伤亡。

发生事故时，如果是被保险人、驾驶人、本车车上人员人身伤亡，保险公司不赔。车上人员大家比较容易理解，因为车上人员不属于受害第三方，不属于第三者责任险赔付对象。但被保险人、驾驶人如果是被本车撞到造成人身伤亡的，虽然在车下，但保险公司也不赔，

因为责任免除条款中有这一条。

典型案例：2013 年 6 月浙江省奉化阳光茗都小区的地下车库，一女子开着一辆雷克萨斯的 SUV 在进行倒车，造成驾驶人和指挥倒车丈夫死亡的事故（如图 2-33 所示）。如果丈夫是被保险人，则第三者责任险不赔；如果老婆是被保险人，则丈夫的死亡属第三者责任险赔偿范围。

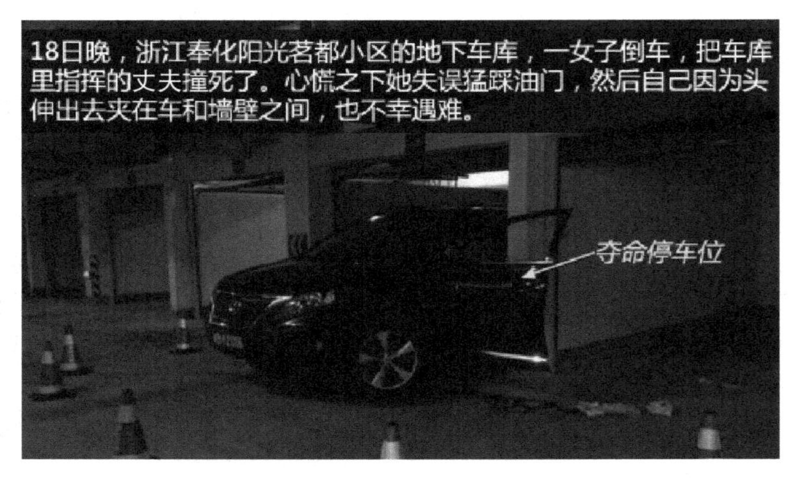

图 2-33 自家人撞自家人事故

（5）停车费、保管费、扣车费、罚款、罚金或惩罚性赔款。

（6）超出《道路交通事故受伤人员临床诊疗指南》和国家基本医疗保险同类医疗费用标准的费用部分。

（7）律师费，未经保险人事先书面同意的诉讼费、仲裁费。

（8）投保人、被保险人或其允许的驾驶人知道保险事故发生后，故意或者因重大过失未及时通知，致使保险事故的性质、原因、损失程度等难以确定的，保险人对无法确定的部分，不承担赔偿责任，但保险人通过其他途径已经及时知道或者应当及时知道保险事故发生的除外。

（9）机动车在修理前被保险人应当会同保险人检验，协商确定修理项目、方式和费用。被保险违反本条规定导致无法确定的损失。

（10）精神损害抚慰金。

（11）应当由机动车交通事故责任强制保险赔偿的损失和费用。

保险事故发生时，被保险机动车未投保机动车交通事故责任强制保险或机动车交通事故责任强制保险合同已经失效的，对于机动车交通事故责任强制保险责任限额以内的损失和费用，保险人不负责赔偿。

三、责任限额

每次事故的责任限额，由投保人和保险人在签订本保险合同时协商确定。

第三者责任险的责任限额分 10 万～1000 万元等档次。

主车和挂车连接使用时视为一体，发生保险事故时，由主车保险人和挂车保险人按照保险单上载明的机动车第三者责任保险责任限额的比例，在各自的责任限额内承担赔偿责任。

四、赔偿处理

（1）保险人对被保险人或其允许的驾驶人给第三者造成的损害，可以直接向该第三者赔偿。

被保险人或其允许的驾驶人给第三者造成损害，对第三者应负的赔偿责任确定的，根据被保险人的请求，保险人应当直接向该第三者赔偿。被保险人怠于请求的，第三者就其应获赔偿部分直接向保险人请求赔偿的，保险人可以直接向该第三者赔偿。

被保险人或其允许的驾驶人给第三者造成损害，未向该第三者赔偿的，保险人不得向被保险人赔偿。

（2）发生保险事故后，保险人依据本条款约定在保险责任范围内承担赔偿责任。赔偿方式由保险人与被保险人协商确定，可采取现金赔付或实物赔付。

因保险事故损坏的第三者财产，修理前被保险人应当会同保险人检验，协商确定维修机构、修理项目、方式和费用。无法协商确定的，双方委托共同认可的有资质的第三方进行评估。

（3）赔款计算

① 当（依合同约定核定的第三者损失金额－机动车交通事故责任强制保险的分项赔偿限额）×事故责任比例等于或高于每次事故赔偿限额时：

赔款＝每次事故赔偿限额

② 当（依合同约定核定的第三者损失金额－机动车交通事故责任强制保险的分项赔偿限额）×事故责任比例低于每次事故赔偿限额时：

赔款＝（依合同约定核定的第三者损失金额－机动车交通事故责任强制保险的分项赔偿限额）×事故责任比例

（4）保险人按照《道路交通事故受伤人员临床诊疗指南》和国家基本医疗保险的同类医疗费用标准核定医疗费用的赔偿金额。

未经保险人书面同意，被保险人自行承诺或支付的赔偿金额，保险人有权重新核定。不属于保险人赔偿范围或超出保险人应赔偿金额的，保险人不承担赔偿责任。

任务四 机动车车上人员责任险产品知识

一、保险责任（保什么）

保险期间内，被保险人或驾驶人在使用被保险机动车过程中发生意外事故，致使车上人员遭受人身伤亡，且不属于免除保险人责任的范围，依法应当对车上人员人承担的损害赔偿责任，保险人依照本保险合同的约定负责赔偿。

特别解读：

车上人员责任险赔付对象是车上人员，行驶途中跳车的是免赔对象。改革后，赔付对象包括上下时（见图2-34）。

保险人依据被保险机动车一方在事故中所负的事故责任比例，承担相应的赔偿责任。

被保险人或被保险机动车一方根据有关法律法规规定选择自行协商或由公安机关交通管

图 2-34 下车时受伤属于车上人员责任险赔偿范围

理部门处理事故未确定事故责任比例的，按照下列规定确定事故责任比例：

被保险机动车一方负主要事故责任的，事故责任比例为 70%；

被保险机动车一方负同等事故责任的，事故责任比例为 50%；

被保险机动车一方负次要事故责任的，事故责任比例为 30%。

涉及司法或仲裁程序的，以法院或仲裁机构最终生效的法律文书为准。

二、责任免除（不保什么）

1. 在上述保险责任范围内，下列情况下，不论任何原因造成的人身伤亡、财产损失和费用，保险人均不负责赔偿

（1）事故发生后，被保险人或其允许的驾驶人故意破坏、伪造现场、毁灭证据。

（2）驾驶人有下列情形之一者：

① 发生道路交通事故后，当事人为逃避法律责任，驾驶或者遗弃车辆逃离道路交通事故现场以及潜逃藏匿的行为。

② 饮酒、吸食或注射毒品、服用国家管制的精神药品或者麻醉药品。

③ 无驾驶证，驾驶证被依法扣留、暂扣、吊销、注销期间。

④ 驾驶与驾驶证载明的准驾车型不相符合的机动车。

⑤ 非被保险人允许的驾驶人。

（3）被保险机动车有下列情形之一者：

① 发生保险事故时被保险机动车行驶证、号牌被注销的。

② 被扣押、收缴、没收期间。

③ 在竞赛、测试期间，在营业性场所维修、保养、改装期间。

④ 全车被盗窃、被抢劫、被抢夺、下落不明期间。

2. 下列原因导致的人身伤亡、财产损失和费用，保险人不负责赔偿

（1）战争、军事冲突、恐怖活动、暴乱、污染（含放射性污染）、核反应、核辐射。

（2）被保险机动车被转让、改装、加装或改变使用性质等，导致被保险机动车危险程度显著增加，且未及时通知保险人，因危险程度显著增加而发生保险事故的。

（3）投保人、被保险人或驾驶人故意制造保险事故。

3. 下列人身伤亡、损失和费用，保险人不负责赔偿

（1）被保险人及驾驶人以外的其他车上人员的故意行为造成的自身伤亡。

（2）车上人员因疾病、分娩、自残、斗殴、自杀、犯罪行为造成的自身伤亡。

（3）罚款、罚金或惩罚性赔款。

（4）超出《道路交通事故受伤人员临床诊疗指南》和国家基本医疗保险标准的医疗费用。

（5）律师费，未经保险人事先书面同意的诉讼费、仲裁费。

（6）投保人、被保险人或驾驶人知道保险事故发生后，故意或者因重大过失未及时通知，致使保险事故的性质、原因、损失程度等难以确定的，保险人对无法确定的部分，不承担赔偿责任，但保险人通过其他途径已经知道或者应当及时知道保险事故发生的除外。

（7）精神损害抚慰金。

三、责任限额

驾驶人每次事故责任限额和乘客每次事故每人责任限额由投保人和保险人在投保时协商确定。投保乘客座位数按照被保险机动车的核定载客数（驾驶人座位除外）确定。

四、赔偿处理

（1）赔款计算

① 对每座的受害人，当（依合同约定核定的每座车上人员人身伤亡损失金额 - 应由机动车交通事故责任强制保险赔偿的金额）×事故责任比例高于或等于每次事故每座赔偿限额时：

赔款 = 每次事故每座赔偿限额

② 对每座的受害人，当（依合同约定核定的每座车上人员人身伤亡损失金额 - 应由机动车交通事故责任强制保险赔偿的金额）×事故责任比例低于每次事故每座赔偿限额时：

赔款 =（依合同约定核定的每座车上人员人身伤亡损失金额 - 应由机动车交通事故责任强制保险赔偿的金额）×事故责任比例

（2）保险人按照《道路交通事故受伤人员临床诊疗指南》和国家基本医疗保险的同类医疗费用标准核定医疗费用的赔偿金额。

未经保险人书面同意，被保险人自行承诺或支付的赔偿金额，保险人有权重新核定。因被保险人原因导致损失金额无法确定的，保险人有权拒绝赔偿。不属于保险人赔偿范围或超出保险人应赔偿金额的，保险人不承担赔偿责任。

任务五 认识三大主险通用条款

一、保险期间

除另有约定外，保险期间为一年，以保险单载明的起讫时间为准。

二、其他事项

（1）发生保险事故时，被保险人或驾驶人应当及时采取合理的、必要的施救和保护措施，防止或者减少损失，并在保险事故发生后 48 小时内通知保险人。

被保险机动车全车被盗抢的，被保险人知道保险事故发生后，应在 24 小时内向出险当

地公安刑侦部门报案，并通知保险人。

被保险人索赔时，应当向保险人提供与确认保险事故的性质、原因、损失程度等有关的证明和资料。

被保险人应当提供保险单、损失清单、有关费用单据、被保险机动车行驶证和发生事故时驾驶人的驾驶证。

属于道路交通事故的，被保险人应当提供公安机关交通管理部门或法院等机构出具的事故证明、有关的法律文书（判决书、调解书、裁定书、裁决书等）及其他证明。被保险人或其允许的驾驶人根据有关法律法规规定选择自行协商方式处理交通事故的，被保险人应当提供依照《道路交通事故处理程序规定》签订记录交通事故情况的协议书。

被保险机动车被盗抢的，被保险人索赔时，须提供保险单、损失清单、有关费用单据、《机动车登记证书》、机动车来历凭证以及出险当地县级以上公安刑侦部门出具的盗抢立案证明。

（2）保险人按照本保险合同的约定，认为被保险人索赔提供的有关证明和资料不完整的，应当及时一次性通知被保险人补充提供。

（3）保险人收到被保险人的赔偿请求后，应当及时做出核定；情形复杂的，应当在三十日内做出核定。保险人应当将核定结果通知被保险人。对属于保险责任的，在与被保险人达成赔偿协议后十日内，履行赔偿义务。保险合同对赔偿期限另有约定的，保险人应当按照约定履行赔偿义务。

保险人未及时履行前款约定义务的，除支付赔款外，应当赔偿被保险人因此受到的损失。

（4）保险人依照本条款第四十二条的约定做出核定后，对不属于保险责任的，应当自作出核定之日起3日内向被保险人发出拒绝赔偿通知书，并说明理由。

（5）保险人自收到赔偿请求和有关证明、资料之日起60日内，对其赔偿数额不能确定的，应当根据已有证明和资料可以确定的数额先予赔付；保险人最终确定赔偿数额后，应当支付相应的差额。

（6）保险人受理报案、现场查勘、核定损失、参与诉讼、进行抗辩、要求被保险人提供证明和资料、向被保险人提供专业建议等行为，均不构成保险人对赔偿责任的承诺。

（7）在保险期间内，被保险机动车转让他人的，受让人承继被保险人的权利和义务。被保险人或者受让人应当及时通知保险人，并及时办理保险合同变更手续。

因被保险机动车转让导致被保险机动车危险程度发生显著变化的，保险人自收到前款约定的通知之日起30日内，可以相应调整保险费或者解除本保险合同。

（8）保险责任开始前，投保人要求解除本保险合同的，应当向保险人支付应交保险费金额3%的退保手续费，保险人应当退还保险费。

保险责任开始后，投保人要求解除本保险合同的，自通知保险人之日起，本保险合同解除。保险人按日收取自保险责任开始之日起至合同解除之日止期间的保险费，并退还剩余部分保险费。

（9）因履行本保险合同发生的争议，由当事人协商解决，协商不成的，由当事人从下列两种合同争议解决方式中选择一种，并在本保险合同中载明：

① 提交保险单载明的仲裁委员会仲裁；

② 依法向人民法院起诉。

本保险合同适用中华人民共和国法律（不含港、澳、台地区法律）。

复习思考题

一、选择题

1. 购买了10万元第三者责任险，撞伤了一行人，被保险人负全责，最高可以获得保险公司最高赔付金额为（　　）。

A. 10000元　　B. 50000元　　C. 100000元　　D. 110000元

2. 一辆保险车辆在保险期内先后发生两次第三者责任保险事故，被保险人应对第三者承担的赔偿责任分别是8万元和15万元。由于被保险人在投保时选择了10万元档次的赔偿限额，保险人赔偿了第一次事故的8万元以后，对第二次事故的15万元，根据规定应（　　）。

A. 赔偿15万元，第三者责任险仍有效

B. 赔偿10万元，第三者责任险仍有效

C. 赔偿10万元，第三者责任险终止

D. 赔偿2万元，第三者责任险终止

3. 下列人员中，属于机动车辆第三者责任险中的第三者的是（　　）。

A. 被保险人的驾驶人员

B. 借给他人使用时的驾驶人员

C. 被保险人车上的人员

D. 对方车上的乘客

4. 王某将其购置的一辆新车，向保险公司投保车辆损失险，保险期内，该车在停放过程中突然自燃，造成本车及在该车临近停放的一辆汽车的完全损毁，下列有关保险公司赔偿处理中正确的是（　　）。

A. 保险公司只能就本车损失部分予以赔偿

B. 保险公司只能就他车损失部分予以赔偿

C. 对本车和他车损失，保险公司均不予以赔偿

D. 对本车和他车损失，保险公司均予以赔偿

5. 车辆被盗后，多少天公安机关未破案的，就可以到保险申请索赔。（　　）

A. 15天　　B. 30天　　C. 60天　　D. 90天

6. 某一车辆都在保险公司投保了机动车辆损失险，按保险价值投保，保险金额为100000元。发生了重大交通事故，承保的保险公司推定为全损。投保时已用了两年，出险时实际价值为80000元，残值为3000元。该车损失为（　　）。

A. 64000元　　B. 80000元　　C. 77000元　　D. 100000元

7. 被保险机动车方负次要责任事故责任的，应承担的责任比例为（　　）。

A. 100%　　B. 50%　　C. 30%　　D. 15%

二、判断题

1. 保险公司对非道路交通事故不予以赔付。（　　）

2. 陨石从天空坠落所致保险车辆受损，不属保险责任，保险公司不予以赔偿。（　　）

3. 保险车辆由于冰雹所致受损，属于天灾。不属保险责任，保险公司不予以赔偿。（ ）

4. 保险车辆发生火灾时，使用他人非专业消防单位的消防设备，施救保险车辆所消耗的合理费用及设备应赔偿。（ ）

5. 在施救保险车辆的过程中，造成个人物品的损失保险公司也可以赔偿。（ ）

6. 保险车辆在比赛过程中造成的损失也属于保险责任，保险公司也应赔偿。（ ）

7. 保险车辆在修理厂修理过程中造成的损失也属于保险责任，保险公司也应赔偿。（ ）

8. 在发生交通事故时，交强险和商业第三者责任险是同时赔付的。（ ）

9. 商业第三者责任险保险限额和交强险一样是200000元。（ ）

三、问答题

1. 写出第三责任险的定义。
2. 简述车损险的保险责任。
3. 简述车损险的责任免除条款。
4. 简述车上人员责任险的责任免除条款。

项目三　汽车保险附加险产品知识

教学能力目标

1. 专业能力目标
   - ¤ 掌握常用附加险的保险责任和责任免除
   - ¤ 掌握常用附加险的保险费率及理赔细则
2. 方法能力目标
   - ¤ 掌握交通事故中常用附加险的赔付
3. 社会能力目标
   - ¤ 掌握附加险的销售技巧

在投保了机动车辆基本险的基础上方可投保附加险。附加险条款的法律效力优于主险条款。附加险条款未尽事宜，以主险条款为准。除附加险条款另有约定外，主险中的责任免除、双方义务同样适用于附加险。主险保险责任终止的，其相应的附加险保险责任同时终止。

车辆损失险的附加险包括：

① 附加绝对免赔率特约条款；

② 附加车轮单独损失险；

③ 附加新增设备损失险；

④ 附加车身划痕损失险；

⑤ 附加修理期间费用补偿险；
⑥ 附加发动机进水损坏除外特约条款；
⑦ 附加车上货物责任险；
⑧ 附加精神损害抚慰金责任险；
⑨ 附加法定节假日限额翻倍险；
⑩ 附加医保外用药责任险；
⑪ 附加机动车增值服务特约条款。

一、附加绝对免赔率特约条款

绝对免赔率为5%、10%、15%、20%，由投保人和保险人在投保时协商确定，具体以保险单载明为准。

被保险机动车发生主险约定的保险事故，保险人按照主险的约定计算赔款后，扣减本特约条款约定的免赔。即：

主险实际赔款 = 按主险约定计算的赔款 ×（1 – 绝对免赔率）

特别解读：

2104版示范条款商业险有绝对免赔率为5%、10%、15%、20%，必须购买有不计免赔特约险才能赔付免赔率部分。2020版条款把商业险的免赔率全部删除，不计免赔特约险也没有了。通俗地讲，买了本附加险后就恢复2104版的免赔率了，但商业险的保险费会下降。也就是买了本附加险后出险时赔付减少了，但买保险时保费下降了，这是一个降费的险种。

二、附加车轮单独损失险

投保了机动车损失保险的机动车，可投保本附加险。

1. 保险责任

保险期间内，被保险人或被保险机动车驾驶人在使用被保险机动车过程中，因自然灾害、意外事故或被盗窃、抢劫、抢夺，导致被保险机动车未发生其他部位的损失、仅有车轮（含轮胎、轮毂、轮毂罩）单独的直接损失，且不属于免除保险人责任的范围，保险人依照本附加险合同的约定负责赔偿（图2-35）。

图2-35 车轮的单独损坏属于车轮单独损失险赔偿

2. 责任免除

（1）车轮（含轮胎、轮毂、轮毂罩）的自然磨损、朽蚀、腐蚀、故障、本身质量缺陷。

（2）未发生全车盗抢，仅车轮单独丢失。

3. 保险金额

保险金额由投保人和保险人在投保时协商确定。

4. 赔偿处理

（1）发生保险事故后，保险人依据本条款约定在保险责任范围内承担赔偿责任。赔偿方式由保险人与被保险人协商确定，可采取现金赔付或实物赔付。

赔款 = 实际修复费用 − 被保险人已从第三方获得的赔偿金额。

（2）在保险期间内，累计赔款金额达到保险金额，本附加险保险责任终止。

三、新增设备损失险

投保了机动车损失保险的机动车，可投保本附加险。

1. 保险责任

保险期间内，投保了本附加险的被保险机动车因发生机动车损失保险责任范围内的事故，造成车上新增加设备的直接损毁，保险人在保险单载明的本附加险的保险金额内，按照实际损失计算赔偿（见图2-36）。

图2-36 新增设备属于新增设备损失险赔偿

2. 保险金额

保险金额根据新增加设备投保时的实际价值确定。新增加设备的实际价值是指新增加设备的购置价减去折旧金额后的金额。

3. 赔偿处理

发生保险事故后，保险人依据本条款约定在保险责任范围内承担赔偿责任。赔偿方式由保险人与被保险人协商确定，可采取现金赔付或实物赔付。

赔款 = 实际修复费用 − 被保险人已从第三方获得的赔偿金额

四、车身划痕损失险

投保了机动车损失保险的机动车，可投保本附加险。

1. 保险责任（保什么）

保险期间内，被保险机动车在被保险人或被保险机动车驾驶人使用过程中，发生无明显碰撞痕迹的车身划痕损失（见图2-37），保险人按照保险合同约定负责赔偿。

图 2-37 无明显碰撞痕迹的车身划痕，由车身划痕险赔付

特别解读：

车身划痕险赔付的没有碰撞的车身划痕的损失，而碰撞造成的车身损伤是由车损险赔偿（见图 2-38）。

图 2-38 碰撞造成的损失，由车损险赔付

2. 责任免除（不保什么）

（1）被保险人及其家庭成员、驾驶人及其家庭成员的故意行为造成的损失。

（2）因投保人、被保险人与他人的民事、经济纠纷导致的任何损失。

（3）车身表面自然老化、损坏，腐蚀造成的任何损失。

3. 保险金额

保险金额为 2000 元、5000 元、10000 元或 20000 元，由投保人和保险人在投保时协商确定。

4. 赔偿处理

（1）发生保险事故后，保险人依据本条款约定在保险责任范围内承担赔偿责任，赔偿方式由保险人与被保险人协商确定，可采取现金赔付或实物赔付。

赔款 = 实际修复费用 – 被保险人已从第三方获得的赔偿金额

（2）在保险期间内，累计赔款金额达到保险金额，本附加险保险责任终止。

特别解读：

车身划痕险赔付时是对每次划痕事故进行累加的。例如，某辆车投保限额为10000元的车身划痕险，第一次划痕事故赔偿了6000元，则只剩4000元的赔偿限额，如果再次发生划痕事故，赔完4000元则本险种合同终止。

五、修理期间费用补偿险

投保了机动车损失保险的机动车，可投保本附加险。

1. 保险责任

保险期间内，特约了本条款的机动车在使用过程中，发生机动车损失保险责任范围内的事故，造成车身损毁，致使被保险机动车停驶，保险人按保险合同约定，在保险金额内在向被保险人补偿修理期间费用，作为代步车费用或弥补停驶损失。

2. 责任免除

下列情况下，保险人不承担修理期间费用补偿：

（1）因机动车损失保险责任范围以外的事故而致被保险机动车的损毁或修理。

（2）非在保险人指定的修理厂修理时，因车辆修理质量不合要求造成返修。

（3）被保险人或驾驶人拖延车辆送修期间。

3. 保险金额

本附加险保险金额 = 补偿天数 × 日补偿金额。补偿天数及日补偿金额由投保人与保险人协商确定并在保险合同中载明，保险期间内约定的补偿天数最高不超过90天。

4. 赔偿处理

全车损失，按保险单载明的保险金额计算赔偿。部分损失，在保险金额内按约定的日赔偿金额乘以从送修之日起至修复之日止的实际天数计算赔偿，实际天数超过双方约定修理天数的，以双方约定的修理天数为准。

保险期间内，累计赔款金额达到保险单载明的保险金额，本附加险保险责任终止。

六、发动机损坏除外特约条款

投保了机动车损失保险的机动车，可投保本附加险。

保险期间内，投保了本附加险的被保险机动车在使用过程中，因发动机进水后导致的发动机的直接损毁，保险人不负责赔偿。

特别解读：

2104版示范条款车辆损失险是不赔发动机涉水造成发动机损失的，必须购买附加发动机涉水险，2020版条款把发动机涉水险的保险归到车辆损失险保险责任中。这个发动机损坏除外特约条款有何作用？就是买了本附加险后出险时不赔发动机涉水造成的损失，但买保险时可以降低保费，这是一个降费的险种。

七、车上货物责任险

投保了机动车第三者责任保险的营业货车（含挂车），可投保本附加险。

1. 保险责任

保险期间内，发生意外事故致使被保险机动车所载货物遭受直接损毁，依法应由被保险人承担的损害赔偿责任，保险人负责赔偿。

2. 责任免除

（1）偷盗、哄抢、自然损耗、本身缺陷、短少、死亡、腐烂、变质、串味、生锈，动物走失、飞失、货物自身起火燃烧或爆炸造成的货物损失。

（2）违法、违章载运造成的损失。

（3）因包装、紧固不善，装载、遮盖不当导致的任何损失。

（4）车上人员携带的私人物品的损失。

（5）保险事故导致的货物减值、运输延迟、营业损失及其他各种间接损失。

（6）法律、行政法规禁止运输的货物的损失。

3. 责任限额

责任限额由投保人和保险人在投保时协商确定。

4. 赔偿处理

（1）被保险人索赔时，应提供运单、起运地货物价格证明等相关单据。保险人在责任限额内按起运地价格计算赔偿。

（2）发生保险事故后，保险人依据本条款约定在保险责任范围内承担赔偿责任，赔偿方式由保险人与被保险人协商确定，可采取现金赔付或实物赔付。

八、精神损害抚慰金责任险

只有在投保了机动车第三者责任保险或机动车车上人员责任保险的基础上，方可投保本附加险。

在投保人仅投保机动车第三者责任保险的基础上附加本附加险时，保险人只负责赔偿第三者的精神损害抚慰金；在投保人仅投保机动车车上人员责任保险的基础上附加本附加险时，保险人只负责赔偿车上人员的精神损害抚慰金。

1. 保险责任

保险期间内，被保险人或其允许的驾驶人在使用被保险机动车的过程中，发生投保的主险约定的保险责任内的事故，造成第三者或车上人员的人身伤亡，受害人据此提出精神损害赔偿请求，保险人依据法院判决及保险合同约定，对应由被保险人或被保险机动车驾驶人支付的精神损害抚慰金，在扣除机动车交通事故责任强制保险应当支付的赔款后，在本保险赔偿限额内负责赔偿。

2. 责任免除

（1）根据被保险人与他人的合同协议，应由他人承担的精神损害抚慰金。

（2）未发生交通事故，仅因第三者或本车人员的惊恐而引起的损害。

（3）怀孕妇女的流产发生在交通事故发生之日起 30 天以外的。

3. 赔偿限额

本保险每次事故赔偿限额由保险人和投保人在投保时协商确定。

4. 赔偿处理

本附加险赔偿金额依据生效法律文书或当事人达成且经保险人认可的赔付协议，在保险单所载明的赔偿限额内计算赔偿。

九、附加法定节假日限额翻倍险

投保了机动车第三者责任保险的家庭自用汽车，可投保本附加险。

保险期间内，被保险人或其允许的驾驶人在法定节假日期间使用被保险机动车发生机动车第三者责任保险范围内的事故，并经公安部门或保险人查勘确认的，被保险机动车第三者责任保险所适用的责任限额在保险单载明的基础上增加一倍。

十、医保外用药责任险

投保了机动车第三者责任保险或机动车车上人员责任保险的机动车，可投保本附加险。

1. 保险责任

保险期间内，被保险人或其允许的驾驶人在使用被保险机动车的过程中，发生主险保险事故，对于被保险人依照中华人民共和国法律（不含港澳台地区法律）应对第三者或车上人员承担的医疗费用，保险人对超出《道路交通事故受伤人员临床诊疗指南》和国家基本医疗保险同类医疗费用标准的部分负责赔偿。

2. 责任免除

下列损失、费用，保险人不负责赔偿：

（1）被保险人的损失在相同保障的其他保险项下可获得赔偿的部分。

（2）所诊治伤情与主险保险事故无关联的医疗、医药费用。

（3）特需医疗类费用。

3. 赔偿限额

赔偿限额由投保人和保险人在投保时协商确定，并在保险单中载明。

4. 赔偿处理

被保险人索赔时，应提供由具备医疗机构执业许可的医院或药品经营许可的药店出具的、足以证明各项费用赔偿金额的相关单据。保险人根据被保险人实际承担的责任，在保险单载明的责任限额内计算赔偿。

十一、机动车增值服务特约条款

投保了机动车保险后，可投保本特约条款。

本特约条款包括道路救援服务特约条款、车辆安全检测特约条款、代为驾驶服务特约条款、代为送检服务特约条款共四个独立的特约条款，投保人可以选择投保全部特约条款，也可以选择投保其中部分特约条款。保险人依照保险合同的约定，按照承保特约条款分别提供增值服务。

1. 道路救援服务特约条款

（1）服务范围：保险期间内，被保险机动车在使用过程中发生故障而丧失行驶能力时，保险人或其受托人根据被保险人请求，向被保险人提供如下道路救援服务。

1）单程50km以内拖车。

2）送油、送水、送防冻液、搭电。

3）轮胎充气、更换轮胎。

4）车辆脱离困境所需的拖拽、吊车。

（2）责任免除：

1）根据所在地法律法规、行政管理部门的规定，无法开展相关服务项目的情形。

2）送油、更换轮胎等服务过程中产生的油料、防冻液、配件、辅料等材料费用。

3）被保险人或驾驶人的故意行为。

（3）责任限额：保险期间内，保险人提供2次免费服务，超出2次的，由保险人和被保险人协商确定，分为5次、10次、15次、20次四档。

2. 车辆安全检测特约条款

（1）服务范围：保险期间内，为保障车辆安全运行，保险人或其受托人根据被保险人请求，为被保险机动车提供车辆安全检测服务，车辆安全检测项目包括：

1）发动机检测（机油、空滤、燃油、冷却等）；

2）变速器检测；

3）转向系统检测（含车轮定位、轮胎动平衡）；

4）底盘检测；

5）轮胎检测；

6）汽车电子系统检测（全车电控系统检测）；

7）车内环境检测；

8）蓄电池检测；

9）车辆综合安全检测。

（2）责任免除：

1）检测中发现的问题部件的更换、维修费用；

2）洗车、打蜡等常规保养费用；

3）车辆运输费用。

（3）责任限额：保险期间内，本特约条款的检测项目及服务次数上限由投保人和保险人在签订保险合同时协商确定。

3. 代为驾驶服务特约条款

（1）服务范围：保险期间内，保险人或其受托人根据被保险人请求，在被保险人或其允许的驾驶人因饮酒、服用药物等原因无法驾驶或存在重大安全驾驶隐患时提供单程30公里以内的短途代驾服务。

（2）责任免除：根据所在地法律法规、行政管理部门的要求，无法开展相关服务项目的情形。

（3）责任限额：保险期间内，本特约条款的服务次数上限由投保人和保险人在签订保险合同时协商确定。

4. 代为送检服务特约条款

（1）服务范围：保险期间内，按照《中华人民共和国道路交通安全法实施条例》，被保险机动车需由机动车安全技术检验机构实施安全技术检验时，根据被保险人请求，由保险人或其受托人代替车辆所有人进行车辆送检。

（2）责任免除：

1）根据所在地法律法规、行政管理部门的要求，无法开展相关服务项目的情形；

2）车辆检验费用及罚款；

3）维修费用。

复习思考题

一、选择题

1. 下列哪项属于新增设备损失险责任范畴（　　）。

A. 前风窗玻璃防爆膜　B. 保险杠　C. 前照灯　D. 中网

2. 购买限额5000元限额的车身划痕险，能获得的最高赔偿金额是（　　）。

A. 2000元　B. 3000元　C. 4000元　D. 5000元

3. 轿车前风窗玻璃是（　　）。

A. 夹层安全玻璃　B. 钢化玻璃　C. 有机玻璃　D. 普通玻璃

4. 一辆保险车辆在保险期内先后发生两次车身划痕险责任保险事故，第一修理费用3500元。由于被保险人在投保时选择了5000元档次的赔偿限额，第二次用了2500元修理费，根据规定被保险人还应获得保险（　　）。

A. 赔偿2500元，车身划痕险仍有效

B. 赔偿1500元，车身划痕险仍有效

C. 赔偿2500元，车身划痕险终止

D. 赔偿1500元，车身划痕险终止

5. 下列哪项不属于新增设备损失险责任范畴（　　）。

A. 散热器格栅　B. 尾翼

C. 大包围　D. 前风窗玻璃防爆膜

二、问答题

1. 简述车轮单独损坏险的保险责任、责任免除。
2. 简述车身划痕险的保险责任、责任免除。
3. 简述车上货物责任险的保险责任、责任免除。
4. 简述修理期间费用补偿险的保险责任、责任免除。

项目四　汽车保险的营销

教学能力目标

1. 专业能力目标

¤熟悉不同保险公司的保险条款，常见险种的作用分析

¤了解投保时可能遇到的问题，掌握投保的注意事项

2. 方法能力目标

¤熟悉不同的投保方案，掌握针对不同客户的保险营销方案

3. 社会能力目标

¤能运用所知识，为不同客户制定不同的保险方案

在前面保险产品的介绍中，汽车保险产品中主险有3个，附加险有11个，是不是所有的险种都是必须购买？答案是否定的。那么在购买保险产品时，该如何选择，这是本章节的

主要内容。

任务一 常用保险险种分析

一、机动车交通事故责任强制保险

首先，《机动车交通事故责任强制保险条例》从2006年7月1日起施行，机动车所有人、管理人自施行之日起应在3个月内投保强制保险。强制三者险条例实施后，从节约的角度考虑，车主买保险可以“强”“商”结合，即在购买必需的强制三者险后，适当补充商业三者险。

分析：交强险是国家法律规定强制购买的险种，没有选择性，也是唯一指定购买的险种。

二、保险公司的商业汽车保险分析

交强险以外的保险公司其他车险俗称为商业汽车保险，分为基本险和附加险，基本险一般包括车辆损失险、商业第三者责任险、车上人员责任险。

1. 车辆损失险分析

保险条款中规定，车辆的保险金额实际价值确定，也可以由被保险人与保险人协商确定，但保险金额不得超过保险价值，超过部分无效。

分析：车损险是赔付出险车辆本身的一个险种，如果没有购买本险种，出险时车辆本身将得不到保险公司的赔付。

2. 商业第三者责任险分析

交强险中的医疗费用、财产损失限额分别为18000元和2000元，若不幸遇到两车相撞等较为严重的交通事故，事故损失将超过交强险的限额。因此，车主在投保交强险的同时，再投保一定额度的商业三者险，才能充分保障自己的利益。

分析：商业三者险和交强险都是赔付第三方的险种，但交强险赔付金额却非常有限，商业三者险是交强险很好补充。最好建议客户购买200万以上限额的第三者责任险。

3. 车上责任险分析

第三者责任险赔付的第三方的损失，并不包括车上人员和货物的保障，要使其安全予以保障，还需投保车上责任险，包括车上人员责任险和车货物责任险。

分析：车上人员责任险和车货物责任险承保的都是本车上人员和货物的损失，这和车损险并没有冲突，车损险承保的车辆本身的损失，并没包含车上人员和货物的损失。为了保障车上人员和车上货物，选择险种必须考虑车上责任险。

4. 新增设备损失险分析

新增设备损失险也是个容易忽视的险种。对于现在越来越普及的家用轿车来说，个性化的改装越来越多，投保时如果忽略该险种，新增设备部分将得不到保险公司的赔偿。

分析：新增设备损失险承保的是新车没有的买车后加装的装备，如果买车后加装了不少有价值的装备，就应投保本险种。

5. 车身划痕险分析

车身划痕险为他人恶意行为险，也是经常碰到的问题，对于新车以及高档车可以考虑

投保。

分析：车辆损失险的保险责任是碰撞造成车辆的损失保险公司才会赔付，而没有碰撞的车身划痕不属车辆损失险的赔偿范畴。对于没有专用车库的车主来说，车身划痕是常有的事情，特别是新车建议购买本险种。

任务二　汽车投保注意事项

一、家庭自用汽车的投保

1. 险种选择

新车新手上路出险率相对较高，容易剐擦，新车丢失的概率大，新手事故率高。应投保车辆损失险、第三者责任险、车上人员责任险、车身划痕险、车轮单独损失险等险种。

2. 责任限额选择

随着我国经济快速发展，人民生活水平的不断提高，购买的车辆也越来越贵，路上行驶的豪车也越来越多，另外人身伤亡的费用赔偿也随着人民生活水平的提高水涨船高，所以建议商业三者险的责任限额最好买到200万元以上，发达地区最好买到300万元作为交强险的补充。

3. 保险公司选择

如果车主经常跑长途，或经常到所在地以外的地区，建议选择服务周到、信誉优良的保险公司投保，“就地理赔”服务网络，对客户来说，投保、索赔都很方便。

二、非营业用汽车的投保

1. 险种选择

作为党政机关或企事业单位，在投保机动车交通事故责任强制保险的基础上，之后首选的险种是车辆损失险、第三者责任险、车上人员责任险，以保证基本风险的转嫁。

2. 责任限额选择

作为单位用车，商业第三者责任险的责任限额最好选择300万元以上，以获得更多的保障。

3. 保险公司选择

选择服务周到、信誉优良的保险公司投保，“就地理赔”服务网络，对客户来说，投保、索赔都很方便。

三、营业用汽车的投保

1. 险种选择

作为营业用车，使用频率较高，且会经常跑长途，出险率比家庭自用车要高得多，因此，在投保机动车交通事故责任强制保险的基础上，建议首选险种商业第三者责任险、车上人员责任险、车上货物责任险。

营运车辆主要分为三类：营运客车、营运货车、出租车。

营运客车险种的选择：营运客车费率高，考虑车主经济承受能力，建议购买500万元上商业第三者责任、每座5万元以上车上人员责任险、驾乘人员意外险。对于经济能力较强的车主，建议再加上车损险、精神损害抚慰金责任险等附加险以获得更大保障。

营运货车险种的选择：营运货车费率高，考虑车主经济承受能力，建议购买500万元上商业第三者责任、限额500万元以上车上货物责任险。对于经济能力较强的车主，建议再加上车损险以获得更大保障。

营运出租车险种的选择：出租车和客车、货车相比风险相对小些，考虑车主经济承受能力，建议购买300万元上商业第三者责任、每座5万元以上车上人员责任险、驾乘人员意外险。对于经济能力较强的车主，建议再加上车辆损失险及部分附加险以获得更大保障。

2. 责任限额的选择

36座以下的客车或10t以下的货车，其商业第三者责任险的责任限额最好选择1000万；而36座以上的客车或10t以上的货车，其商业第三者责任险的责任限额最好选择1000万以上。

3. 保险公司选择

建议选择服务网点较多的公司投保，这样就能满足跑长途的客车或货车的特殊要求。

四、特种车辆的投保

1. 险种选择

对于特种车型来说，行驶区域比较固定，且一般用于工程施工，这类车的出险率相对较低；特种车型使用频率不是太高，但价值都较高，事故损失巨大。因此，建议投保车损险、商业三者险、附加特种车辆固定设备、仪器损坏扩展条款以及起重、装卸、挖掘车辆损失扩展条款。

2. 责任限额选择

特种车的出险率虽低，但出险损失会非常大，因此商业三者险，最好选择200万元或300万元以上的责任限额。

3. 保险公司选择

对于特种车来说，要注意投保的保险公司是否有特种车辆保险条款和扩展条款，是否能涵盖特种车所能发生的各种风险。

五、新车尽量要保足

建议新车最好把商业第三者责任险、车损险、车上人员责任险都保全（见图2-39）。

图2-39　新车保险险种应保全

家用轿车三者险保额最好投保200万元以上，如果经济条件允许可以投保300万元以上。车损险要足额保险，不要不足额保险。车险除主险之外，还有8个左右的附加险。

六、旧车的保险

如果车恰好临近报废期，建议投保人主险只选择交强险和商业第三者责任险，因为这类车实际价值很低，投保金额太多显然不合算。

对于还有一定年限的车辆，经济的保险方案险种为：200万元以上商业三者险。如果经济条件允许，可以加上车损险以获得更大的保障。

七、二手车的保险

二手车要注意办理车险过户，主要是进行保单要素的一些批改，关键是批改被保险人与车主。

八、良好记录很重要

保险公司的费率虽然固定，但都对“优质客户”给予优惠政策，如对一年不出险的车辆在第二年续保时可以获得保险公司一定费率的下调。

车辆有一些小毛病，像剐伤、划痕等，花钱不多，建议保户自己修理。

特别是新保险条款，如果连续3年不出险，保险最多可以打到5折；如果上年出险5次及以上，保费可能上涨40%以上。

九、保险合同变更的情况

在保险合同有效期内，保险车辆合法转卖、转让他人、被保险人应凭工商部门认可的发票或在交通管理部门办理变动手续后，向保险公司公司申请办理批改被保险人称谓，使之具有可保利益。

当改变使用性质或改装变形，被保险人应事先通知保险公司，并申请批改车辆使用性质或车型。如增加危险程度，除书面通知保险公司外，按规定应补交保险费。

保单丢失的情况下，可由投保人携带有关证明向签发保单的原保险公司申请补发。

十、谨防车险投保陷阱

1. 谨防低价车险背后的不足额投保

一些车险“串串”为了满足一些消费者求便宜的需要，进行不足额投保，例如，一辆车价值10万元，他只投保5万元；另外，减少第三者的赔付金额，例如按最低10万元的赔付金额投保等等，保费倒是降了下来，但一旦出险，得到的赔付自然会因此减少。因此，车主购买保险，不仅要看保险险种，还要看保险的赔付金额等。

2. 防止他人利用在修车辆骗保

例如，一位车主2005年11月到成都某维修站进行擦剐事故理赔维修，但是当维修人员查询车主保险理赔记录时，发现该车在2005年8月初曾有3次理赔案件，总金额达8 000余元。实际上在8月份只有一次理赔案件，当时是在一家小维修厂进行过一次后保险杠补漆处理，维修费用不足700元。

后来经过调查，原来是该小维修厂在车辆维修过程中，私自将车开出制造多次险情，并向保险公司提供虚假事故案例并骗取高额保费。

现在有的修理厂会很“热心”地帮助一些出险车车主进行保险理赔，并且承诺少收或不收修理费，然后人为地为这些事故车制造更大的损失或者换件伪装更严重的损失状况，向保险公司骗取更多的保费。对于车主来讲，可能自己因为他们的“帮助”少给了维修费，但是保险公司的信誉度却受到损害。

3. 保险中介人迟交保费导致理赔无法按时支付

一位宝马 7 系车主到该维修站修理其事故车，在该维修站完成车辆修复，代其向保险公司理赔时发现，该车主的保费根本没有交到保险公司，因此无法顺利得到保险公司赔付。宝马车主称，他是在一个熟人处购买的保险，当时缴纳了 2 万多元的保费，而且这位保险代理人还向他出具了正规的报单。经验证，该保单确实是正规报单，但是保险代理人收了保费后并没有及时交回保险公司，导致该车主无法按时理赔，结果该车主几经辗转才领到保险赔付，在该维修站取回了久违的宝马车。

车主一定要验证保险代理机构或个人的资质，如果车主担心保险的有效性，可以到保险公司查询。

十一、切忌不足额投保、超额投保和重复投保

不足额投保是车主为了省保费，当发生事故后将得不到足额保险的赔偿。超额投保和重复投保则相反，车主想通过购买增加保险费用和重复投保，以此提高保险金额，这是不可取的。车险与寿险不一样，重复投保不会得到赔偿。

总之，在投保机动车辆保险过程中必须注意以下几个方面的问题：

（1）莫重复投保。

（2）莫超额投保或不足额投保。

（3）莫保险不保全。

（4）注意及时续保。

（5）认真审阅保险单证。

（6）注意审核代理人真伪。

（7）注意莫生“骗赔”伎俩。

任务三 机动车投保方案设计

汽车保险的投保金额和投保险种的结构，即构成保险合同的承保范围和保险责任，直接影响事故发生后保险赔付的金额。所以，保单的设计显得尤为重要，各车主可根据自己用车的需要，选择相应的汽车保险的险种。

费率系数分为 12 项，它们包括车龄系数、车型系数、主驾人性别、年龄系数、是否指定驾驶人、无赔优待、投保方式、承保数量、所在地区以及车损险设置不同绝对免赔下的保费调整系数等。

在车龄、车型、车主性别、年龄、所在地区等几项费率系数不作变动的情况下，车主可通过对部分费率系数的选择实现基准保费的调整，从而达到车辆的最大保障和最合理保费的绝优组合。

针对险种的保险方案如下：

1. 最低保障方案

险种组合：机动车交通事故责任强制保险。

保障范围：只对第三者的损失负赔偿责任。

适用对象：急于上牌照或通过年检的个人。

特点：适用于那些怀有侥幸心理，认为上保险没用的人或急于拿保险单去上牌照或验车的人。

优点：可以用来应付上牌照或验车。

缺点：一旦撞车或撞人，对方的损失能得到保险公司的一些赔偿，赔偿限额非常有限，车上人员及车辆的所有损失都不能获得保险公司的赔偿。

2. 经济保险方案

险种组合：机动车交通事故责任强制保险+车辆损失险+100万元限额第三者责任险。

特点：投保最必要、最有价值的险种。

适用对象：个人，是精打细算的最佳选择。

优点：投保最有价值的险种，保险性价比最高，当然，这仍不是最完善的保险方案。

3. 最佳保障方案

险种组合：机动车交通事故责任强制保险+车辆损失险+第三者责任险（200万元限额，发达地区300万元限额）+车上人员责任险+车身划痕险+车轮单独损失险+法定节假日限额翻倍险。

特点：在经济投保方案的基础上，加入了车上人员责任险+车轮单独损失险+法定节假日限额翻倍险，人员得到了更多安全保障。

适用对象：一般公司或个人。

优点：投保价值大的险种，不花冤枉钱，物有所值。

4. 完全保障方案

险种组合：机动车交通事故责任强制保险+车辆损失险+第三者责任险（200万元限额，发达地区300万元限额）+车上人员责任险+车身划痕险+新增加设备损失险+车轮单独损失险+法定节假日限额翻倍险+医保外用药责任险+机动车增值服务特约险+驾乘人员意外险。

特点：保全险，居安思危方才有备无患。能保的险种全部投保，从容上路，不必担心交通所带来的种种风险。

适用对象：机关、事业单位、大公司。

优点：几乎与汽车有关的全部事故损失都能得到赔偿。投保的人员不必为少保某一个险种而得不到赔偿，承担投保决策失误的损失。

缺点：保全险保费较高，某些险种出险的概率非常小。

任务四 汽车保险承保工作的内容及流程

汽车保险承保实质上是保险双方订立合同的过程，即指保险人在投保人提出投保请求时，经审核其投保内容后，同意接受其投保申请，并负责按照有关保险条款承担保险责任的过程。一般先由从事展业的人员为客户制定保险方案，客户提出投保申请，经保险公司核保后，双方共同订立保险单。

一、汽车保险承保的基本流程

汽车保险承保的基本流程，如图2-40所示。

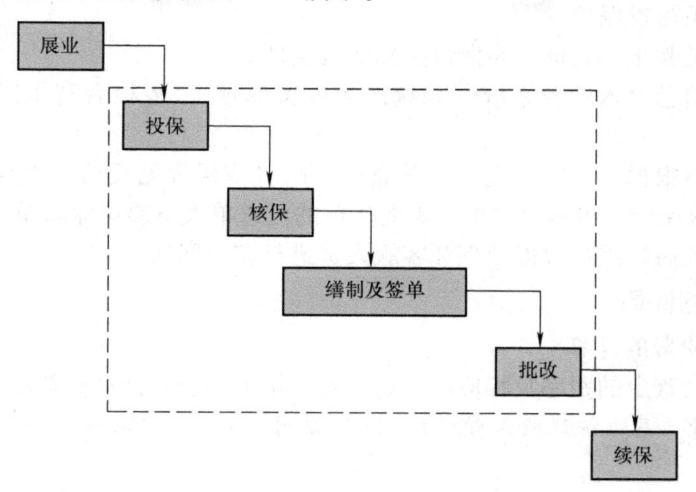

图2-40　汽车保险承保的基本流程

二、汽车保险承保的工作流程

汽车保险承保的工作流程（见图2-41）：

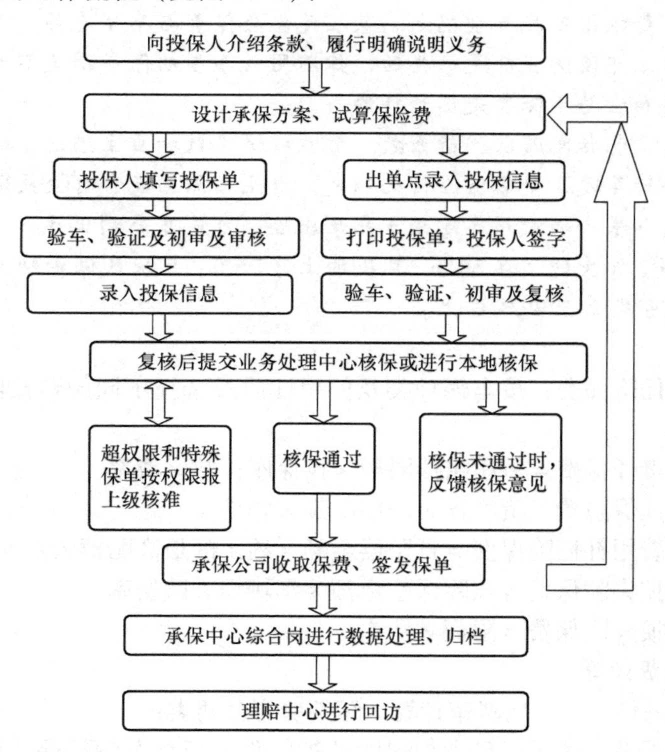

图2-41　汽车保险承保的工作流程

（1）保险人向投保人介绍条款、履行明确说明义务。

（2）协助投保人计算保险费、制定保险方案。

（3）提醒投保人履行如实告知义务。

（4）投保人填写投保单。

（5）业务人员验车、验证，确保保险标的真实性。

（6）将投保信息录入业务系统（系统产生投保单号），复核后利用网络提交核保人员核保。

（7）核保人员根据公司核保规定，并通过网络将核保意见反馈给承保公司，核保通过时，业务人员收取保费、出具保险单，需要送单的由送单人员递送保险单及相关单证。

（8）承保完成后，进行数据处理和客服人员进行客户回访。

三、保险费的计算

1. 一年期保险费的计算

（1）据费率表查定的费率及相应的固定保费，按下列公式计算保费车损险保费；

商业车险保费 = 基准纯风险保费/(1 – 附加费用率) × 无赔款优待系数 × 自主核保系数 × 自主渠道系数

其中，基准纯风险保费和无赔款优待系数费率调整方案参照中国保险行业协会拟订的费率基准（费率基准编号为 F2015102）执行，附加费用率预定为35%。

特别解读：

基准纯风险保费根据不同车型确定。基准纯风险保费与车型有关，小众、维修费用高车型，新车购买时，即使购置价是一样的，但不同的车型的保费却是不一样的，比如一辆相同价位的丰田车和宝马车保费是不一样的。

费率调整系数，包括无赔款优待系数、自主核保系数和自主渠道系数。其中，无赔款优待系数，根据每辆车近3年的出险情况确定；自主核保系数和自主渠道两个系数由各保险公司内部控制。如果一辆家用车连续3年未出险，可能享受到低于5折的折扣，出险2次的保费上浮25%、3次的上浮50%、4次的上浮75%、5次的保费翻倍！如果上年出险5次及以上，保费可能上涨40%以上。

（2）第三者责任险保费：按车辆种类及使用性质及选择不同的赔偿限额档次收取固定保险费。

（3）车上人员责任保费 = 每座赔偿限额 × 投保座位数 × 费率。

（4）车上货物任保险费 = 货物损失赔偿限额 × 费率。

（5）修理期间费用补偿险保费 = 日赔偿金额 × 约定的最高赔偿天数 × 费率。

（6）新增设备损失险保费 = 该险保险金额 × 车辆损失险费率。

（7）车辆划痕损失险保费 = 限额 × 费率。

2. 短期保险保费计算

保险期限不足一年，按短期费率计算。短期费率分两类：

（1）按日计算保费：适用于已参加保险的被保险人新增车辆投保或同一保险车辆增加其他险种，为统一终止日期而签订的短期保险合同。其计算方法如下：

短期保险费 = 年保费 × 保险天数/365

（2）按月计算保费：适用于根据被保险人要求签订的短期保险合同，短期保险的费率根据短期费率表确定，保险期限不足整月的按整月计算。其计算方法如下：

短期保险费 = 年保费 × 短期费率

3. 合同解除时的保险费计算

保险合同生效后，且未发生保险事故的情况，被保险人要求解除保险合同的，则保险人应按照下述方式计算日费率，收取保险合同生效日起至保险合同解除日止期间的保险费和手续费，并退还剩余部分保险费：

（1）保险合同有效期不足或等于 8 个月的，按年费率的 1/300 计算日费率。

（2）保险合同有效期超过 8 个月且不足一年的，按年费率的 1/365 计算日费率。

（3）除法律另有规定或合同另有特别约定外，保险车辆发生车辆损失险保险事故，被保险人获取部分保险赔偿后一个月内提出解除合同的，则保险人应当根据保险合同有效期的长短，按第（1）项所列方法计算日费率，并将保险金额扣除保险赔款和免赔金额后的未了责任部分的剩余保险费退还被保险人。

（4）被保险人在单独投保商业第三者责任险时，因保险车辆发生灭失，且保险人未支付任何保险赔款情况下，保险人应按年费率的 1/365 计算日费率，并退还未了保险责任部分的保险费。

（5）因保险赔偿致使保险合同终止时，保险人不退还保险费。

4. 机动车辆提车暂保单承保的机动车辆

新车购置价在 10 万元以内的，固定保险费为 300 元；新车购置价在 10 万元以上，30 万元以内的，固定保险费为 400 元；新车购置价在 30 万元以上的，固定保险费为 500 元。

复习思考题

1. 简述家用轿车的经济保险方案险种组合。
2. 简述家用轿车最佳保险方案险种组合。
3. 简述家用轿车完全保险方案险种组合。
4. 车辆投保时要注意什么问题？

模块三 车险查勘定损与理赔

项目一 现场查勘技术

教学能力目标

1. 专业能力目标
 - ¤ 掌握事故现场查勘流程
 - ¤ 掌握事故现场照片的拍摄
 - ¤ 掌握现场查勘的方法与查勘注意事项
2. 方法能力目标
 - ¤ 掌握辨别事故现场真伪的方法
3. 社会能力目标
 - ¤ 能运用所学现场查勘知识，进行事故现场的处理

现场查勘是车辆保险理赔过程中的一项重要程序，它不仅是理赔工作收集证据的重要手段，而且为查明碰撞原因、认定保险责任范围、准确及时立案等提供重要依据。同时，现场查勘工作直接影响到理赔证据获取、保险责任范围确定、事故责任划分的准确性，特别是在双方或多方责任的损失赔偿理赔案件中占有非常重要的地位。

任务一 现场查勘分类

一、现场查勘的定义

现场查勘是指运用科学的方法和现代技术手段，对保险事故现场进行实地勘察和查询，将事故现场、事故原因等内容完整而准确地记录下来的工作过程。现场查勘是查明出险事故真相的重要手段，是分析事故原因和认定事故责任的基本依据，也为事故损害赔偿提供了证据。

二、现场查勘的目的和意义

（1）通过现场查勘，确定事故原因、事故责任、保险责任，初步估计损失情况，协助客户现场施救，向客户提供索赔指引等。

（2）查勘定损人员通过实际查勘、检查，根据事故车辆损失情况，与被保险人、修理

厂协商确定零部件更换项目及价格、维修项目及工时费，以确定保险车辆损失情况。

三、现场分类

根据现场的完整真实程度，现场可分为以下四种。

1. 原始现场（第一现场）

原始现场是指事故发生以后，在现场的车辆和遗留下来的一切物体、痕迹仍保持着事故发生的原始状况，没有发生变动和破坏的现场。原始现场常被称作第一现场，这种现场保留了事故的原貌，可为事故原因的分析与认定提供直接证据，是现场查勘最理想的出险现场。

2. 变动现场

变动现场是指事故发生后，改变了现场原始状态的一部分、大部分或全部面貌的现场，也称非第一现场或第二现场。变动原因通常有下面几种原因：

（1）抢救伤者：因抢救伤者而变动了现场的车辆和有关物体的位置。

（2）保护不善：现场的痕迹被过往车辆和行人碾踏、触动而破坏或消失。

（3）自然影响：因雨、雪、风、冰、风沙等自然因素的影响，造成现场物体上遗留下来的痕迹遭到不同程度的破坏或完全消失。

（4）特殊情况：执行特殊任务的车辆或公安部门一、二级保卫的车辆，出于某些特殊情况的需要而离开现场，或由于为了保证特殊车辆通行而被公安部门未查勘即被清除的现场。

（5）其他情况：汽车发生事故后，当事人没有察觉而驾车离开了现场。这种事故通常为轻微事故。

3. 恢复原始现场

在保险查勘中，时常碰到被保险人或保险事故当事人对保险人的现场查勘要求不甚了解，以至于对一些单方车损事故未保存原始现场。然而保险人为了规避道德风险，通常要求被保险人或当事人提供原始现场，这就出现了恢复原始现场，即被保险人或当事人为了证明保险事故的真实性，而将保险车辆恢复到保险事故发生时的原始状况。

4. 伪造现场

伪造现场是指与事故有关或被唆使的人员有意改变现场的车辆、物体、痕迹或其他物品的原始状态，甚至对某个部位进行拆卸和破坏，企图达到逃脱罪责或嫁祸于人的目的的行为。

四、查勘任务分类

车险查勘中，通常将原始现场查勘和恢复原始现场查勘统称为第一现场查勘，其他现场查勘称为非第一现场查勘。

1. 第一现场查勘任务

第一现场查勘任务是指事故发生后，标的车辆仍在现场未发生变动，或依据相关法律、法规等规定从标注现场位置撤离到不妨碍交通畅通地点位置等待处理的事故。

2. 非第一现场查勘任务

非第一现场查勘任务是指事故当事人及车辆已离开第一现场，车辆已在停车场、交警扣车点或修理厂，伤者已在医院的事故。

任务二 交通事故的责任认定

随着我国机动车保有量的不断增加，每天发生的交通事故也非常多。保险公司对事故车辆的赔偿是根据事故责任大小进行的。交通事故责任的认定，对车辆的查勘员是必备的知识。

一、五种追尾事故的责任认定

1. 前车正常行驶，后车追尾

在前车正常驾驶的情况下，后车因为车速过快、精神不集中等原因冲上来造成追尾事故的，由后车 A 负全责（见图 3-1）。

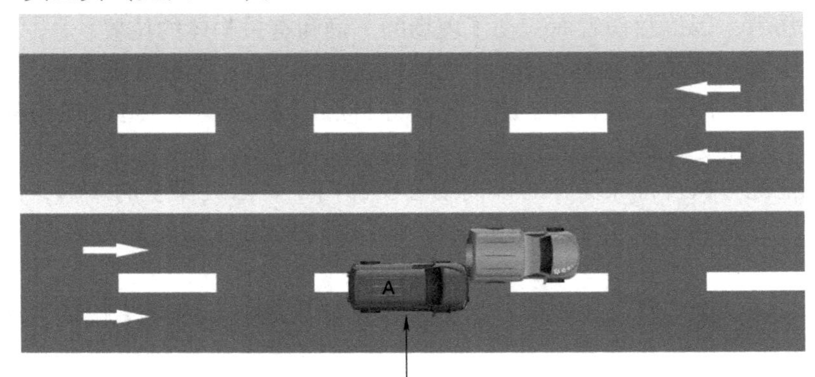
A
在前车正常行驶的情况下，后车A冲上来造成追尾事故

图 3-1 前车正常行驶，后车追尾事故

2. 前车违法倒车，造成追尾

在道路行驶时，前车 A 突然倒车导致的追尾事故，由前车负全责（见图 3-2）。因为错过了转弯路口而强行在道路上倒车行驶，往往会导致后车反应不及时而发生追尾碰撞。如果后车车速过快，极容易造成车毁人亡的结局。

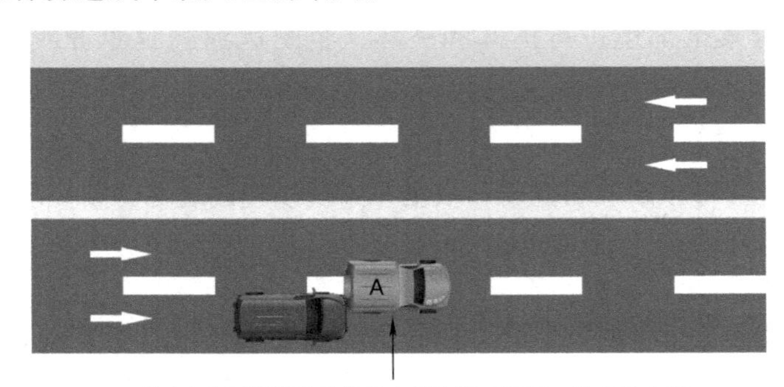
A
前车A在正常行驶的道路上倒车造成追尾，前车负全责

图 3-2 前车违法倒车造成追尾的事故

3. 坡上溜车造成的追尾

当 A 车行驶在斜坡上突然熄火，驾驶人未能及时拉驻车制动或踩制动踏板，而后车距

离较近时就容易造成溜车追尾。也有可能是新手在斜坡上堵车，因为斜坡起步的操作不当而溜车发生碰撞（见图3-3）。

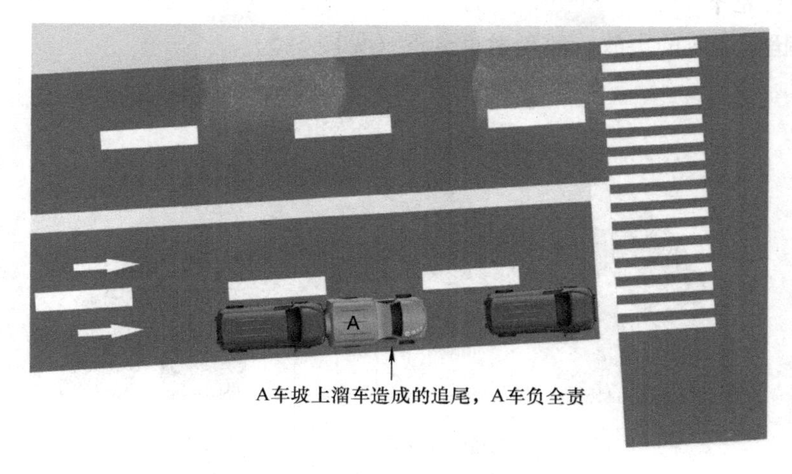
A
A车坡上溜车造成的追尾，A车负全责

图3-3　坡上溜车造成追尾的事故

有效避免溜车的办法就是停车时果断拉上驻车制动。

4. 在正常行驶的道路上停车，导致追尾事故

在正常行驶的道路上停车，导致的追尾事故由前车A负全责（见图3-4）。在正常通行的道路上停车非常容易导致追尾事故，尤其是在车速较快的路段和高速公路上。如果因为车子故障而被迫停在路上，也必须在车子后面放置三角警示牌并开启双闪灯。

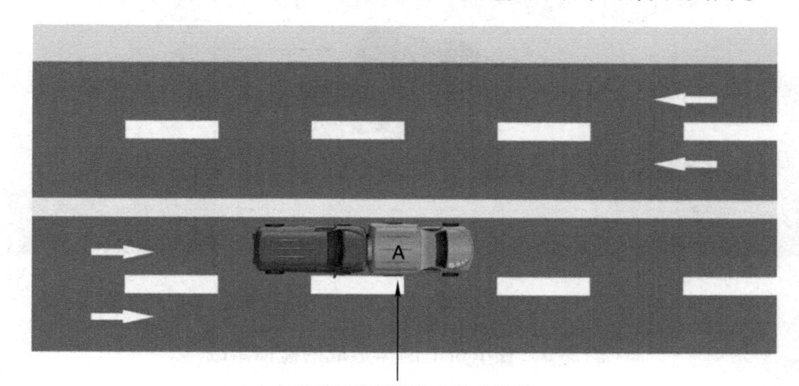
A
A车在正常行驶的道路上停车导致
追尾事故，由前车A负全责

图3-4　在正常行驶的道路上停车导致追尾事故

放置故障警示也有标准，普通城市道路要放置于事故车后50m以上的位置；城市快速及高速公路，则要放置于事故车后150m以上的位置。

5. 在弯道超车时造成的碰撞事故，由后车负全责

大部分的弯道相对来说都较窄甚至只有单车道，即使宽度合适也会因为持续弯道的原因而导致驾驶人无法稳定地保持在一个车道内行驶。如果这时候超车，就非常容易发生碰撞事故。如果不急于一时，可以等过了弯道后再超车也不迟。

二、变道、超车造成的事故的责任认定

1. 弯道强行超车

弯道强行超车造成的事故，超车者负全责（见图3-5）。

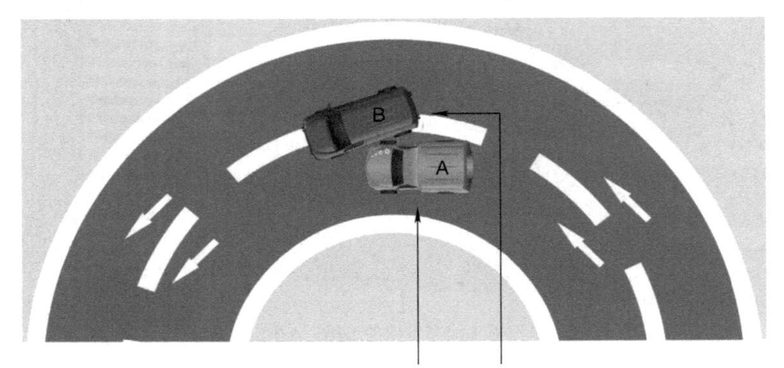
B
A
A车弯道强行超车，A车负全责，B车无责

图3-5 弯道强行超车造成的事故

2. 在窄桥上超车造成的碰撞事故

在窄桥上超车时造成的碰撞事故，由超车者负全责（见图3-6）。

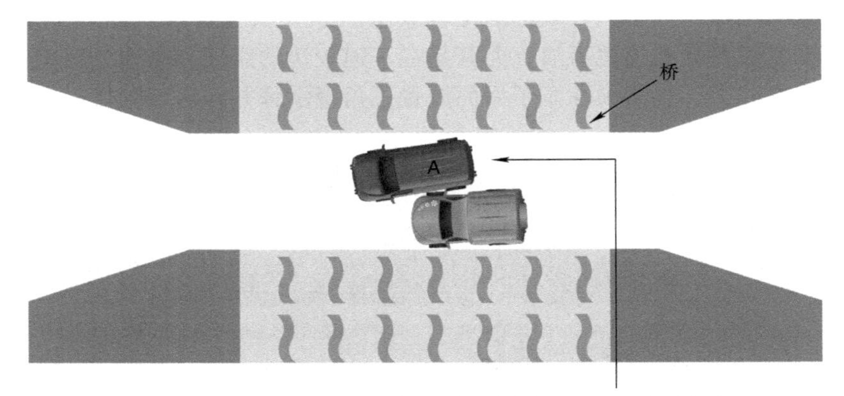
桥
A
A车在窄桥上超车造成的碰撞事故，A车负全责

图3-6 在窄桥上超车造成的碰撞事故

3. 右侧超车造成事故

在没有中心线或双向单车道的路上，从前车右前方超车时发生的碰撞事故，由超车者负全责（见图3-7）。国内的驾驶位设置在左边，所以右边相对来说是视线盲区或者弱区，从右侧超车，前车会因为看不见而导致碰撞事故。所以要从左侧超车，如果前车占着左侧道路，可以通过转向灯和闪大灯提示对方让道。

4. 违规变更车道造成事故

变更车道时，未让正在该车道行驶内的车先行而造成碰撞事故的，由超车者负全责（见图3-8）。变换车道时，一定要提前打转向灯，并观察后车的车速和反应，在车距和速度合适的情况下完成变道。

A
A车右侧超车造成事故，A车负全责

图 3-7 右侧超车造成的事故

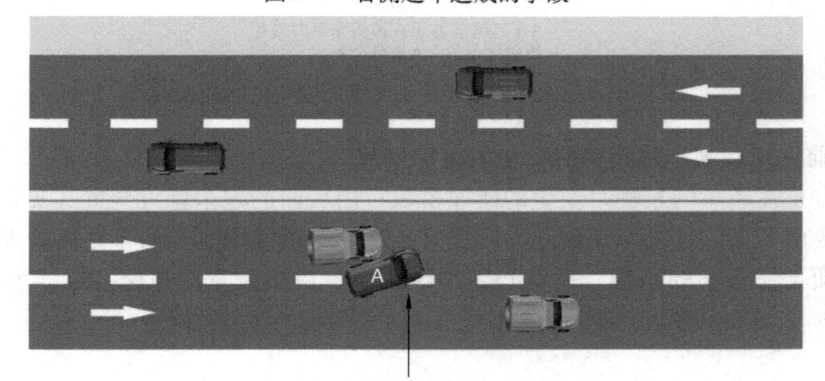
A
A车违规变更车道造成事故，A车负全责

图 3-8 违规变更车道造成的事故

5. 超越前方正常左转弯车辆时发生的碰撞事故

超越前方正常左转弯车辆时发生的碰撞事故，由超车者负全责（见图 3-9）。前方车辆已经在左转的时候，如果后车还要超车，这很容易发生碰撞事故。

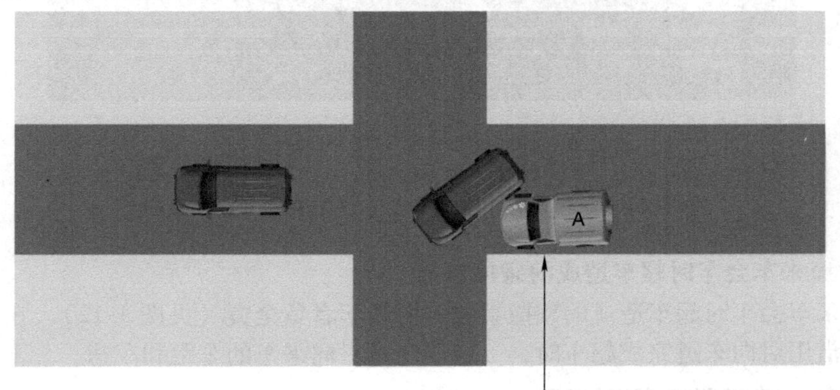
A
A车超越前方正常左转弯车辆时发生的碰撞事故，A车负全责

图 3-9 超越前方正常左转弯车辆时发生的碰撞事故

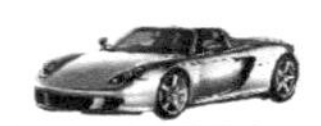

6. 超越前方正在掉头车辆时发生的碰撞事故

超越前方正在掉头车辆时发生的碰撞事故，由超车者负全责（见图3-10）。前方车辆在掉头过程中已经把前进的道路大部分占用，这时后车如果要强行超车就很容易造成碰撞事故。

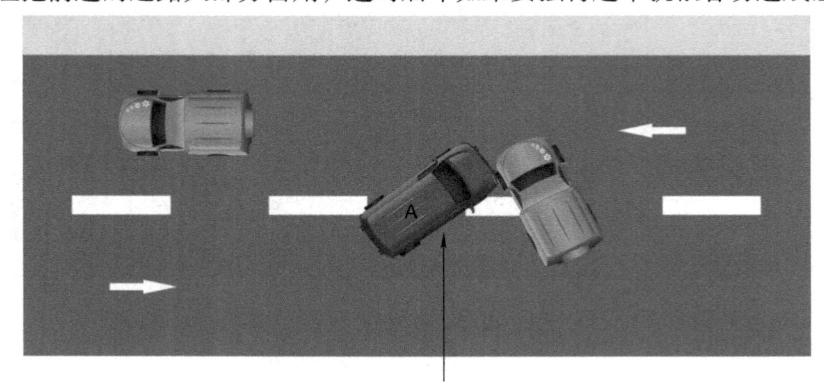
A
A车超越前方正在掉头车辆时发生的碰撞事故，A车负全责

图3-10 超越前方正在掉头车辆时发生的碰撞事故

7. 超越前方正在超车的车辆时发生的碰撞事故

超越前方正在超车的车辆时发生的碰撞事故，由后面的超车者负全责（见图3-11）。超车时往往需要两个条件：①车速瞬间大幅提升；②超车道空闲且与后车距离较大。如果后车想要超越前面正在超车的车辆，那就必须车速更快、占用更宽的道路，这样就非常容易出事故。

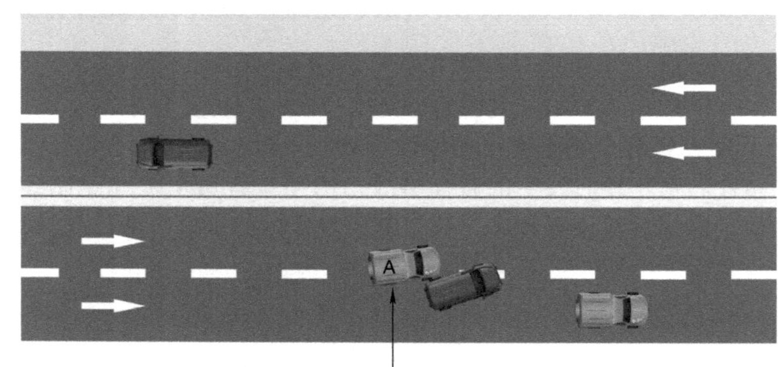
A
A车超越前方正在超车的车辆时发生的碰撞事故，A车负全责

图3-11 超越前方正在超车的车辆时发生的碰撞事故

8. 与对面来车会车时超车造成的碰撞事故

与对面来车会车时超车造成的碰撞事故，由超车者负全责（见图3-12）。在一些双向单车道上需要借用对向车道完成超车时，一定要注意对向来车的车距和车速。

三、掉头、坡路事故责任认定

1. 下坡车没有避让已经上坡车造成的事故

在坡道上，下坡车没有避让已经上坡车造成的事故，由下坡车负全责（见图3-13）。

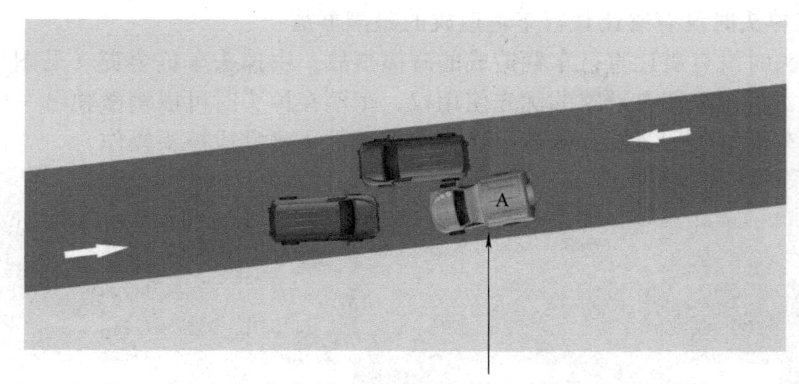
A
与对面来车会车时超车造成的碰撞事故，A车负全责

图 3-12　与对面来车会车时超车造成的碰撞事故

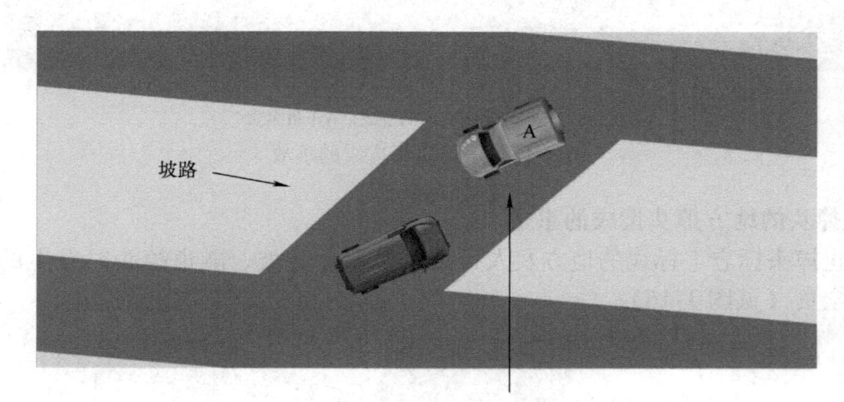
坡路
A
下坡车A没有避让已经上坡车造成的事故，A车负全责

图 3-13　下坡车没有避让已经上坡车造成的事故

2. 上坡车没有让行造成的碰撞事故

在没有中心隔离设备或者没有中心线的上下坡路段，下坡车已经行至中途时，上坡车没有让行造成的碰撞事故，由上坡车负全责（见图 3-14）。

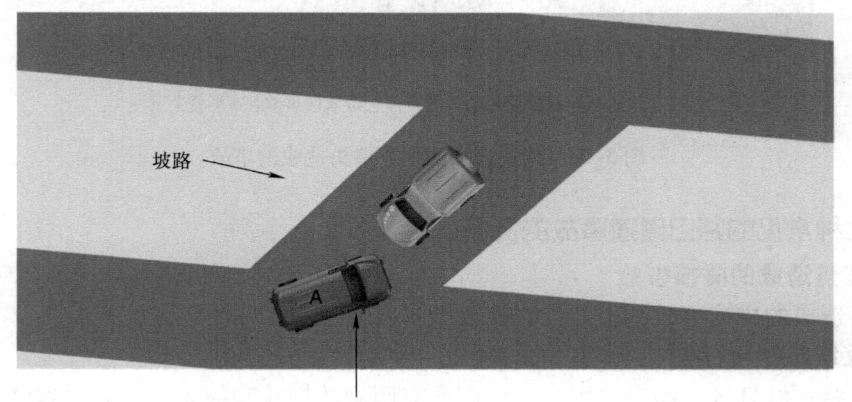
坡路
A
A车没有避让已经下坡车造成的事故，A车负全责

图 3-14　上坡车没有避让已经下坡车造成的事故

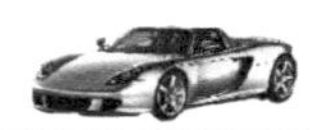

3. 车辆在掉头时没有避让直行车辆造成的碰撞事故

车辆在掉头时没有避让直行车辆造成的碰撞事故，由掉头车负全责（见图3-15）。相对于掉头车来说，直行车拥有道路的优先使用权，车辆在掉头时可以稍微驶出一小部分，让直行车辆注意到车辆掉头的意图并进行避让，然后再进一步完成掉头操作。

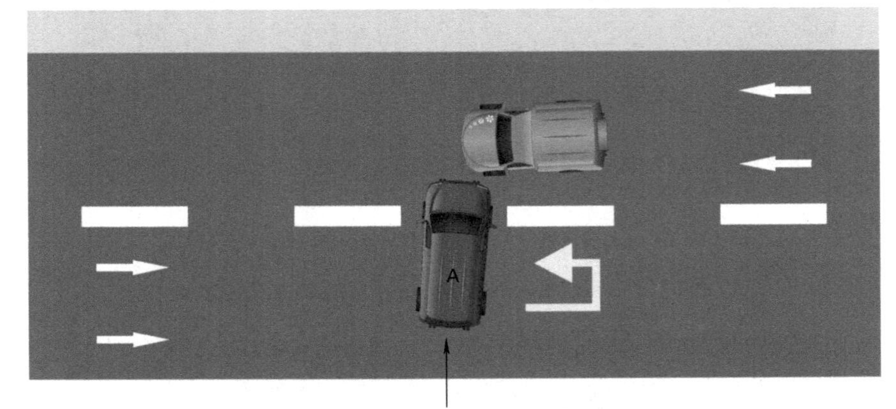
A
A车违规掉头造成的事故，A车负全责

图3-15 违规掉头造成的事故

4. 禁止掉头的地方掉头造成的事故

在有禁止掉头标志、标线的地方及人行道、桥梁、陡坡、隧道掉头时发生的碰撞事故，由掉头车负全责（见图3-16）。

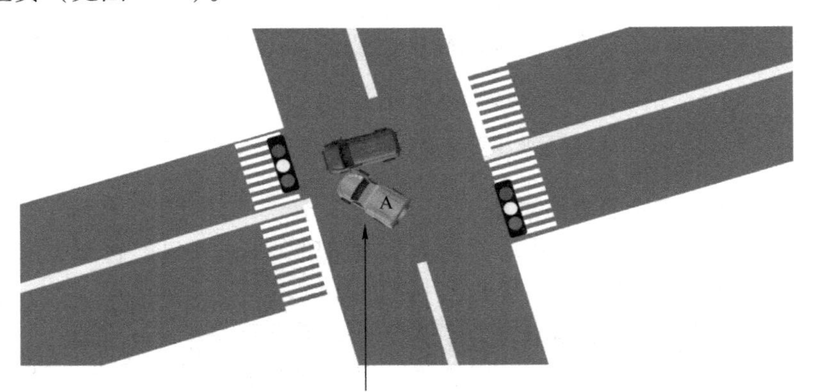
A
A车在禁止掉头的地方掉头造成的事故，A车负全责

图3-16 禁止掉头的地方掉头造成的事故

四、七种常见的路口碰撞事故的责任认定

1. 闯红灯造成的碰撞事故

闯红灯造成的碰撞事故，由闯红灯车负全责（见图3-17）。

2. 违反线路导向行驶

交通道路、红灯区、路口位置大部分都会有明确的标线和箭头，以方便驾驶人按需要驾驶。例如在红灯区时，经常可以看到三种标线：掉头、直行、右转。如果A车压着直行线而右转的话，就属于违反线路导向行驶。此时后车避让不及与A车撞上，A车就要负事故

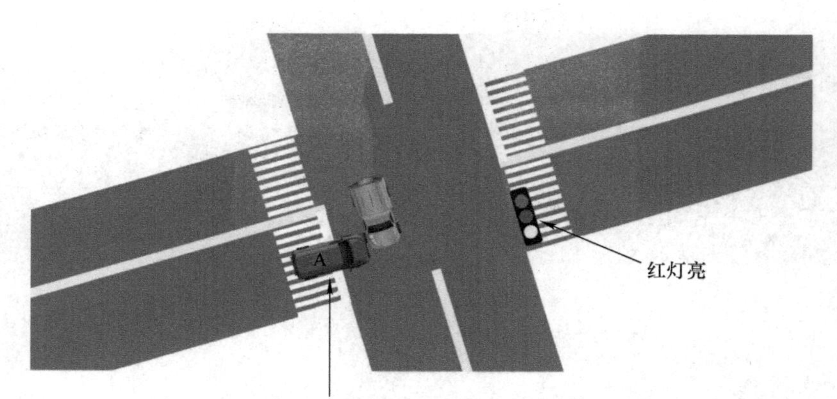
A
红灯亮
A车闯红灯造成的碰撞事故，A车负全责

图 3-17　闯红灯造成的碰撞事故

的全部责任（见图 3-18）。

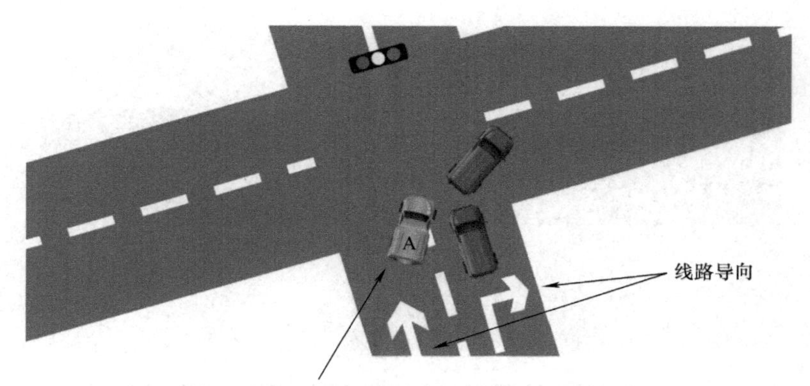
A
线路导向
A车不按线路导向行驶造成的事故，A车负全责

图 3-18　不按线路导向行驶造成的事故

3. 在有让行标志的路口没有让行

在一些没有信号灯控制的路口会设立交通让行标志。车辆经过路口时，一定要减速让行左右车辆，在确保安全的情况下通过。否则，发生碰撞事故将要承担全部责任。

在有让行标志的路口不让行，该车全责（见图 3-19）。

4. 无标线路口未让行右侧车

如果碰到了无标志、无标识、无指挥的“三无”路口，应记住一点：先避让右侧车。因为右侧车受你车阻挡影响，左侧就形成了一个视线盲区，所以不那么容易发现左侧来车。

经过“三无”路口时，由于没有避让右侧车辆造成的事故，由该车负全责（见图 3-20）。

5. 转弯车未让行直行车

如果路口没有信号灯控制也没有交警指挥，转弯车就要避让直行车，原因是直行车比转弯车车速更快，更不利避让。如果因为不及时避让而发生碰撞事故，该车就要负全部责任（见图 3-21）。

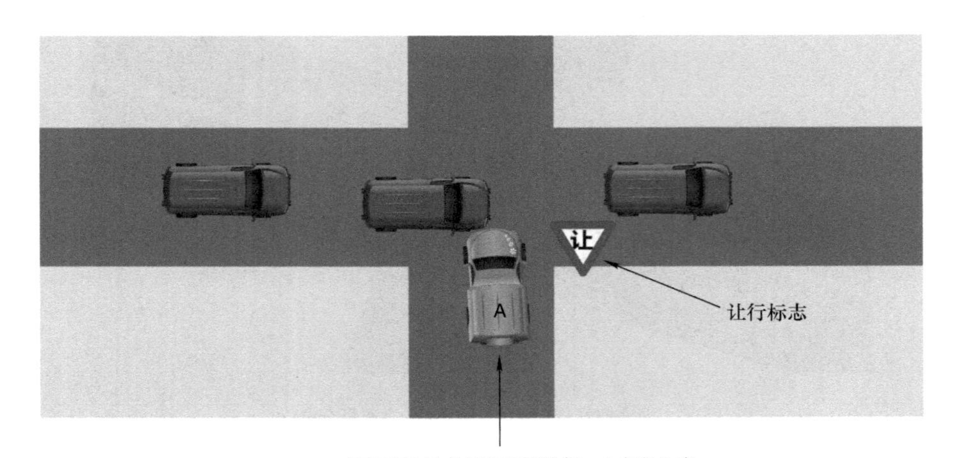

图3-19 在有让行标志的路口不让行造成的事故

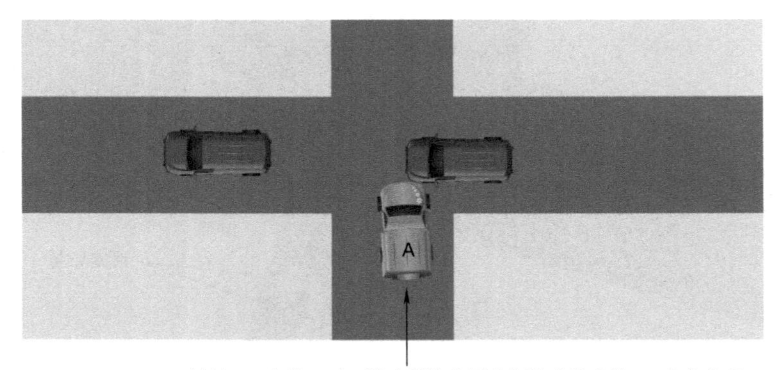

图3-20 经过“三无”路口时，没有避让右侧车辆造成的事故

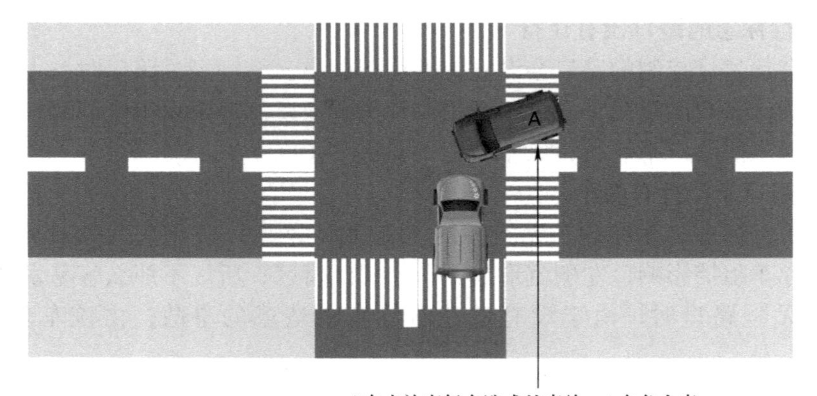

图3-21 转弯未让直行车造成的事故

6. 右转车未让行左转车

右转车未让行左转车造成的事故，由右转车负全责（见图3-22）。

因为国内驾驶位设置在左边，左转车辆的右边会形成视角盲区。如果右转车辆不避让，就会发生碰撞事故。

图3-22 右转车未让行左转车造成的事故

7. 未让行环形路内的车辆

准备进入环形路的车辆没有避让已经在环形路内的车辆造成的碰撞事故，由准备进入环形路的车辆负全部责任（见图3-23）。

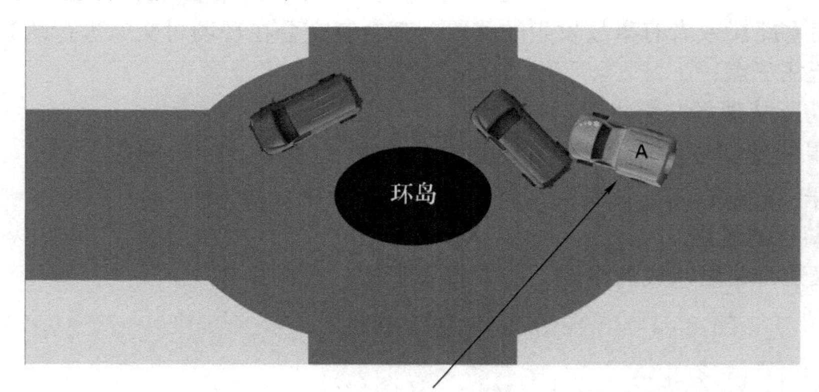

图3-23 未让行已在环岛内的车辆造成的事故

五、六种其他碰撞事故认定

1. 在专用车道内造成的碰撞事故

在专用车道内造成的碰撞事故，由闯入者负全责（见图3-24）。

例如在公交车专用道发生事故，无论造成事故的是闯入者还是公交车，最终负全责的都是闯入者。

2. 未按交警指挥行驶造成的碰撞事故

不听从交警指挥造成事故的，由肇事者负全责（见图3-25）。

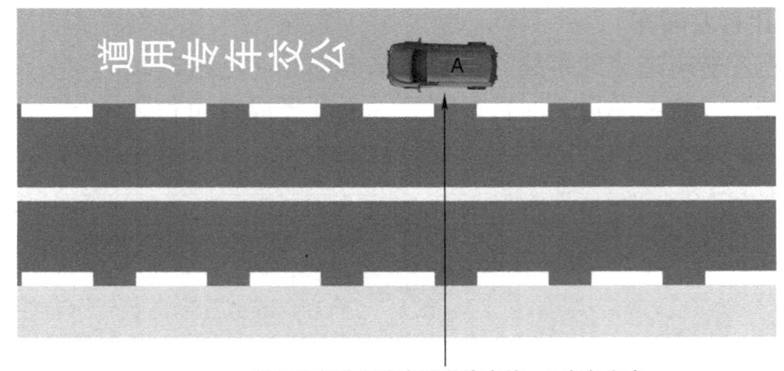

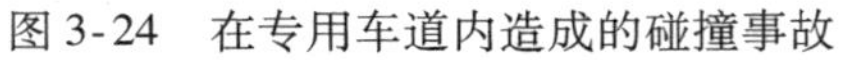

图 3-24　在专用车道内造成的碰撞事故

图 3-25　不听从交警指挥造成事故的，肇事者负全责

在交通堵塞路段或者有事故发生的路段，都会有交警在现场对交通进行疏导和引流。这种情况只要记住三点：

（1）一切听从现场交警指挥。

（2）如果信号灯与交警指挥相冲突，请参考第（1）条。

（3）如果道路导向与交警指挥冲突，请继续参考第（1）条。

3. 驶入禁行的道路

A 车驶入禁行路段造成的事故，由 A 车负全责（见图 3-26）。

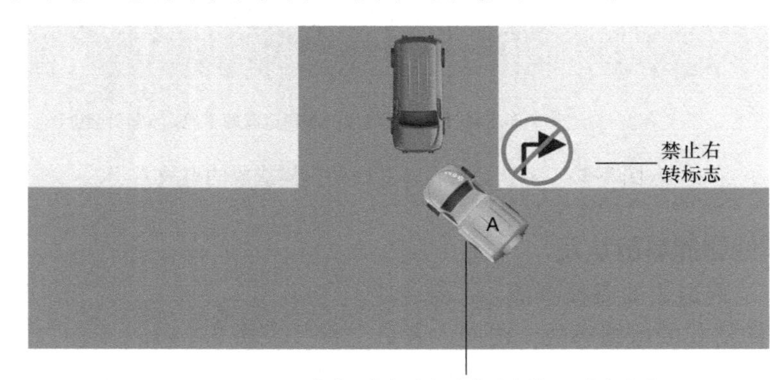

图 3-26　驶入禁行路段造成的事故

开车时，一定要学会观察路上、路边的指示牌，如前面提到的车辆让行标志和道路禁行标志。

4. 货物掉落砸到其他车辆

车上货物掉落对后面车辆造成的事故，将由掉落货物车辆负全部责任（见图3-27）。

车上货物掉落对后面车辆造成的事故，掉落货物车辆负全责

图3-27 车上货物掉落对后面车辆造成的事故

5. 障碍路段借道车未让对向车

经过障碍路段时，借道车要避让对向车辆，否则由此造成的事故，由借道车负全部责任（见图3-28）。

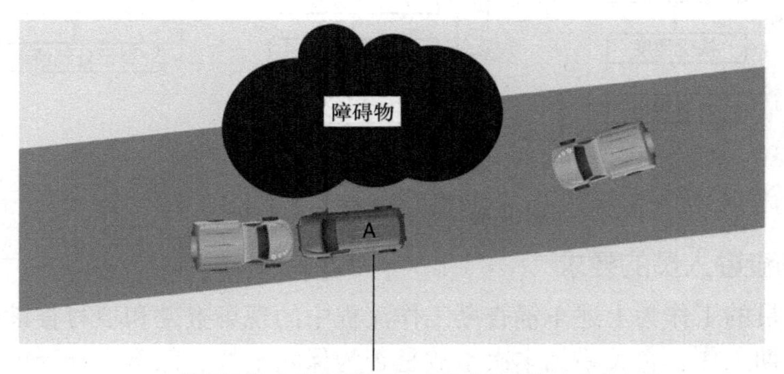
障碍物
A
障碍路段，A车未避让对向车造成的事故，A车负全责

图3-28 障碍路段，借道车未避让对向车造成的事故

6. 山体路段内侧车未减速避让外侧车

山体路段，内侧A车未减速避让外侧车造成的事故，由内侧A车负全责（见图3-29）。

在狭窄的山体路段会车时，内侧车一定要减速避让外侧车。因为外侧车转弯时受离心力影响，更容易失控外漂。重要的是，内侧车即使失控，最坏的结果是撞在山体上；而外侧车一外漂，直接就从山上掉下去了。

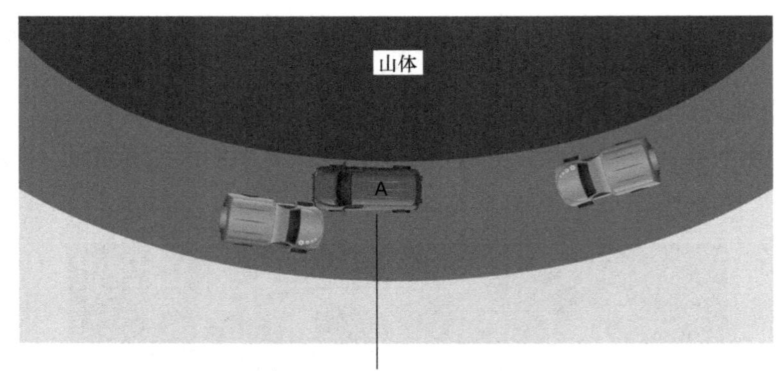

图 3-29 山体路段，内侧车未减速避让外侧车造成的事故

任务三 现场查勘准备工作

一、车险查勘的流程

车险查勘的工作流程如图 3-30 所示。

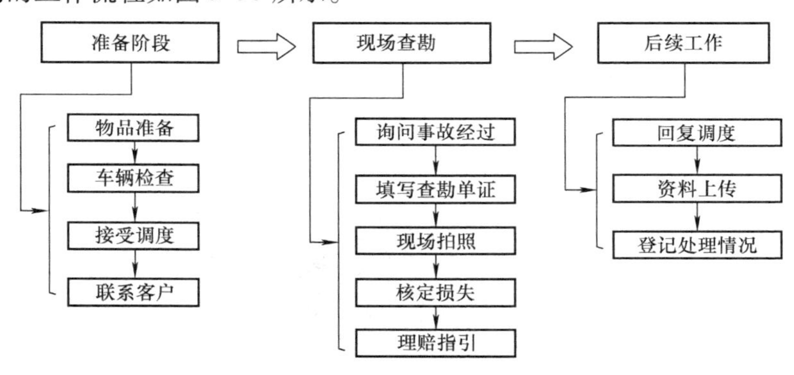

图 3-30 车险查勘工作流程

二、对现场查勘人员的要求

现场查勘人员的工作为上述车辆查勘工作流程中的现场查勘和填写查勘单证，这是整个理赔工作的中前期工作，它关系到本次事故是否为保险事故、保险人是否应该立案，从而关系到保险人的赔款准备金等。查勘工作未做好，整个理赔工作就会很被动，后面的工作甚至无法进行，所以现场查勘工作是保险理赔工作的重中之重。由于现场查勘中包含众多保险知识和汽车知识，并且查勘人员又是外出独立工作，所以对现场查勘人员有下列要求。

1. 良好的职业道德

查勘工作的特点是与保险双方当事人的经济利益直接相关，而且它又具有相对的独立性和技术性，从而使查勘人员具有较大的自主空间，因而要求查勘人员具有较高的职业道德水平。首先，应加强思想教育工作，使查勘人员在人格尊严基础上树立职业道德观念。其次，应加强内部管理，建立和完善管理制度，形成相互监督和制约的机制（如双人查勘、查勘定损分离等）。同时，应采用定期和不定期审计与检查方式，对查勘人员进行验证和评价；经常走访修理厂和被保险人，对被保险人进行问卷调查以了解其工作情况。最后，加强法制建设，加强对查勘人员的法制教育，使其树立守法经营的观念；加大执法力度，对于违反法律的应予以严厉处分，以维护法律的尊严，起到应有的震慑和教育作用。同时，实施查勘定损人员的准入制度，使查勘人员收入和劳动与技术输出相适应，此制度是目前管控查勘人员最有效的办法。

2. 娴熟的专业技术

机动车辆查勘人员需要具备的专业技术主要包括：机动车辆构造和修理工艺知识、与交通事故有关的法律法规以及处理办法、机动车辆保险的相关知识。这些都是查勘人员分析事故原因、分清事故责任、确定保险责任范围和确定损失所必需的知识。

3. 丰富的实践经验

丰富的实践经验，一方面能够有助于查勘人员准确地判断损失原因、科学而合理地确定修理方案；另一方面，在事故的处理过程中，对于施救方案的确定和残值的处理也会起到重要的作用。同时，对于识别和防止道德风险和保险欺诈有着十分重要的作用。

4. 灵活的处理能力

尽管查勘人员是以事实为依据、以保险合同及相关法律法规为准绳的原则和立场开展工作，但是有时各个关系方由于利益和角度的不同，往往产生意见分歧甚至冲突。而焦点大多集中表现在查勘人员的工作上，所以查勘人员应当在尊重事实、尊重保险合同的大前提下，灵活地处理保险纠纷，尽量使保险双方在“求大同，存小异”的基础上对保险事故形成统一的认识，使案件得到顺利的处理。

三、查勘前的准备工作

1. 查阅抄单

查阅抄单的具体内容如下：

（1）保险期限：复核出险时间是否在保险期限以内。

（2）承保险种：记录承保险种，根据报案信息确定是否承保所属险种类。

（3）新车购置价：核对新车购置价，了解保险金额和责任限额（是否足额投保）。

（4）报案信息：查阅被保险人姓名、被保险人与驾驶人是否一致、标的车牌号、出险时间和地点、处理机关、损失概要。

2. 检查是否带好必要的查勘单证资料及查勘工具

查勘单证资料主要有：机动车辆出险保险通知书（以下简称出险通知书）、机动车辆保险理赔告知单、机动车辆定损单证、保险抄单、机动车辆保险赔案询问笔录（以下简称询问笔录）等。

查勘工具主要有：数码相机、卷尺、手电筒、砂纸、记录本、印泥、防伪易碎标签（易碎贴）、反光背心、救生衣、防雨装备、防滑装备、反光锥或牌、简易工作台板、统一配备的木板夹或文件包、书写笔、查勘图章、名片（反面印有理赔服务承诺及指引）、胸卡、查勘制服、相关通讯录、年度最新版的本地市详细交通地图/册、笔等。

四、单证应用

1. 主要单证

（1）机动车辆保险快速理赔报告（以下简称快速理赔报告）：印制的目的是配合简易案件快速处理，提升车险服务质量。快速理赔报告信息应尽量填写完整，查勘意见及简图绘制

完整，定损项目与工时分别列明。

（2）出险通知书：印制的目的是作为客户独立的索赔申请使用，所以给客户留出很大的空白处填写事故相关信息。客户填写的内容必须包含：出险时间、详实的出险地点、驾驶人员、行驶路线、出险原因、出险过程等因素，以及事故造成的损失表述。

（3）机动车辆保险查勘报告（以下简称查勘报告）：现场查勘定损后，对事故经过、责任认定、是否保险责任、是否立案进行明确；对定损方案，包括换件项目和工时费做完全的核定；在系统中用文字表述清楚，提交审核。

（4）机动车辆保险定损报告（以下简称定损报告）：本报告对提交核价有专栏填写要求。对于工时应采用分项填写，不许采用一个总价的方式，各分项费用清晰明了。查勘照片上传时，根据定损中更换或修复的所有项目相应的照片，注明后上传。

（5）询问笔录：对重大案件、疑问案件等案件中有关当事人的询问记录，适用于查勘时有明显疑点的、适合做简易询问笔录的，或需要第一时间取到证词、证据的案件。要求当事驾驶人或被保险人、被询问人签字并按手印确认。

（6）机动车辆保险公估报告（以下简称公估报告）：对重大案件、疑问案件等案件的正式书面报告。

（7）撤/销案件审批表（以下简称销案单）：用于查勘定损完成后确认不属于保险责任的、申请撤案的案件，以及确认不需赔付的注销案件。要求对案件的基本信息、申请撤案或注销的原因、申请人、申请日期等，做详细的记录。

2. 主要单证的应用

（1）现场查（复）勘。

1）合计在3000元以下，并且更换配件单个不超过1000元及更换配件不超过5个的案件，使用快速理赔报告等（如异地委托案件需要另附查勘报告）。

2）合计在3000元以上，或者更换配件单个超过1000元及更换配件超过5个的案件，使用出险通知书、查勘报告、定损报告等。

3）合计在10000元以上或存在疑问的案件，使用出险通知书、查勘报告、询问笔录、定损报告等。

（2）非现场查勘。

1）合计在10000元以下的案件，使用出险通知书、查勘报告、定损报告等。

2）合计在10000元以上或存在疑问的案件，使用出险通知书、查勘报告、定损报告、询问笔录等。

3）合计在30000元以上或有人伤或全车盗抢的案件，使用出险通知书、查勘报告、定损报告、询问笔录、公估报告等。

（3）销案案件。遇到销案案件，使用销案单、出险通知书、查勘报告等。

任务四 现场查勘

一、到达现场后的首要工作

（1）到达查勘地点后，使用标准服务语言向事故当事人进行自我介绍（同时递上名片）。

（2）如果保险标的车或受伤人员尚处于危险中，应立即协助客户采取有效的施救和保护措施，避免损失扩大。

（3）指导标的车的事故当事人正确填写机动车辆保险索赔申请书，并要求客户签字确认。对客户不明白的事项进行详细解释。

（4）对于车辆损失超过5000元或涉及人员伤亡的案件，应提醒事故当事人向交通管理部门报案。

二、查勘现场的步骤

1. 查明肇事驾驶人和报案人情况

（1）确认肇事驾驶人和报案人身份，核实其与被保险人的关系。

（2）查验肇事驾驶人的驾驶证，确认驾驶证是否有效；驾驶的车辆是否与准驾车型相符；驾驶人员是否是被保险人或其允许的驾驶人；驾驶人员是否为保险合同中约定的驾驶人；特种车驾驶人是否具备国家有关部门核发的有效操作证；营业性客车的驾驶人是否具有国家有关行政管理部门核发的有效资格证书。若前述证件有不合格的，应当用数码相机拍照，以取得证据。

（3）若发现标的车驾驶人有酒后或醉酒，以及有吸食或注射毒品、被药物麻醉嫌疑且当时未向交管部门报案的，应主动要求肇事驾驶人和报案人立即向交管部门报案（若标的车当事人不配合，报交管部门需说明利害关系，必要的时候代为报案），并做好询问及取证工作。

（4）准确记录被保险人或驾驶人的联系方式。

2. 查验出险车辆情况

（1）查验保险车辆信息。

1）查验车型、车牌号码、发动机号、VIN码、车辆颜色等信息，并与保险单（手机查勘定损系统中的保单信息）以及行驶证内容进行核对。

2）查验标的车辆保险期限是否有效（手机查勘定损系统中的保单信息）。

3）标的车辆出险时的使用性质与保单载明的是否相符。

4）车辆结构有无改装或加装；是否有车辆标准配置以外的新增设备。

5）是否运载危险品。

6）是否有超载情况。

（2）查验第三方车辆信息。

1）查验并记录第三方车辆的车牌号码、车型；查验第三方交强险和商业险承保内容及承保公司。

2）记录第三方驾驶人姓名、联系方式等信息，核对交强险标志与保单内容是否相符并拍照。

3. 查明出险经过

（1）核实出险时间。

1）对出险时间接近保险起讫期出险的案件，应特别引起注意，认真查实。

2）了解车辆启程或返回的时间、行驶路线、委托运输单位的装卸货物时间、伤者住院治疗的时间等，以核实出险时间。

3）核对报案时间是否超过出险时间48h以上。

（2）核实出险地点。

1）查验出险地点与保险单约定的行驶区域范围是否相符。

2）对擅自移动现场或谎报出险地点的，需进一步深入调查。

3）查验事故现场是否存在碰撞散落物、碰撞痕迹是否吻合等，以此判断是否为事故第一现场。

4）机动车全车盗抢险案应在车辆被盗地点周围进行调查询问，以确定出险时间内车辆是否被真实停放过。

（3）查明出险原因。出险的真实原因是判断保险责任的关键，对原因的确定应深入调查，切忌主观武断、先入为主。对于事故原因的认定应有足够的事实依据，通过必要的推理得出科学的结论。应具体分析说明是客观因素还是人为因素；是车辆自身因素还是受外界影响；是严重违章还是故意行为或违法行为等。尤其对于保险责任的查勘，应注意确定是外部原因引起的损伤形成后没有进行正常维修而继续使用造成损失扩大所致，还是车辆故障导致事故。

对损失原因错综复杂的，应运用近因原则进行分析，通过对一系列原因的分析，确定导致损失的近因，从而得出结论。凡是与案情有关的重要情节都要尽量收集、记载，以反映事故全貌，同时应获取证明材料，收集证据。对可能存在酒后驾车或无照驾驶、执照的准驾车型与实际车型不符等情况，应立即同公安交警部门获取相应证人证言和检验证明。

4. 判断保险责任

（1）对事故是否属于保险责任进行初步判断，应结合承保情况和查勘情况，分别判断事故是否属于交强险或商业机动车辆保险的保险责任，对是否立案提出建议。

（2）对不属于保险责任或存在条款列明的责任免除、加扣免赔情形的，应收集好相关证据。

（3）暂时不能对保险责任进行判断的，应在查勘记录中写明理由。

（4）查勘人员应根据事故所涉及的损失情况和损失金额，初步判断事故涉及的责任险别。

（5）对本次查勘案件在系统内有历史赔付记录的，必须调出历史赔付记录，并核对历史记录中的损失照片及定损资料，确认是否与本次损失有联系。如存在同一损失重复索赔的，应剔除该损失或拒赔。

（6）初步判断责任划分情况。

1）交警部门介入事故处理的，依据交警部门的认定。

2）交警部门未介入事故处理的，可指导当事人根据《中华人民共和国道路交通安全法》及实施条例、《道路交通事故处理程序规定》和当地有关交通事故处理法规，协商确定事故责任并填写协议书。

3）当事人自行协商处理的交通事故，应根据协议书内容，结合有关交通事故处理法规核实事故责任。发现明显与实际情况不符的，应要求被保险人重新协商或由交警出具交通事故认定书。

5. 对于损失金额超5000元的案件缮制查勘记录

（1）根据查勘情况，认真、详尽地填写查勘报告，肇事驾驶人或报案人应在查勘报告上签字确认。

（2）涉及人员伤亡的，要分别登记保险车辆车上人员和三者车辆、车外人员的死亡、受伤人数。

（3）对于多车互碰的案件，应对所有三者车辆的基本情况逐车进行记录。

（4）对事故中受损的财产，应详尽记录受损物的名称、类型、规格、数量、重量等。

（5）重大、复杂或有疑点的案件，应在询问有关当事人和证明人后，在询问笔录中记录，并由被询问人签字确认后，及时上报公司相关负责人。

（6）对查勘中发现的、需提醒下一步理赔环节注意的问题，应在查勘报告中详细注明。

（7）绘制现场草图，现场草图应能够基本反映事故现场的道路、方位、车辆位置、肇事各方行驶路线、外界因素等情况。

三、查勘意见

查勘意见是查勘人员对事故进行查勘后，对事故相关情况的说明和对事故分析判断的意见。

1. 查勘意见范例

（1）事故经过：标的车在铁心桥春江路由北向南行驶间，左后门与同方向行驶正在左侧车道超车的三者车右前部发生碰擦，造成双方车辆不同程度损失、无人员受伤事故。

（2）已报交警处理，三者车承担本次事故全部责任，标的车无责。

（3）经验车，苏 A. ×××确属本公司承保车辆，两证齐全有效，双方碰撞痕迹相符、高度一致，属于双方碰撞责任事故，应提供交警事故责任认定书。

（4）已确定双方车辆损失情况，标的车损由三者承担赔偿，本次事故无施救费用，标的应在交强险无责任赔偿范围赔偿三者车损。

（5）已告知标的驾驶人本次事故索赔程序及提供资料。

注：因查勘意见栏内输入字数的限制，第一条出险原因经过可以在系统中的出险经过里面进行描述。

2. 查勘意见要素

（1）出险原因经过描述，必须体现出险时间、地点、双方车辆行驶路线及动态行为和碰撞部位、事故性质。

（2）事故处理部门及处理结论或意见说明。

（3）验证标的，对车辆、驾驶人以及相关证件的说明。

（4）事故损失、施救情况系统预估补充说明。

（5）根据事故性质，对客户进行告知赔偿流程、资料。

四、查勘现场简图的绘制

查勘现场简图是反映事故现场的简单图例，查勘现场简图的绘制主要用俯视图，必须反映出发生事故的地点、方位、车辆及其运动轨迹、碰撞物体和简单标识等要素。用 A4 空白纸绘制后，拍照上传到系统。

1. 绘图要求

绘图必须反映出险的地点、路名（如春江路）、明显的标志性建筑（如春江学院）。

2. 发生事故的方位

应准确地标明发生事故地点的方向（标明：上北下南）。

3. 车辆及其运动轨迹

应按照要求画出车辆（按照车辆的类型），并标明车辆的运动轨迹及运动方向（用带方向的箭头表明，见图3-31）。

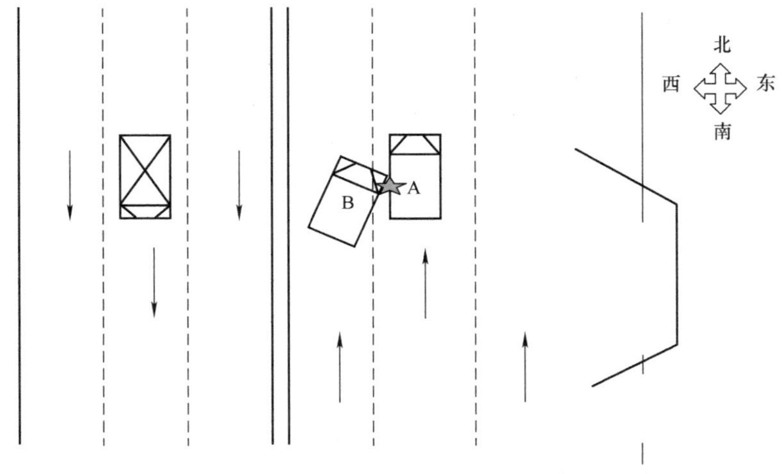

图3-31 现场简图绘制

4. 简单标识

应就车辆及碰撞物体做出标识（如用英文字母A、B等代表），并做简要说明（如标的车、三者车等）。

简图绘制规范图标如图3-32所示。

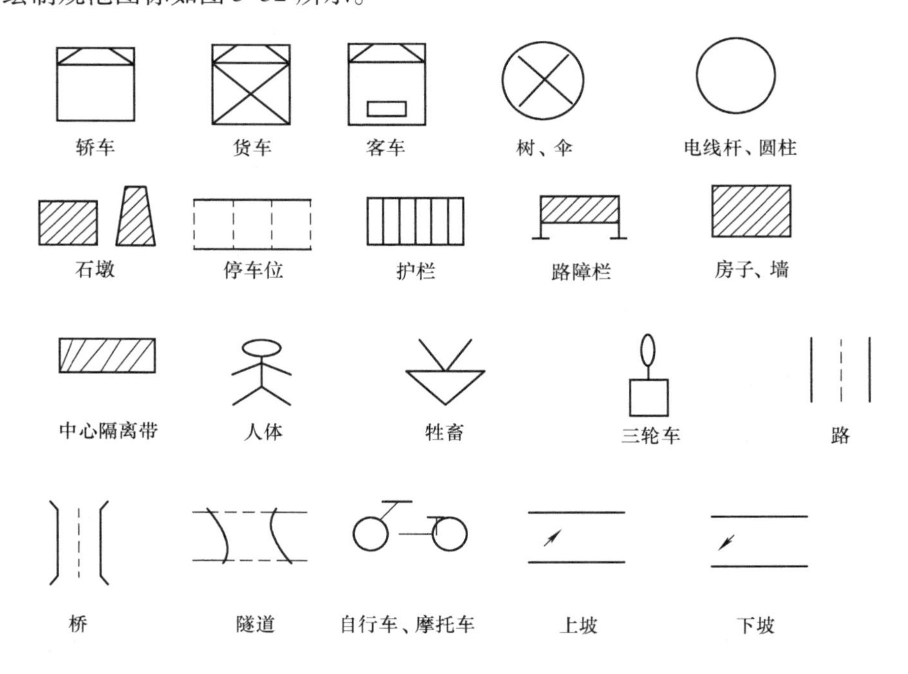

图3-32 简图绘制规范图标

五、查勘相片的拍摄

1. 拍摄原则

拍摄顺序：从远到近、从整体到局部、由前到后、由左到右、由外到内的顺序进行拍摄（前→后→左→右→外→内）。前后45°角的整车照（小事故对角；大事故4个角）。

2. 现场查勘相片拍摄的一般步骤

（1）须拍摄现场的位置、全貌，以反映现场轮廓和现场大环境（见图3-33），包括复查第一现场照片。

图3-33 事故现场全貌照片

（2）对事故车辆现场运动轨迹拍摄，反映肇事车运动轨迹（见图3-34）。

图3-34 现场运动轨迹拍摄

（3）拍摄现场发现的各种痕迹以及肇事车辆的碰撞部位、碰撞情况（见图3-35）。主要包括：肇事车辆和其他物体接触部分的表面痕迹；肇事车辆制动拖印痕迹，以及现场遗留的其他痕迹；肇事车辆拍照号码等。

（4）对事故现场损失细目进行拍照（见图3-36）。

（5）肇事车辆需要拖到修理厂拆检定损的（大事故），对前保险杠、仪表及其他单个备件价值高、容易拆卸的部件进行拆解前拍照（见图3-37）。

（6）拍摄车架号码、保险单（卡）、肇事驾驶人驾驶执照的正副证、肇事车辆行驶证的正副本（见图3-38～图3-40）。若无，须说明原因。

图 3-35 现场痕迹比对照片

图 3-36 事故现场损失细目拍照

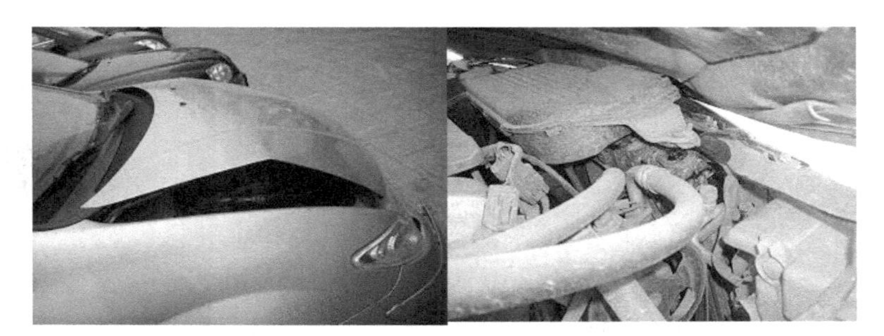

图 3-37 拆解前拍照

图 3-38 车架号码拍摄

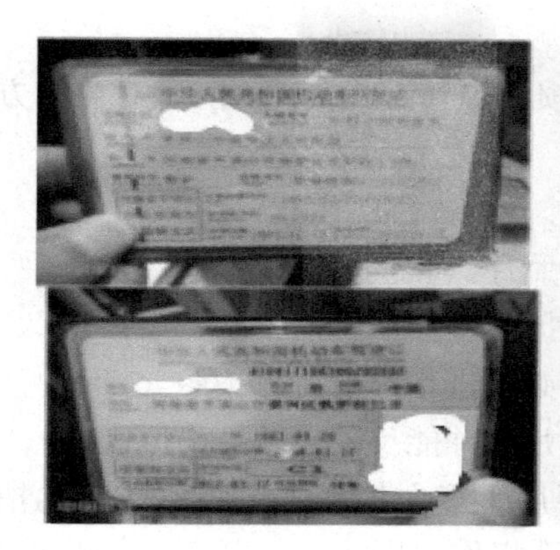
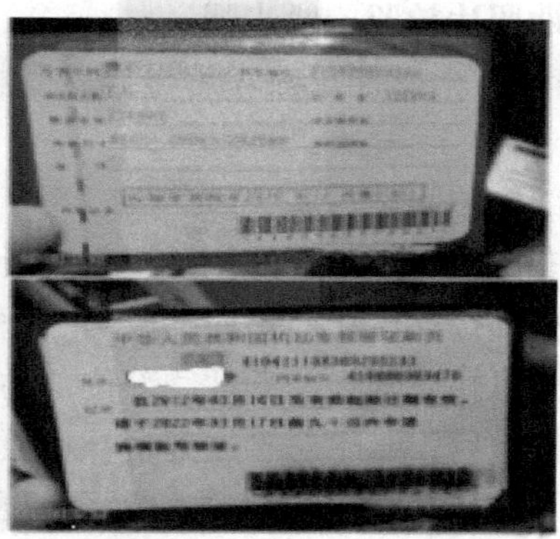

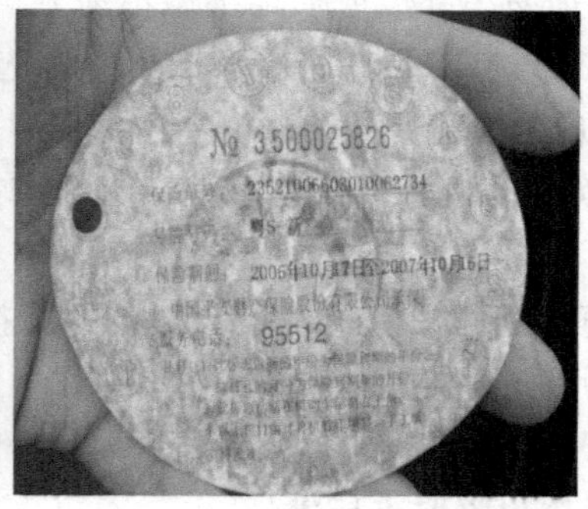

图 3-39　驾驶证、行驶证拍摄

图 3-40　交强险标志拍摄

（7）为了防止造假，查勘员要人车合影（见图 3-41）。

图 3-41　查勘员人车合影

注：先拍摄原始状况，后拍摄变动状况；先拍摄现场路面的痕迹，后拍摄车辆上的痕迹；先拍摄易破坏和消失的，后拍摄不易破坏和消失的。

3. 车损查勘照片拍照一般步骤

（1）45°角拍整车（能反映车牌号码、受损部位情况的45°角前后对角线方向拍摄，从受损边拍起）。

（2）车损部位拍照。

（3）必须有反映碰撞接触部位的正面清晰照片。

（4）对受损部位整体相向拍照，以确定碰撞痕迹和损失范围。

（5）凡需要更换或修理的部件、部位，均必须进行局部特写拍照。

（6）车辆拆检后，必须对事故部位补拍照片，并能反映事故损伤原因。

（7）对照片不能反映出的裂纹、变形，要用手指向损坏部位拍照或对比拍照或标识拍照，并能反映损伤原因。尤其对事故造成轴、孔损伤拍摄的，一定要有实测尺寸照片。

（8）对价格较高的损坏件、内部件，必须有能够反映损坏情况的、单独的照片。

（9）对个别易污部位或损坏细微不易分辨的配件，如铸铁壳体或玻璃等处的细小裂纹，要求在拍摄单独的整体照片之后擦拭干净，选取合适的拍摄角度和距离，调整焦距，增加指示标志，拍摄近距离特写。

（10）更换发动机、变速器总成，必须有散体照片；更换驾驶室总成，必须要有四个角度的整体照片。

（11）对角45°角拍摄、人车合影；驾驶执照的正副证、肇事车辆行驶证的正副本拍摄（若无，须说明原因）。

（12）拍摄车架号、保险单（卡）、肇事驾驶人。

4. 单方事故拍照取点标准

单方事故现场拍照点和车辆、物体分开后拍照，如图3-42和图3-43所示。

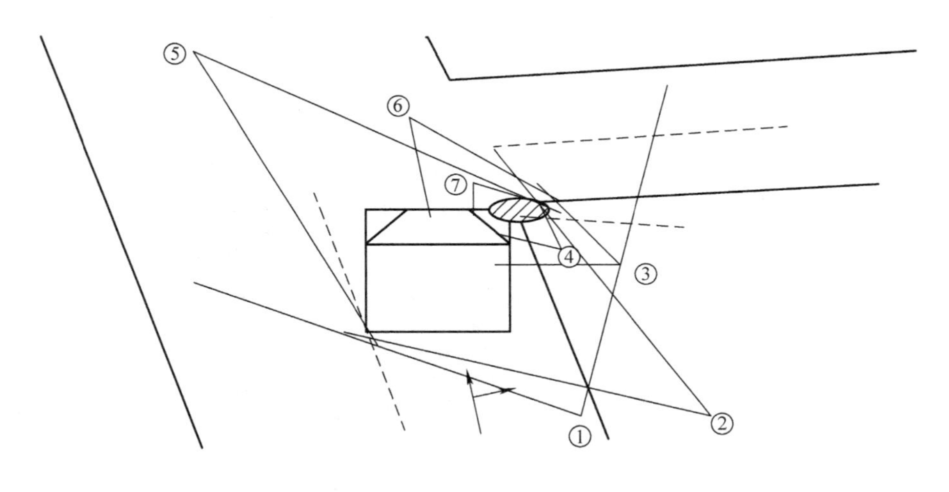

图3-42 单方事故现场拍照点

注：①大环境运动轨迹 ②远景 ③近景 ④、⑦特写 ⑤对角远景 ⑥对角近景

5. 双方事故拍照取点标准

双方事故现场拍照点如图3-44所示。

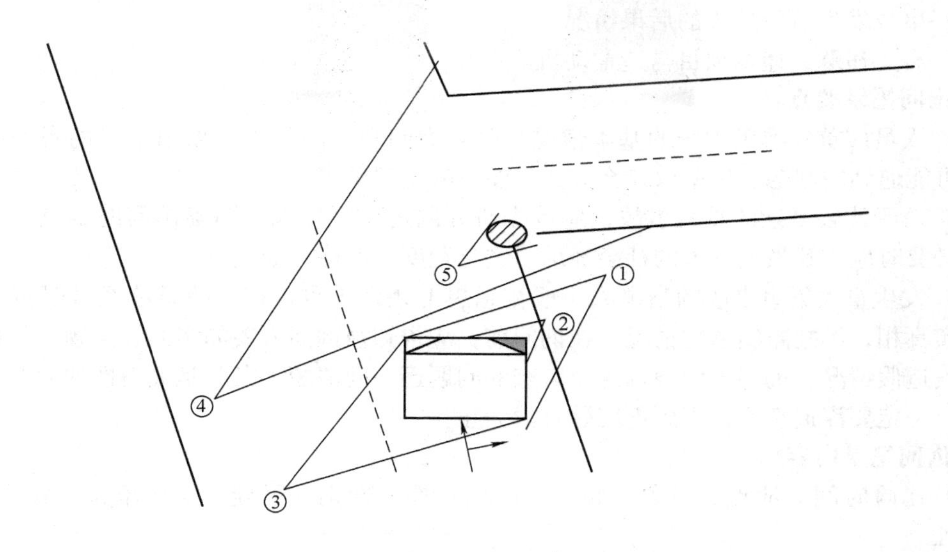

图 3-43　车辆、物体分开后拍照

注：①车头 45°　②车损近景　③车尾 45°　④物体远景　⑤物体近景

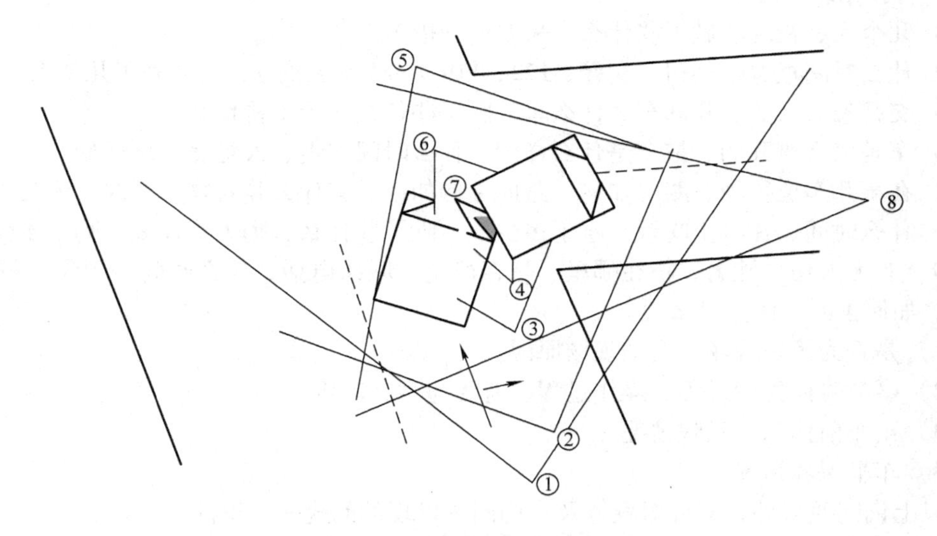

图 3-44　双方事故现场拍照点

注：①大环境、运动轨迹　②远景　③近景　④、⑦特写　⑤对角大环境　⑥对角近景　⑧三者前方远景

六、询问笔录

1. 询问笔录项目

（1）交通事故发生的确切时间。

（2）出事时是谁在驾驶车辆、使用的档位、行驶的速度。

（3）发现危险时各方的位置、方向及各自的动态。

（4）发现危险至认识危险的反应时间、初期行为及采取何种应变措施。

（5）事故的演变过程、初始接触点与接触部位。

（6）事故发生后所造成的后果情况。

（7）有无违章、违章项目与违章动机。

2. 询问笔录要点

（1）人员应首先熟悉现场的基本情况，并对询问和访问的内容做出全面的考虑，如在访问中可能遇到的问题、应采取什么方法、注意哪些问题等。

（2）对于比较复杂的重大事故，应首先研究制定访问提纲，明确访问的重点、步骤和方法，必要时应了解被询问人的社会经历、文化程度、性格、职业等。

（3）发生重大肇事事故的当事人一般在思想上顾虑重重，在介绍事故经过时可能会有掩盖事实真相，不吐露实情的情况。在询问前，应告知被询问人要如实回答问题，不得隐瞒事实和编造假情况。询问人应根据需要审查的问题逐一问清楚，尤其是关键性的问题不能一带而过，一定要深追细问，直到把问题查清为止。

3. 询问笔录内容

（1）出险时间、地点、对象、姓名、出生日期、性别、民族、工作单位、联系电话、单位地址。

（2）详细的出险经过、车速多少。

（3）车上有几人、什么关系、电话、往返时间、去哪里、干什么去或去了哪里、干了些什么、行驶路线、距离。

（4）几个人、在现场做了些什么、采取何种措施。

（5）什么时间报保险公司、交警、122、119（分先后顺序），交警来了几个人。

（6）交警怎么来的、几部车、什么车、问了些什么、干了些什么。

（7）车是怎么离开的、拖车是什么样的、什么时间拖走、人是怎么离开的。

（8）在第几车道行驶、路况如何、路面结构如何、有什么障碍物、视线、天气如何。

（9）什么时间、在哪里吃饭、吃了多少钱、吃了些什么、喝了些什么、喝了多少。

（10）有无人伤、姓名、伤在哪里、是否严重、联系电话、什么时间、到哪个医院，医生姓名、如何去的、医生怎么说。

（11）是否为第一现场、变动现场原因。

（12）事故碰撞先后过程、操作过程、有无违章、动机。

（13）出车前休息、睡眠情况。

（14）车辆保养情况。

除以上询问要点外，应针对疑点及在询问中发现的问题一一追问。

七、现场损失项目确定

（1）现场调查取证后，向客户了解事故车辆维修情况的选择。若客户委托保险查勘救援协作厂维修，现场尽量将损失部位拍摄完全。

（2）客户决定自修事故车辆时，简易案件应尽量现场定损核价并出具事故车辆定损报告，现场由当事人或被保险人签名确认。一般案件或超权限案件，应尽量在现场将损失拍摄下来，尽可能将看到的损失项目列出来，注明有可能隐藏的损失和部位，向客户了解维修厂家，并及时到维修厂查勘定损。

八、告知客户索赔事项

（1）查勘定损人员现场查勘时，将索赔书交给保险人及其授权代表填写及确认；若保险车辆属于单位所有，那么索赔书、赔款收据及权益转让书、委托书需要盖公章，要求报案人带回单位盖章后与索赔资料一起交回。

（2）查勘定损人员根据承保信息及事故损失情况确定拟赔付险别，将索赔须知及所需单证清单、赔款收据及权益转让书、委托书等资料交给报案人，详细告知理赔流程、所需单证及其他注意事项，并请客户签收。

（3）交警立案处理的案件，除完成上述第（1）、（2）项工作外，还应向客户说明交通事故处理流程，重点说明对于事故损失，保险人是按责任比例赔付，事故损失以修复为原则由保险人根据维修市场行情据实核定，不是完全以事故车损失鉴定价格为准，对损失鉴定价格有异议的，应及时申请复议。

任务五 特殊案件的现场查勘

一、水灾案件的现场查勘

水灾案件的现场查勘内容主要有：

（1）查勘人员对案件当事人进行询问并做好笔录，拍摄现场照片并检查水位高度，现场照片必须能够反映现场水淹高度。

（2）查勘人员走访、调查现场有关人员，确认事故起因，并详细询问现场施救情况。

（3）查勘人员必须向案件当事人明确水淹车的处理程序，要求当事人按照处理程序处理：将所有涉水电器设备拆检晾晒，涉水时间较长的电器用稀盐酸或无水酒精漂泡晾干；涉水内饰件拆检晾晒；发动机及变速器进水需进行常规排水处理，再更换机油进行保养，确认无误后才能起动；对于底盘件无明确损坏痕迹但预估有损伤时，一律按待定项目处理。

二、火灾案件的现场查勘

1. 派工受理

现场查勘人员接到派工后，5min 内与事故现场报案人员电话联系，大概了解事故现场情况，明确告知自己现在所在位置，大约多长时间能到达现场。

2. 现场查勘

（1）分析车辆起火原因。判断是碰撞事故引起燃烧还是车辆自燃引起燃烧；标的车是动态状态下起火还是静态状态下起火；检查车辆燃烧痕迹，判断燃烧起火点及火源。

（2）火灾现场查勘重点

1）查勘路面痕迹。车辆着火现场路面和车上的各种痕迹在着火过程中消失，或在救火时被水、泡沫、泥土和沙等所掩盖，查勘时应首先对路面原始状态进行查看、拍照，并做好各项记录。施救后用清洁水将路面油污、污物冲洗干净，待暴露印痕的原状后再详细勘察。方法是以车辆为中心向双方车辆驶来方向的路面寻查制动拖印、挫划印痕，测量其始点至停车位的距离及各种印痕的形态。

2）查勘路面上散落物。通过查勘着火车辆在路面上散落的各种物品及伤亡人员倒卧位置，以及因碰撞被抛洒的车体部件、车上物品位置与中心现场距离、实际抛落距离，推算车辆行驶速度。

3）查勘车体痕迹。通过车体燃烧痕迹寻找车辆上的起火源。

4）动态下车辆着火的查勘。碰撞车辆着火的一般原因是将外溢的汽油点燃。查勘重点是汽油箱金属外壳表层有无碰撞凹陷痕和金属质擦划的条、片状痕迹。车体被燃烧后，接触部位痕迹容易受到破坏，查勘时就残留痕迹部位勘察其面积及凹陷程度进行对比，以求判断碰撞力大小、方向、速度、角度等。

动态下发生车辆自燃，主要是电器、线路、漏油原因造成。车体无碰撞损伤痕迹，但路面上一般都留有驾驶人发现起火本能反应的紧急制动痕。火势由着火源随着风向蔓延，火源大部分分布在发动机舱和车内仪表台附近，重点区分车辆自燃和车内人员失火。

5）静态下车辆着火的查勘。重点要注意检查现场有无遗留维修、作案工具；有无外来火种、外来可燃物或助燃物等；有无目击者。同时调查报案人所言有无自相矛盾之处，如事故现场周围环境、当时的天气、时空等有无可疑之处。

3. 现场调查

（1）现场调查访问的重点：

1）车辆碰撞或翻车的具体情节及造成着火的原因。

2）车辆起火和燃烧的具体情节及后果。

3）车辆起火后驾驶人采取了哪些扑救的措施。

4）车辆着火时灭火及抢救的具体情况。

（2）走访、调查现场有关人员，就其当时看到的情况做好询问笔录，并对笔录签名，留下联系电话。应特别注意了解车辆着火时驾驶人从车内出来时的言行举止。

（3）在对当事人做现场笔录时应注意的问题：当事驾驶人与被保险人的关系；车辆为何由当事驾驶人使用；保险车辆着火的详细经过；发现着火时当事人做了哪些应急处理；近来该车技术状况和使用情况如何，是否进行过修理，最近一次在哪家修理厂维修的。

（4）重点查勘事故地周围有无异常物、车上配件、工具；调查起火前、起火中、起火后状况，认真比较有什么差异，发现下列问题，应深入细致地重点调查：

1）有几个起火点。

2）起火部位是否为一个不寻常的地方。

3）火势是否突然而且过分猛烈。

4）起火原因是否合理。

5）与起保日期或保险终止日期是否相近。

6）车辆上应有物品是否存在。

7）有无车上物品、配件被移下的情况，有无被搜寻或拆装的证据。

8）当事人是否反对某种调查。

9）当事人是否行动反常，例如表现特别冷淡。

10）当事人的叙述是否与已知的事实不相符，或证词相互矛盾。

三、机动车全车盗抢险案件的现场查勘

（1）现场查勘人员接到派工后，5min 内与事故现场报案人员电话联系，大概了解事故现场情况、明确告知自己现在所在位置、大约多长时间能到达现场。

（2）接到调度后，调查人员应立即赶赴第一现场查勘，对当事人进行询问并做好询问笔录，进行现场拍照并检查现场有无盗抢痕迹，有无遗留作案工具。注意调查报案人所言有无自相矛盾之处，如停车场周围环境、当时的天气等有无可疑之处。

（3）走访、调查现场有关人员，调查车辆停放、保管、被盗抢的情况，做好询问笔录。应特别注意了解车辆被盗前的使用及停放情况。对车辆在停车场被盗的，要求取证停车记录及停车场看车人员的有关书面材料，特别注意停车场收费情况，要求被保险人提供停车收费凭证，如该地点有人看管收费，应向保安、管理人员或物业了解情况，要求其出具相关证明并写明收费看管情况（由被保险人协助办理），了解车辆丢失后追偿的可能性。

（4）如果发现案件中存在某些疑点，牵涉到经济纠纷、非法营运等行为，应做进一步调查，向有关的个人或单位负责人了解情况，取得可靠证据，必要时可以通过公安部门进一步了解案件性质。

（5）在做询问笔录时，应注意以下几点：

1）当事驾驶人与被保险人关系，车辆为何由当事驾驶人使用。

2）保险车辆丢失或被抢的详细经过，对案件发生有何线索可向公安机关或保险公司提供。

3）是否存在营运行为或经济纠纷，以及这两种情况是否与此车被盗（抢）有直接联系。

4）该车手续是否齐全。

5）丢车地点是否有人看管收费，有无收费票据。

6）车况如何，是否进行过修理。

（6）对被保险人的财务状况进行调查，防止被保险人因财务状况恶化或利用价差进行保险诈骗。

（7）调查车钥匙及修车情况。调查被盗车辆近期维修情况、被盗车辆的钥匙配备情况，对钥匙进行鉴定，判断是否曾经配过。

（8）调查车辆购置情况。调查被盗抢车辆的购置、入户上牌及过户等情况，如被盗抢车辆发生转让，应请被保险人及时提供有关转让证明。

（9）了解车辆档案。到公安车辆管理部门核实档案记载的车牌号、车型、生产及上牌时间、车架及发动机号码等资料，核对被盗抢车辆是否已经挂失、封存档案。

（10）调查报警情况。走访接报案公安部门的值勤民警，了解、记录接报案的详细情况。

（11）调查案件侦破情况。调查人员应经常与公安机关刑侦部门联系，积极协助破案。在保险车辆被盗抢三个月后，应及时了解被盗抢车辆的侦破情况。

（12）调查取证过程中发现下列疑点的，应深入细致地重点调查取证：

1）盗抢发生在一个不寻常的地方。

2）行驶证上车主与被保险人、使用人不一致。

3）单位车辆按私人投保或私人车辆按单位投保。

4）环境、时间似乎没有发生盗抢的可能。

5）与起保日期或保险终止日期相近，投保金额异常高。

6）报称车辆所有证件一起被盗抢。

7）交上来的车钥匙有配过痕迹或钥匙不齐。

8）当事人反对某种调查。

9）当事人行动反常，表现特别冷淡。

10）当事人的叙述与已知的事实不相符，或证词相互矛盾。

（13）根据现场查勘及案件调查情况和车辆实际使用年限，计算保险标的现有实际价值，及时在理赔系统内查勘和立案，并将调查取证资料及时上传。

任务六 填写现场查勘报告

一、现场查勘报告的主要内容

现场查勘报告是理赔案卷中重要的材料之一，也是查勘人员的重要工作记录，总的要求是无论赔案大小，均应撰写，而且要实事求是。是否查勘第一现场、复勘第一现场，还是没有查勘第一现场，均应如实填写，手工填写的查勘人员应当签名并事后录入系统中。

现场查勘报告的主要内容为出险情况、车辆情况、道路情况、报案情况，重点是客观表述现场所见情况。对碰撞痕迹、事故发生原因、驾驶人员状态进行分析，分析内容主要围绕保险条款要素，但不对是否构成保险责任进行结论性分析。

二、调查询问笔录的主要内容

对一些重大赔案、疑点赔案、责任难以分清赔案、损失1万元以上无三者人伤车损的单方事故以及火灾、自燃、盗抢险赔案等，查勘人员应该找有关当事人或证人进行询问并做笔录。

针对不同的调查对象应事先列好调查提纲，询问结束后，调查人和被调查人应当签字盖章或按手印。

调查询问必须有两人以上并同时进行录音或摄像。

调查询问笔录的主要内容有：

（1）询问的时间、地点、询问人、记录人、被询问人、天气情况。

（2）告知被询问人的身份，询问的主要事项，其回答的法律责任。

（3）询问内容应当客观，不得使用推测、怀疑、诱导被询问人。

（4）被询问人在每页记录纸上签名（印手印）。

（5）询问人、记录人签名。

三、查勘报告的规范写法

查勘报告是查勘工作的重要记录材料，包括事故现场的环境描述、事故当事人状况的观察、事故发生时的状态模拟、报案人或询问人对事故经过的反映记录、出险时车辆使用性质的调查、对有关单证审查的记录、参与事故处理或调解协商的过程及结果等。由于以往的查勘报告过于简单，大都是“上述时间、地点，张三驾驶标的车辆碰到石头造成车损”，不能明显地说明查勘情况，给往后的核赔工作造成一定的压力。因此，规范查勘报告的写法对于提高查勘工作的质量很有帮助。

查勘报告要求简明扼要，重点突出。查勘人员重点要在查勘意见中根据事故类型、出险情况、碰撞痕迹或回勘现场的情况确认事故责任。对于交通事故的查勘，查勘人员可以根据现场实际情况，并结合经验初步判定出事故的责任，给出初步的处理意见，为内勤的理算工作提供一定的参考意见。定损时如需扣取一定的免赔额，须告知车主认可并签名确认。

1. 单方事故查勘报告的写法（参考）

××时间××地点，张三驾驶×××号（车牌号码）标的车倒车时不慎碰撞到后面的墙柱，造成标的车后保险杠及尾灯受损。经查勘受损部位及痕迹，确认碰撞事故属实，单方全责，属于保险责任机动车辆损失险范围。

2. 交通事故查勘报告的写法（参考）

（1）××时间××地点，张三驾驶×××号（车牌号码）标的车向右转弯时与直行的×××号（车牌号码）凯越车发生碰撞，造成标的车右前侧受损及对方车辆左前部分受损的交通事故，客户已报交警。根据现场查勘，确认碰撞事故属实，属于保险责任。经初步分析，标的车负主要责任，建议按交警认定处理。

（2）××时间××地点，王五驾驶×××号（车牌号码）标的车因操作不当，碰撞到前面行驶的×××号（车牌号码）捷达车，导致捷达车因制动不及时又碰撞到前面×××号（车牌号码）桑塔纳车，造成三车连环追尾、不同程度受损的事故。根据现场查勘情况初步判断标的车全责，建议按交警认定处理。对方车辆分别在人保及华安公司承保交强险，交强险号分别为123454和456789。

（3）××时间××地点，李四驾驶×××号（车牌号码）大客车转弯时，由于雨天路滑导致车辆倾覆，造成车损、路损及车上乘客39人不同程度受伤的交通事故，已报交警处理。经赶赴现场查勘及协助客户处理善后，确认大部分乘客为轻伤，10多名重伤者已送往附近医院治疗，已交代与理赔医生跟踪处理，标的车已由交警联系施救。该案损失较大，初步判断标的车负全责，待落实相关处理方案。

3. 交强险互碰事故查勘报告的写法（参考）

（1）××时间××地点，张三驾驶×××号（车牌号码）标的车左转弯时与一辆也在左转弯的×××号（车牌号码）车辆发生碰撞，造成双方车辆不同程度受损的交通事故，因双方车辆损失都在2000元以下，经事故双方现场协商后，确认双方负同等责任，按交强险互碰自赔处理。对方在人保公司承保交强险，保单号为1234567890。

（2）××时间××地点，李四驾驶×××号（车牌号码）标的车进入停车位时不慎碰撞到停放在旁边的×××号（车牌号码）海马小车，造成标的车左前大灯损坏，对方车辆右尾灯及后杠受损的事故。经现场查勘，确认碰撞事故属实，因标的车责任明显，则应按标的车负全责处理。对方在安邦公司承保交强险，已告知客户交强险相关事宜。

4. 增加免赔查勘报告的写法（参考）

××时间××地点，张三驾驶标的车正常行驶时被一辆从右边超车的小车碰撞，造成标的车右尾灯及右后门受损，三者车（车牌号不详）已逃逸，查无下落。经查勘受损部位及痕迹，确认事故属实，属于保险责任，因事故无交警处理，按条款扣减30%核赔，已告知客户。

5. 车身划痕险事故查勘报告的写法（参考）

××时间××地点，驾驶人张三取车时发现×××号（车牌号码）标的车前盖、前杠、左前叶有刮痕，经查勘，非标的车事故痕迹，确认该痕迹为人为划痕，应按车身划痕险处理。

根据现场查勘情况，填写机动车辆理赔现场查勘记录（见表3-1）。

表 3-1 机动车辆理赔现场查勘记录

被保险人： 保单号码： 赔案编号：

<table>
<tr><td rowspan="6">标的车辆</td><td colspan="2">号牌号码： 是否与底单相符：</td><td colspan="2">车架号码（VIN）： 是否与底单相符：</td></tr>
<tr><td>厂牌型号：</td><td>车辆类型：</td><td>是否与底单相符：</td><td>检验合格至：</td></tr>
<tr><td>初次登记年月：</td><td colspan="2">使用性质： 是否与底单相符：</td><td>漆色及种类：</td></tr>
<tr><td colspan="2">行驶证车主： 是否与底单相符：</td><td>行驶里程：</td><td>燃料种类：</td></tr>
<tr><td>方向形式：</td><td>变速器类型： 驱动形式：</td><td colspan="2">损失程度：□无损失 □部分损失 □全部损失</td></tr>
<tr><td>是否改装：</td><td>是否具有合法的保险利益：</td><td colspan="2">是否违反装载规定：</td></tr>
<tr><td rowspan="3">驾驶人</td><td>姓名：</td><td>证号：</td><td>领证时间：</td><td>审验合格至：</td></tr>
<tr><td>准驾车型：</td><td>是否是被保险人允许的驾驶人：□是 □否</td><td colspan="2">是否是约定的驾驶人：□是 □否 □合同未约定 □不详</td></tr>
<tr><td>是否酒后：□是 □否 □未确定</td><td colspan="3">其他情况：</td></tr>
<tr><td>查勘时间</td><td colspan="2">(1) 是否第一现场：</td><td>(2)</td><td>(3)</td></tr>
<tr><td>查勘地点</td><td colspan="2">(1)</td><td>(2)</td><td>(3)</td></tr>
<tr><td colspan="2">出险时间：</td><td colspan="2">保险期限：</td><td>出险地点：</td></tr>
<tr><td colspan="5">出险原因：□碰撞 □倾覆 □火灾 □自燃 □外界物体倒塌、坠落 □自然灾害 □其他（ ）</td></tr>
<tr><td colspan="5">事故原因：□疏忽、措施不当 □机械事故 □违章装载 □其他（ ）</td></tr>
<tr><td colspan="5">事故涉及险种：□车辆损失险 □第三者责任险 □附加险（ ）</td></tr>
<tr><td colspan="5">专用车、特种车是否有有效操作证：□有 □无</td></tr>
<tr><td colspan="5">营业性客车有无有效的资格证书：□有 □无</td></tr>
<tr><td colspan="5">事故车辆的损失痕迹与事故现场的痕迹是否吻合：□是 □否</td></tr>
<tr><td colspan="5">事故为：□单方事故 □双方事故 □多方事故</td></tr>
<tr><td colspan="5">标的车上人员伤亡情况：□无 □有伤 人；亡 人。</td></tr>
<tr><td colspan="5">第三者人员伤亡情况：□无 □有伤 人；亡 人。</td></tr>
<tr><td colspan="5">第三者财产损失情况：□无 □有 □车辆损失 号牌号码 车辆型号 □非车辆损失（ ）</td></tr>
<tr><td colspan="5">事故经过：</td></tr>
<tr><td colspan="5">施救情况：</td></tr>
<tr><td colspan="5">备注说明：</td></tr>
<tr><td colspan="3">被保险人签字：</td><td colspan="2">查勘员签字：</td></tr>
</table>

根据现场查勘记录，在没有事故证明等有关材料的情况下，依据保险条款全面分析主客观原因，初步确立是否属于保险责任。如果属于保险责任，应确定涉及的险种。

在“备注说明”栏中填写对保险责任确定可能造成异议的情况，如被保险人是否尽到应尽的义务等。

对电话报案的被保险人，应向其提供出险机动车辆保险出险通知书。同时，根据报案与现场查勘情况，在保险事故索赔须知上注明索赔时需要提供的单证和证明材料后，交给被保险人，并对被保险人进行必要的事故处理和保险索赔的指导。

复习思考题

一、选择题

1. 属于现场查勘工作内容的是（　　）。

A. 查明出险时间、地点　　B. 查明出险车辆情况

C. 查清驾驶人情况　　D. 以上答案均正确

2. 以事故接触点为中心，拍摄事故接触的各部位及其相关部位，以反映与事故相关的重要物体的特点、状态和痕迹特点的摄影方式为（　　）。

A. 方位摄影　　B. 中心摄影　　C. 细目摄影　　D. 宣传摄影

3. 交通事故中的财产损失一般情况下仅包括（　　）。

A. 车辆、财产的直接损失

B. 现场抢救人身伤亡善后处理的费用

C. 停工、停业等所造成的财产间接损失

D. 停车费、罚款

4. 查勘时，对行驶证的查验应注意（　　）。

A. 行驶证自身的真伪

B. 行驶证副页上检验合格章的真伪，即行驶证的有效期

C. 行驶证车主与保险单登记的是否相同

D. 以上答案均正确

5. 从两个相对的方向对现场中心部分进行拍摄，以较为清楚地反映现场中心情况的拍摄方法为（　　）。

A. 相向拍摄　　B. 十字交叉拍摄　　C. 连续拍摄　　D. 比例拍摄

6. 去外地查勘定损时，正确的处理方法是（　　）。

A. 修理厂对外地车辆有哄抬价格现象，去外地查勘定损时，估价应留有余地，以作为让步条件

B. 在外地估价时切忌拖泥带水，能够实行费用包干的，尽可能包干

C. 一般情况下不能留待查项目，对确实无法判断的可现场分解

D. 以上答案均正确

7. 对现场绘图的要求是（　　）。

A. 应全面、形象地表现交通事故现场客观情况

B. 数据完整，尺寸准确，标注清楚

C. 必要时配文字说明

D. 以上答案均正确

8. 下述（　　）原因导致的出险现场变动属于正常变动现场。

A. 为将伤者送医院抢救而移动车辆

B. 由于风吹、雨淋等自然因素导致出险现场的痕迹消失或被破坏

C. 执行任务的消防、救护等汽车，在发生事故后因任务的需要而驶离现场

D. 以上答案均正确

9. 查勘时，对驾驶证的查验应注意（　　）。

A. 需要验明驾驶证的真伪　　B. 确定是否为合格的驾驶人

C. 确定是否为保单约定的驾驶人　　D. 以上答案均正确

10. 为了准确界定事故车辆是否属于标的车辆，在现场查勘时，可以通过以下方式查验：（　　）。

A. 查验汽车牌照　　B. 查验车架号

C. 查验汽车车型和颜色　　D. 以上答案均正确

二、问答题

1. 简述现场查勘单证的作用。

2. 简述事故现场照片的拍摄要求。

3. 简述现场照片的拍摄要点。

项目二　保险事故车辆定损

教学能力目标

1. 专业能力目标
   - ¤ 掌握事故车辆零部件修换原则
   - ¤ 掌握事故车辆零部件定损标准
   - ¤ 掌握事故车辆的定损
2. 方法能力目标
   - ¤ 掌握事故车辆零部件更换标准
3. 社会能力目标
   - ¤ 能运用所学定损知识，对不同损坏程度的事故车辆进行定损

事故车辆定损工作是集保险业务知识和理赔专业知识及事故车辆定损专业知识于一体的、极其复杂的、专业性极强的一项系统工程，是车险理赔工作中的重中之重。

任务一 事故车辆零部件定损标准

在事故车辆的定损中，零部件更换费用占整个维修费用的60%以上，只有掌握事故车辆零部件更换标准，严格按更换标准执行，才能避免不同保险公司、不同定损人员换件的随意性，这既保证了保险公司的利益，也保证了广大保险客户的利益，做到公平、公正。

一、事故车辆零部件修换确定原则

1. 铁件钣金件损伤及修换原则

轻度损伤：部件弹性变形、划伤或刮伤，损坏较轻，损坏程度（面积）10%左右，不需要拆装或解体，通过手工或整形机即可修复。

中度损伤：部件凹凸变形较大、有褶，或虽局部变形较小但有死褶，损坏程度（面积）30%左右，需要拆装或解体后修复，修复难度不大。

重度损伤：部件严重扭曲变形、断裂，或部件部分缺失，或超过20cm的撕裂，或部件已经失去基本形状、损坏面积达到50%以上，接近报废程度，修复难度较大。

更换：零部件超过重度损伤程度的，可考虑更换。但损伤程度介于重度损伤和更换之间，客户坚决要求更换的，应视具体情况确定不低于20%的客户自负比例。

2. 铝件钣金件损伤及修换原则

变形面积不大，通过敲击、拉伸等整形方法及铆接、黏结等工艺可以恢复外观形状的，应予以修复。

变形面积较大或有撕裂、断裂、死褶等情况，需通过焊接工艺才能进行修复，或虽可通过铆接完成修复，但需铆接部位过多、严重影响其外观的，可以考虑更换。

3. 塑料件损伤及修换原则

汽车上应用的塑料按其物理化学性能，可分为热塑性塑料和热固性塑料。塑料部件的修理有化学黏结法和塑料焊接法两种基本修理方法。通常塑料件的划痕、撕裂、刺穿和凹陷均可以修复；塑料件整体破碎应以更换为主；价值较低、更换方便的零件可以考虑更换；应力集中部位（如尾门铰链、撑杆锁机处），应考虑更换为主；基础零件尺寸较大，受损大多为划痕、撕裂、擦伤或穿孔，这些零件拆装麻烦、更换成本高或无现货供应，应以修理为主；表面光洁度要求较高的塑料零件，深度划伤表面修复后留有明显痕迹、无法大致恢复原貌的，可以考虑更换。

4. 安全件损伤及修换原则

有可能涉及行车安全的部件简称安全件，主要包括制动系统部件（制动片、制动泵、管路及助力器等）、转向系统部件（方向机、转向柱、转向拉杆等）、底盘件（球头、悬架臂等）等。定损时，安全件中度以上程度损伤的，应以更换为主、修复为辅，但在以下情况应考虑修复：

（1）损伤只发生在安全件的边缘、外观或非安全部位，修复后继续使用不会涉及安全问题。

（2）非扭曲损伤，即在平行平面内的偏移或单一方向的变形，通过拉伸、校正、抵压等机械修复手段可以达到技术要求、符合安装位置的。

5. 总成件损伤及修换原则

汽车车身（驾驶室）总成、车架、发动机和变速器等大额总成件受损时，须建立核损与更换审批制度；车身、车架、发动机和变速器等大额总成件确定更换时，须根据受损程度明确客户自负比例；总成零部件单独受损的，须以修复或更换零部件为主，不得更换总成件。

二、事故车辆零部件修换标准

1. 保险杠及附件

保险杠及附件由保险杠、保险杠护罩、保险杠内衬、保险杠骨架、保险杠支架、保险杠灯等组成。

（1）保险杠护罩。保险杠护罩（外皮）一般采用模压塑料板材或玻璃纤维增强塑料，经模压、吸塑或注塑成型。

对于擦伤、撕裂、凹陷变形的，可采取塑焊方法进行处理，并能够确保修复后外观没有明显痕迹（见图3-45和图3-46）。

图3-45 保险杠轻度损伤（修复）

图3-46 保险杠中度损伤（修复）

对于撕裂、断裂或缺损严重的，修复后达不到车容要求的，可予以更换。保险杠护罩撕裂长度达到20cm以上、碰撞扭曲形成严重褶皱、变形面积超过30%可以考虑更换（见图3-47和图3-48）。个别高档小轿车保险杠由几部分组合而成的（如风窗、导流板），原则上哪一部分损坏则更换哪一部分，不必更换总成。部分越野车、面包车的防撞保险杠为金属电镀件，修复整形后须经表面电镀处理。

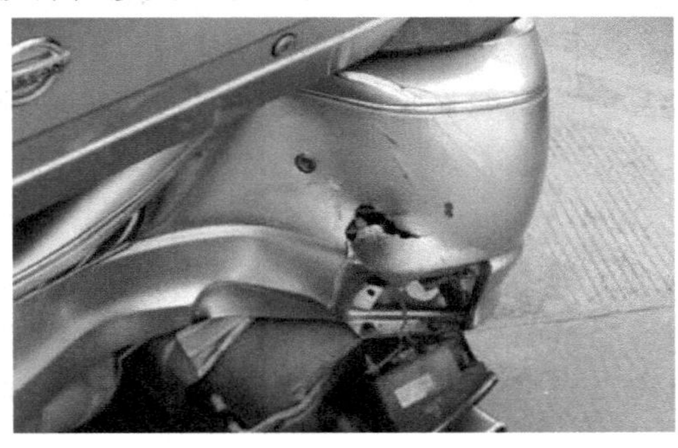

图3-47 保险杠严重撕裂（更换）

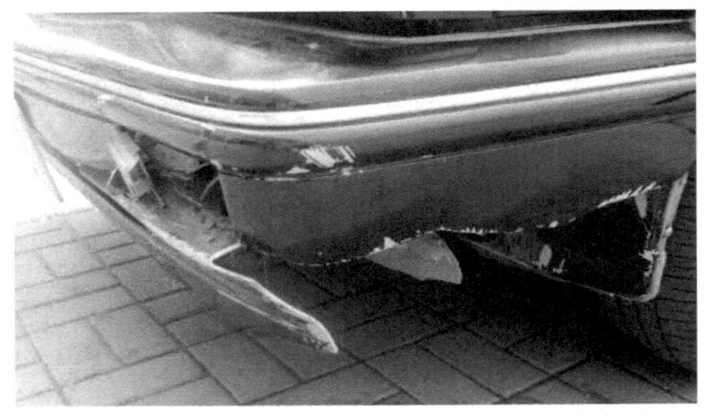

图3-48 保险杠严重褶皱（更换）

（2）保险杠骨架。保险杠骨架多数用冷轧板冲压成形，少数高档轿车采用铝合金制成。

对于铁质保险杠骨架，轻度碰撞常采用钣金修理的方法修复；中度以上损坏且价值较低的，可以采用更换的方法。铝合金的保险杠骨架修复难度较大，中度以上的碰撞多以更换为主。

保险杠支架多为铁质，一般价格较低，轻度碰撞常采用钣金修复（见图 3-49），中度以上的碰撞多为更换修复（见图 3-50）。

保险杠护罩和保险杠内衬破损后基本以更换为主。

多个保险杠护罩固定支架（插口）完全断裂无法修复的，可以考虑更换。

图 3-49 保险杠支架轻度变形（修复）

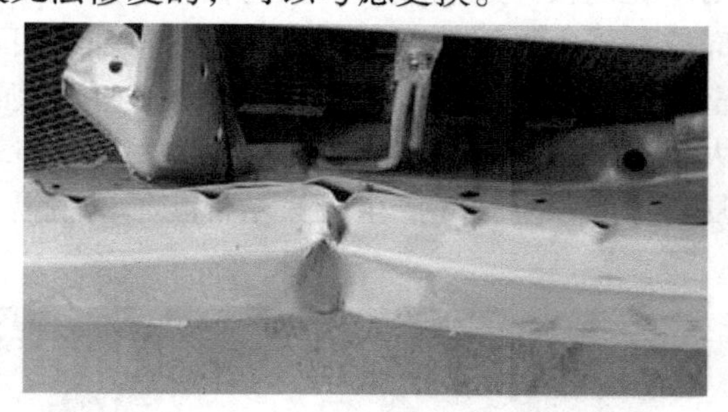

图 3-50 保险杠支架中度变形（更换）

2. 灯具类

现代汽车灯具（包括前照灯、转向灯、雾灯和制动灯等）表面多由聚碳酸酯或玻璃制成。

灯具有机玻璃表面轻度擦伤，当受损面积在 20% 以内、经过表面处理可以大致恢复原貌时，应进行修复处理（见图 3-51）。

图 3-51 灯具有机玻璃表面轻度擦伤（修复）

灯具玻璃破碎、破裂或灯面磨损深且抛光抛不平的，可以给予更换（见图 3-52）；灯壳

图 3-52 灯具玻璃破碎、破裂（更换）

损坏的可做焊修处理；后壳撞裂、撞穿及变形严重的，可予以更换。

灯具的支架受损时应尽量修复。对三个或四个支架的灯具，若其中50%以上的支架完全断裂、修复后无法紧固或明显影响使用性能时，才能考虑更换灯具。

3. 发动机舱盖及附件

轿车发动机舱盖（发动机罩或前机盖等）由蒙皮和内加强筋两部分组成，绝大多数采用冷轧钢板冲压制成，少数高档轿车采用铝板冲压而成。铁质发动机舱盖轻度碰撞，因变形部位不受内加强筋限制，钣金容易操作，可不必将蒙皮与内加强筋剥离。对于碰撞较严重且整形操作受影响的，则必须将蒙皮与内加强筋分离后进行整形修复，其修复难度及工作量大，定损时应适当增加工时费用（见图3-53）。铝质发动机舱盖轻度受损后同样可以机械修复，中度以上损坏产生较大塑性变形的就需要更换。

图3-53 发动机舱盖损伤（修复）

发动机舱盖受撞击后形成严重褶皱（死褶），撞烂、撞折或损坏面积超过30%的，可以给予更换（见图3-54）。

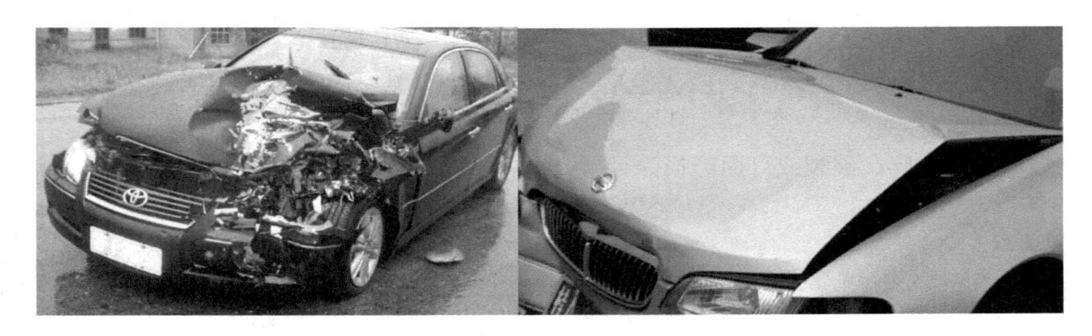

图3-54 发动机舱盖重度损伤（更换）

发动机舱盖撑杆常有铁质撑杆和液压撑杆两种，铁质撑杆基本上都可以通过校正修复，液压撑杆撞击变形后多以更换修复为主。

发动机舱盖锁遭受碰撞变形、破损多以更换为主。

发动机舱盖铰链遭受碰撞后多以变形为主，由于铰链的刚度要求较高，变形后多以更换为主。

发动机舱盖拉线在轻度碰撞后一般不会损坏，碰撞严重会造成折断，折断后应予以更换。

4. 冷却系统及附件

冷却系统及附件包括散热器、进水管、出水管、副水箱等。铜质散热器受撞击后管路出现破裂或泄漏情况时，应予以修复（见图3-55）；铝合金散热器管路出现破裂或泄漏情况时，可以考虑更换（见图3-56）。

图3-55 铜质散热器轻度损伤（修复）

图3-56 铝合金散热器中度损伤（更换）

散热器框架（前裙）属于结构件，多为高强度钢板。散热器框架、散热片碰撞变形后，应以修复为主。散热器框架碰撞后，1/3以上被撞扁、撞曲、撞折以及发动机舱盖锁位置损坏无法修复的，应予以更换（见图3-57）。

图3-57 散热器框架严重变形（更换）

水管破损后一般以更换方式修复。

水泵带轮是水泵中最易损坏的零件，受损后一般更换水泵前段（俗称水泵头子）即可，而不必更换水泵总成。

轻度风扇护罩变形一般以整形校正为主，严重变形的常常采取更换的方法修复。主动风扇与从动风扇的风扇叶破碎后，因无法购买到风扇叶，通常要更换总成（见图3-58）。风扇传动带在碰撞后一般不会损坏，定损时需要确认更换原因是由于碰撞还是正常使用的磨损。

图3-58 风扇护罩破碎（更换）

5. 制冷系统附件

制冷（空调）系统由压缩机、冷凝器、干燥瓶、膨胀阀、蒸发箱、管道及电控元件等组成。

（1）空调冷凝器。汽车空调冷凝器均采用铝合金制成。冷凝器碰撞后出现中度以下损伤或有渗漏现象的，可采用亚弧焊进行修复（见图3-59）；冷凝器受撞击后出现严重扭曲变形或三处以上漏损的，应予以更换（见图3-60）。

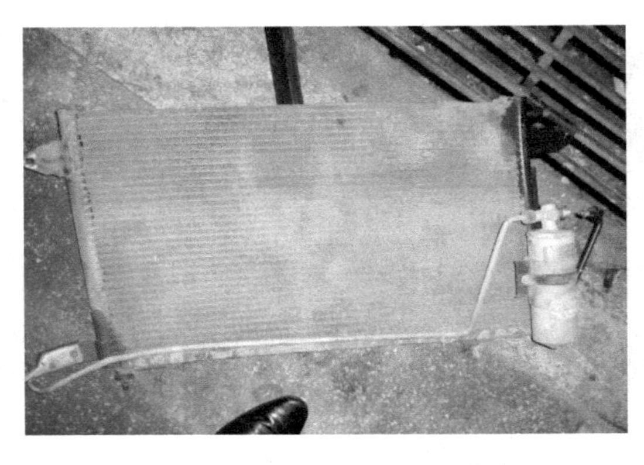

图3-59 冷凝器轻微变形（修复）

图3-60 冷凝器扭曲变形（更换）

（2）空调压缩机。空调压缩机常见的碰撞损伤有壳体破裂，带轮、电磁离合器变形等。压缩机固定螺栓孔处断裂时，应予以焊接修复；带轮和电磁离合器受损严重变形时，应单独更换带轮和电磁离合器，而不予更换压缩机总成；压缩机壳体破裂、轴弯曲偏位卡死的，可以更换压缩机总成。

（3）空调管路。空调管路有多根，定损时必须注明损伤的空调管是哪一根，常用“×××～×××”加以说明。汽车空调管有铝管和胶管两种，空调管折弯扭曲严重、断裂或破损的，一般采取更换的方法。

（4）空调蒸发箱。空调蒸发箱通常由蒸发箱壳体、蒸发器和膨胀阀等组成。蒸发箱壳体局部破损的，可采用塑料焊焊接修复，破损严重的一般需要更换；膨胀阀因碰撞而损坏的可能性极小。

（5）储液罐。储液罐（干燥器）碰撞破损后一般予以更换。

6. 前翼子板

前翼子板的几何形状相对复杂（弧度、弯度），且牵涉到与前照灯、示宽灯、保险杠以及前中网的安装、配合。一般正面碰撞及斜交碰撞对前翼子板的损坏程度都不严重，基本上可采取修复方法进行处理，但严重的斜交碰撞则可能造成前翼子板板面的报废。

铁质前翼子板因碰撞撕裂破碎的或遇有严重死褶的，修复后难以恢复其原来几何形状，可以考虑更换；正面弯曲和侧面凹陷变形的，应按轻度、中度和重度的标准核定给予修复（见图3-61）；前翼子板配件价格低廉的，整形修复费用超过配件价格的60%时，可以考虑更换。前翼子板材质为玻璃钢等复合材料的，破损后一般予以更换（见图3-62）。

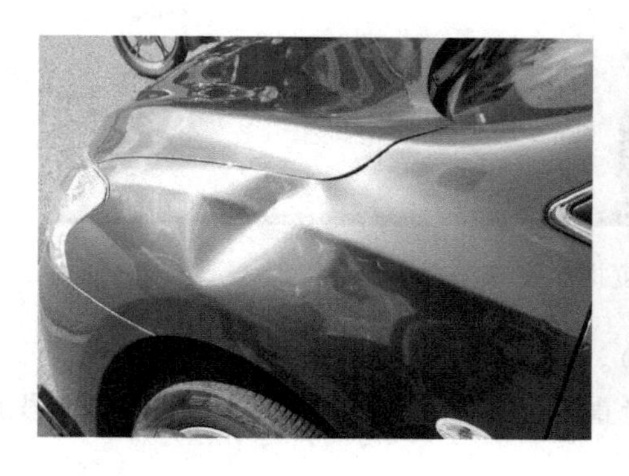

图3-61　前翼子板中度变形（修复）

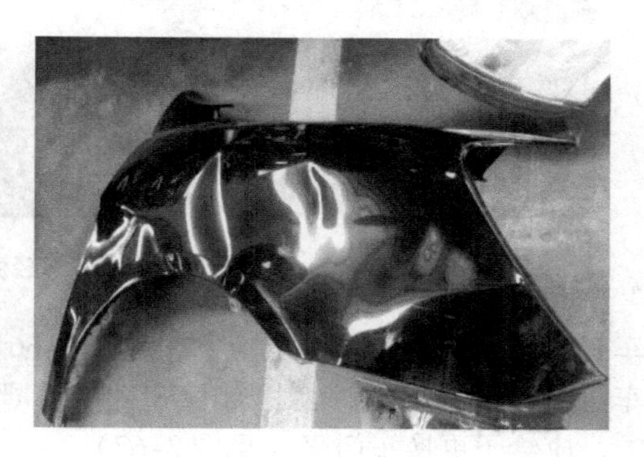

图3-62　前翼子板重度变形（更换）

前翼子板内骨架（前轮旋）轻度变形的，应予以钣金修复；前翼子板内骨架因碰撞弯曲变形严重，整形安装后造成前轮定位等有问题的，可以给予更换。

前翼子板饰条碰撞破损后，多数情况以更换为主。

7. 轮胎和轮辋

轮胎胎面的擦伤和轻度损伤不需要更换；轮胎边缘撕裂（可用是否漏线作为参考标准）、无内胎轮胎穿漏、鼓包（应区分是否本次事故造成）的，一般予以更换（见图3-63）；轮胎作为车辆的易磨损部件，定损时应根据具体使用情况附加不低于10%的折旧比例。

轮辋（钢圈）外观剐蹭、划伤的，应尽量修复至原先效果；轮辋变形失圆、失衡、缺损的，应予以更换（见图3-64）。

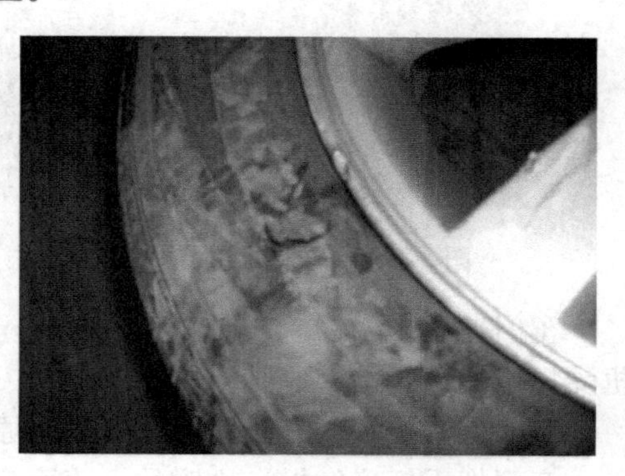

图3-63　轮胎破损（更换）

8. 车门及附件

车门的结构是由门皮、骨架及玻璃升降器、升降器电动机、玻璃、门顶等相关附件组合而成。造成车门变形、破损的主要原因是侧面碰撞或覆倾。侧面碰撞比较容易造成车门的中下部变形破损，而倾覆则容易造成车门的中、上部变形破损。轻度碰撞只能伤及车门的门皮（如凹陷、局部破裂）（见图3-65），严重碰撞则会造成车门骨架及其组合附件的变形、损坏。更换车门总成（含所有的附件）时，应注意未受损附件的再利用，防止定损项目扩大而造成超额赔付。

图3-64 钢圈缺损较多（更换）

图3-65 车门轻度损伤（修复）

车门中度损伤一般以修复为主（见图3-66）。

车门壳外形缺损的，窗框部位扭曲变形严重难以校正修复的，或门皮受损面积超过30%的，应给予更换车门壳（见图3-67）。

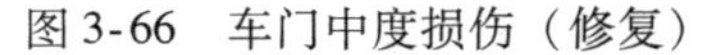

图3-66 车门中度损伤（修复）

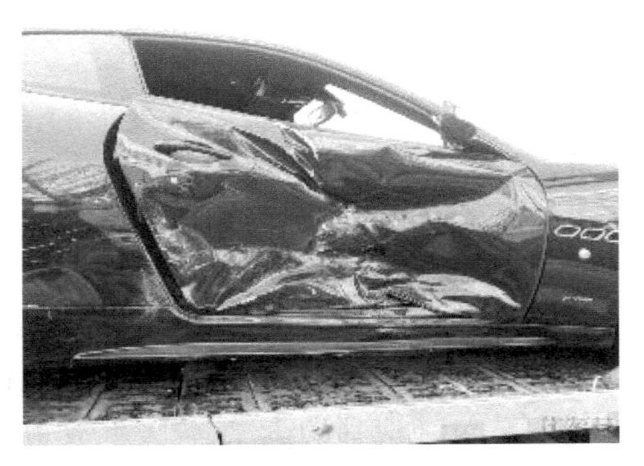

图3-67 车门壳重度损伤（更换）

车门玻璃升降器总成胶扣断裂、钢丝散开、齿轮牙缺损、举升支架变形超过1/3或电动机受损不能运转的，原则上应给予更换。

车门外饰板缺损、断脚或撕裂的，原则上应给予更换。

车门把手轻度摩擦、剐蹭的，漆面痕迹修复后通常不影响美观；车门把手断裂、电镀面变形较大的，基本应予以更换。

车门锁明显变形、破裂的，基本应予以更换。

9. 后翼子板及饰件

后翼子板与轿壳后部焊接成为一体，前上部为后侧窗框架，中上部为后窗玻璃框架，前部为后门锁框架，内侧前部与后轮旋焊接。倒车、会车或超车造成的后翼子板变形程度通常不会太严重，被其他车辆追尾或侧面碰撞所造成的后翼子板变形、破裂一般比较严重，会涉及后翼子板侧窗框架、后窗玻璃框架及门锁框架。后翼子板面板轻度剐蹭和尾部的凹变损伤，整形后就能够达到表面光滑、弧度均匀，并恢复到原来的几何形状；对于侧面较为严重的碰撞，一般需解体整形，操作工艺复杂，工时费用相应要高一些。

后翼子板为车身结构件，轻度损伤以修复为主。后翼子板因碰撞弯曲凹陷的，板面划破20cm以下的，或受损面积低于30%的，原则上应给予修复（见图3-68）。

图3-68 后翼子板轻度损伤（修复）

行李舱落水槽板、三角窗内板受损后，一般不予更换。

10. 行李箱盖

行李舱盖碰撞后轻度变形、受损的，通过整形基本上都能恢复原来的形状，修复后的行李箱盖在使用上不会影响其他附件的性能（见图3-69和图3-70）。

行李舱盖严重折变、受损面积超过30%、撞穿或撞折特别是骨位折曲在1/3以上的，应给予更换（见图3-71）。

图3-69 行李舱盖轻度损伤（修复）

图3-70 行李舱盖中度损伤（修复）

图3-71 行李舱盖严重变形（更换）

11. 蓄电池

蓄电池一般安装在发动机舱里、驾驶人座位下或车架纵梁外侧。当蓄电池遭受撞击致使蓄电池外壳产生严重扭曲变形或破裂时，可以予以更换蓄电池（见图3-72）。通常，蓄电池的使用寿命为2~3年，更换蓄电池应附加不低于30%的折旧比例。

图3-72 蓄电池裂开（更换）

12. 发电机

发电机一般安装在发动机机体前部的侧面。当车辆发生碰撞造成发电机传动带带盘（传动带带轮）变形或破损时，应单独更换传动带带盘。

碰撞造成发电机外壳破裂、电枢轴弯曲变形的，可以考虑更换发电机（见图3-73）。

图3-73 发电机外壳破裂（更换）

13. 油箱

油箱轻度凹陷、扭曲变形的，在不影响使用的情况下，原则上不予更换；油箱深度划伤、有严重皱褶、撞穿或渗漏的，基本应予以更换。

14. 仪表台

仪表台（仪表板或工作台）由仪表台面、仪表及各类开关所组成。仪表台面大多数为塑料件，其表面处理及造型对汽车驾驶室起装饰作用。

碰撞事故极易造成仪表台面挤压弯折及破裂，仪表台总成价值都较高，通常轻易不得更换仪表台总成。

对于仪表台台面轻度弯折或破裂的，可采取塑工修复处理（见图 3-74 和图 3-75）；仪表台台面内支架破裂的，可进行塑焊修复处理；对于仪表损坏的，可单独更换仪表。

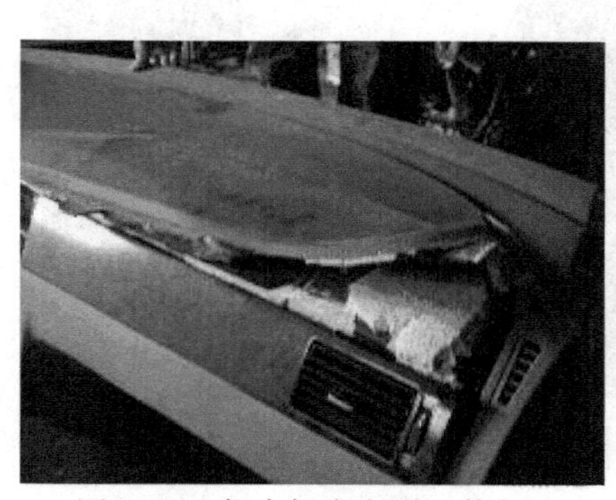
图 3-74　仪表轻度变形（修复）

图 3-75　仪表台划痕（修复）

仪表台中度扭曲破损、变形面积超过 30%、台面划损严重经表面处理不能大致恢复原貌的，应给予更换；对仪表台和副气囊盖板属于整体式的，当副气囊爆开后，仪表台原则上可以更换（见图 3-76 和图 3-77）。

图 3-76　仪表台断裂变形（更换）

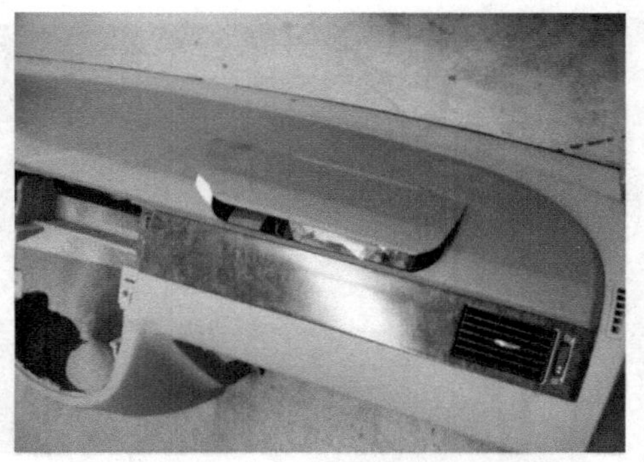
图 3-77　仪表台副气囊爆开（更换）

15. 车内饰件

车内饰件包括遮阳板、水杯支架、杂物箱和前、中、后柱内饰板等。内饰件弯折、划伤、1 ~2个支架断裂、边缘小面积撕裂等轻、中度损伤不影响外观的，应以修复为主（见图 3-78）。

图 3-78　车内饰件轻微变形（修复）

若修复后有明显修复痕迹或者影响安装稳定性的，可以考虑更换（见图3-79）。

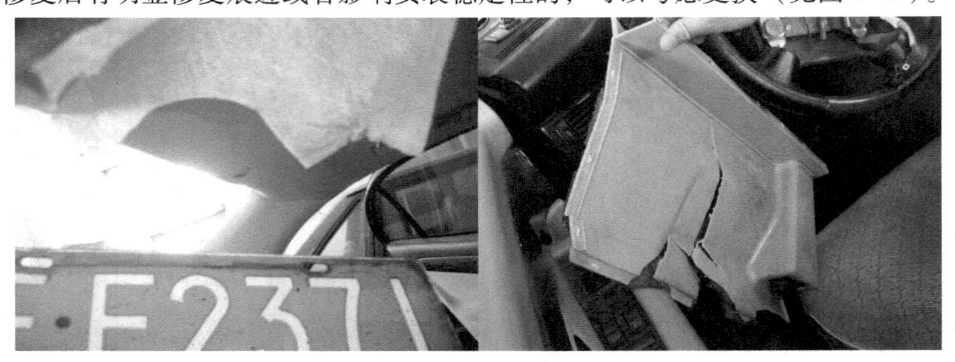

图3-79 车内饰件较大面积撕裂（更换）

16. 线束

电阻的改变会影响线束（如发动机控制系统线束、自动变速器控制系统线束、ABS线束、数据总线等）的性能（安全），若两条以上线路断裂或者插头损坏不能牢固可靠安装，亦无单个插头供更换时，可以考虑更换线束（见图3-80）。

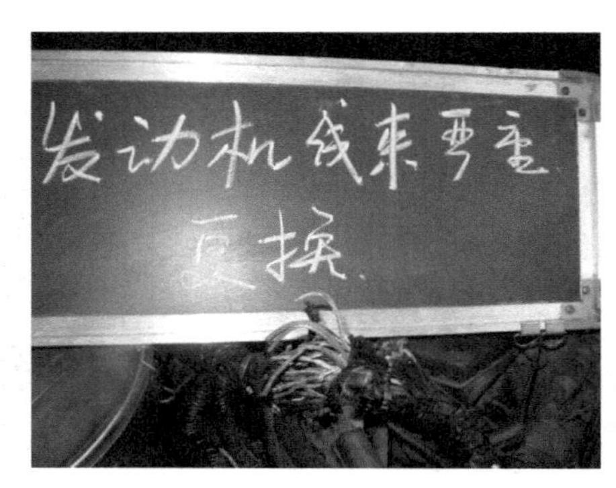

图3-80 发动机线束损坏严重（更换）

不涉及电脑数据传输或电阻的改变，对性能影响不大的线束（如灯光线束、后部线束、电动窗线束、仪表线束、空调线束等），以修复为主，除非两个及以上插头完全碎裂且无单个插头供更换时，可考虑更换线束（见图3-81）。

图3-81 前照灯线束轻微损坏（修复）

17. 安全气囊系统

安全气囊（SRS）系统主要由碰撞传感器、安全气囊电脑、安全气囊和气囊组件四部分组成。

（1）气囊爆出，安全气囊电脑通常予以更换；针对部分高档轿车，如果安全气囊电脑储存的故障码能够清除掉，使用诊断设备重新进行编程，则可继续使用。

（2）安装在安全气囊电脑内部的碰撞传感器，当气囊爆出后，应予以更换处理。

（3）安装在车身上的碰撞传感器若无物理变形，则可反复使用而无须更换。

（4）原则上只有已引爆的安全气囊才予以更换处理，对于没有引爆的气囊应使用诊断设备清除故障码。

18. 水浸车零配件更换

（1）整车线路不予更换，采取清洁、烘干、除氧化层后继续使用。

（2）前照灯清洁、烘干后，按在用车标准（标准值：灯光强度≥15000cd）检验，低于13000cd 可考虑更换。

（3）发动机采取拆解、清洁、烘干、润滑处理，可考虑支付发动机修理及润滑油的费用。

（4）电脑模块采取清洁、烘干、除氧化层后待检，经检验不合格后应给予更换。

（5）气囊一般不予更换，采取清洁、烘干后待用，如能举证确实损坏，则给予更换。

（6）功能电动机（如发电机、起动机、压缩泵电动机等）不予更换，清洁、烘干、润滑后使用。

（7）辅助电动机（如车窗电动机、座椅电动机等），采取清洁、烘干、触点防锈后经弱电（6V）试验，确定损坏后更换。

（8）音响功放、车载电话、喇叭等，经清洁、烘干、除氧化层后检验确定损坏后给予更换。

19. 车身总成更换

轿车采用的都是承载式车身，车身已兼起车架的作用，承受地面、悬架传过来的振动、压力。车身严重变形无修复价值的，或修复后影响车辆行驶安全性的，应考虑更换车身总成（见图 3-82）。

图 3-82 车身严重变形（更换）

任务二 事故车辆维修工时标准

事故车辆修复费用主要由更换零件、工时费（钣金修复工时、机修工时、喷漆工时等）

组成。在对事故车辆进行定损时，主要是对这些费用进行准确把握。

一、事故车辆修复费用组成

事故车辆修复费用包括事故损失部分维修工时费、事故损失部分需更换的配件费（包含管理费）和残值。事故损失维修工时费一般包括下面几个方面：

（1）钣金修复工时费（包含事故拆装、辅助材料费）。

（2）事故相关的机修工时费。

（3）事故相关的电工工时费。

（4）喷漆工时费（包含原材料费用）。

二、事故车辆修复费用计算标准

1. 事故损失维修工时费计算标准

工时费 = 工时定额 × 工时单价 + 外加工费

工时单价是指维修事故车辆单位工作时间的维修成本费用、税金和利润之和。

2. 工时单价确定原则

（1）工时单价以二类地区价格为基础，在二类地区营业的一类维修企业最高限价为 80 元/h，二类维修企业最高限价为 60 元/h，三类维修企业最高限价为 40 元/h。

（2）工时单价随地区等级变化而变化，一般相邻等级地区的工时单价可以浮动 10% 左右。

3. 工时定额确定原则

（1）大项目确定维修工时费时，应注意各种项目的兼容性，而不是简单的累加工时。

车身钣金：车门、车顶维修时需有内饰及附件拆装工时费；后侧翼子板重大变形维修与更换隐含拆装后风窗玻璃。

机修：独立式前悬架只有更换上/下悬架、拉杆等相关附件时，才需进行前轮定位（注意：不是四轮定位）；制动系统只有拆装或更换油管路件时才需检修和调整；吊装发动机工时已包含了拆装与发动机相连的散热系统、变速器及传动系统工时；发动机只有更换气缸体才可定损大修工时（内部磨损件需更换属于非保险责任，为配合原部件需对气缸体加工属于保险责任）；更换新气缸盖隐含铰削气门座和研磨气门工时。

电工：更换前照灯隐含调整灯光工时；空调系统中更换任何涉及制冷剂泄漏件的工时均包含查漏、抽空、加/补制冷剂工时；更换电控系统电脑（必须为原厂件）不需解码仪检测解码，只有单换感应器（传感器）才需解码仪检测解码。

（2）所有维修工时费均包含辅助材料费（消耗材料费、钣金焊接材料费）和管理费（利润、税金）。

（3）喷漆工时费应包含喷漆需要的原子灰、漆料、油料、辅助剂料等材料费。工时定额以实色油漆材料为基准的工时费，若原车辆使用为珍珠油漆、塑料件、亚光饰件、金属漆及变色漆，则工时费可适当上浮。

（4）局部喷漆范围以最小范围喷漆为原则（即以该部位最近的接缝、明显棱边为断缝收边）。

（5）大型客车按单位面积核定工费。

（6）轿车及小型客车按幅（每车 13 幅）核定工时费。

外加工费是指在事故车辆维修过程中，本厂以外协作方式由专业加工企业进行加工、维修而发生的费用。

4. 外加工费确定原则

（1）索赔时可直接提供外加工费发票，本厂不得再加收管理费。

（2）凡是已含在维修工时定额范围内的外加工费，不得另行列项，重复收费。

三、拆装类工时费核定原则

（1）一般原则是按照拆装的难易程度及工艺的复杂程度核定工时费。

（2）单独拆装单个零件按单件计算人工。

（3）拆装某一零件必须先拆掉其他零件，则需要考虑辅助拆装的工费。

（4）拆装机械零件和电器零件，需要适当考虑拆装后的调试或测试费用。

（5）拆装覆盖件及装饰件一般不考虑其他工时费。

（6）检修ABS，需确认维修方法，一般拆车轮费用为30元/轮。

（7）检修线路或电器元件，应另外计算拆装费。

（8）拆装座椅若含侧气囊，工时费用可适当增加。

（9）拆装方向机，工时应按照车型调整。

（10）吊装发动机的，应计算发动机吊装费用。

（11）当更换项目较多时（≥10项），可以按30～50元/项统一计算总拆装费用。

四、维修工时费标准

1. 钣金工时费标准一览表

钣金工时费标准如表3-2所示。

表3-2 钣金工时费标准 （单位：元/h）

名　　称	损失程度	工时费范围
前后保险杠	轻度	50～80
	中度	80～120
	严重	120～150
前后保险杠内杠	轻度	80～100
	中度	100～120
前翼子板	轻度	80～100
	中度	100～120
	严重	120～150
前纵梁	轻度	300～500
后翼子板	轻度	50～100
	中度	100～150
	严重	150～200
车门	轻度	80～120
	中度	120～180
	严重	180～250

（续）

名　　称	损失程度	工时费范围
裙边	轻度	50～100
	中度	100～150
	严重	150～200
前后围	轻度	50～100
	中度	100～150
	严重	150～200
元宝梁	轻度	200～300
车顶	轻度	100～150
	中度	150～200
	严重	200～250
发动机舱盖	轻度	150～200
	中度	200～300
	严重	300～400
行李舱盖	轻度	150～200
	中度	200～300
	严重	300～400
车架校正	轻度	500～1000
	中度	1000～2000
	严重	2000～3000
大梁校正	轻度	500～1000
	中度	1000～1500
	严重	1500～2000

备注：

（1）工时费范围是指车价为15万～40万元的事故车相对应零配件的修理工费范围。15万元以下车型修理工时费可适当下浮20%左右；40万元以上车型修理工时费可适当上浮20%左右。

（2）非上表所列零配件，视损坏程度，可参照该零配件价格的20%～50%核定修理工时费。

（3）副车架（又叫元宝梁）、前纵梁、车架、大梁修复，可增加发动机吊装费400～600元，但每次事故修复中只允许使用一次。

2. 油漆工时费标准一览表

油漆工时费标准如表 3-3 所示。

表 3-3 油漆工时费标准 （单位：元）

部位	车价						
	7 万以下	7 万 ~ 12 万	12 万 ~ 15 万	15 万 ~ 30 万	30 万 ~ 50 万	50 万 ~ 80 万	80 万以上
全车	2000 ± 500	2500 ± 600	3000 ± 650	4000 ± 750	5000 ± 800	6000 ± 900	8500 ± 1000
前后保杠	180 ± 80	250 ± 100	300 ± 120	350 ± 130	400 ± 150	600 ± 180	700 ± 200
前翼子板	180 ± 80	250 ± 100	300 ± 120	330 ± 130	380 ± 150	550 ± 180	600 ± 200
机舱盖	300 ± 80	375 ± 100	450 ± 120	500 ± 130	600 ± 150	750 ± 150	850 ± 180
车顶	300 ± 80	375 ± 100	450 ± 120	500 ± 130	600 ± 150	750 ± 150	850 ± 180
车门	300 ± 80	350 ± 100	400 ± 120	450 ± 130	480 ± 150	550 ± 150	750 ± 150
后翼子板	200 ± 80	250 ± 100	300 ± 120	330 ± 130	380 ± 150	550 ± 180	600 ± 200
后盖	300 ± 80	375 ± 100	450 ± 120	500 ± 130	600 ± 150	750 ± 150	850 ± 180
立柱	30 ~ 50	50 ~ 100	70 ~ 120	100 ~ 140	110 ~ 150	130 ~ 180	150 ~ 200
反光镜	50	50 ~ 100	50 ~ 100	50 ~ 120	50 ~ 150	50 ~ 150	50 ~ 200

备注：

（1）全车喷漆如为金属漆，工时费可增加 10% ~ 15%。

（2）综合修理厂原则上不允许上浮；特约维修站可适当上浮，但最高不超过上限；资质较差的修理厂应适当下调。

（3）全车外部共分为 13 幅：前、后杠，四个门，前、后盖，四个翼子板，车顶。

（4）两幅喷漆的，按总费用的 95% 计算，三幅喷漆按 90%，四幅喷漆按 85%，五幅喷漆按 80%，六幅喷漆按 75%，七幅及以上按 70% 计算。

（5）面包车及商务车侧围可按轿车 2.5 倍车门计算，车顶按轿车 2 倍车顶计算。

3. 电工工时费标准一览表

电工工时费标准如表 3-4 所示。

表 3-4 电工工时费标准 （单位：元）

项目		档次		
		15 万以下（基础值）	15 万 ~ 40 万	40 万以上
检修冷气加制冷剂	普通	200		
	环保	250		
电脑解码		500		1000
仪表台拆装		≤250	300 ~ 400	450 ~ 550
检修安全气囊 SRS（含写码）		500		
检修 ABS		300		500

备注：

（1）双空调的面包车可增加50元制冷剂费。

（2）当事故涉及ABS、变速器电脑、发动机电脑、气囊电脑、音响受损时，方可给电脑解码费；电脑解码费与单项解码费不可同时使用。

4. 机修工时费标准一览表

机修工时费标准如表3-5所示。

表3-5 机修工时费标准 （单位：元）

<table>
<tr><th colspan="2" rowspan="2">项目</th><th colspan="4">档次</th></tr>
<tr><th>15万以下</th><th>15万~40万</th><th>40万~70万</th><th>70万以上</th></tr>
<tr><td rowspan="4">发动机
（换中缸）</td><td>4缸</td><td>3000</td><td>3500</td><td>5000</td><td>——</td></tr>
<tr><td>6缸</td><td>——</td><td>5000</td><td>7000</td><td>8000</td></tr>
<tr><td>8缸</td><td>——</td><td>——</td><td>8000</td><td>10000</td></tr>
<tr><td>12缸</td><td>——</td><td>——</td><td>——</td><td>15000</td></tr>
</table>

备注：

（1）发动机换中缸时，涉及换气门的加200元工时费。

（2）非电喷发动机的工时费在表中的基础上下调20%。

5. 维修手动变速器和维修自动变速器工时表

维修手动变速器和维修自动变速器工时见表3-6和表3-7。

表3-6 维修手动变速器（换中段壳体）工时 （单位：元）

<table>
<tr><th rowspan="2">项目</th><th colspan="3">档次</th></tr>
<tr><th>15万以下</th><th>15万~40万</th><th>40万以上</th></tr>
<tr><td>手动变速器解体换件</td><td>250~350</td><td>350~450</td><td>450~550</td></tr>
</table>

表3-7 维修自动变速器（换中段壳体）工时 （单位：元）

<table>
<tr><th rowspan="2">项目</th><th colspan="3">档次</th></tr>
<tr><th>15万以下</th><th>15万~40万</th><th>40万以上</th></tr>
<tr><td>机械</td><td colspan="2">500</td><td>——</td></tr>
<tr><td>电子</td><td>1000</td><td>1500</td><td>2000</td></tr>
<tr><td>手自一体</td><td colspan="2">2000</td><td>3000</td></tr>
<tr><td>无级变速</td><td colspan="2">3000</td><td>4500</td></tr>
</table>

备注：自动变速器的解体工序包括解体、清洗、检测、解码。

6. 拆装工时费标准一览表

拆装工时费标准如表3-8所示。

表 3-8 拆装工时费标准 （单位：元）

<table>
<tr><th colspan="2" rowspan="2">项目</th><th colspan="3">档次</th></tr>
<tr><th>15 万以下</th><th>15 万～40 万</th><th>40 万以上</th></tr>
<tr><td colspan="2">拆装前、后保险杠</td><td>50</td><td rowspan="16">上浮 10%～30%</td><td rowspan="16">上浮 30%～50%</td></tr>
<tr><td colspan="2">拆装前翼子板</td><td>50</td></tr>
<tr><td colspan="2">拆装前盖</td><td>80</td></tr>
<tr><td rowspan="2">拆装车门</td><td>换总成</td><td>80</td></tr>
<tr><td>含附件拆装</td><td>120</td></tr>
<tr><td colspan="2">拆装后翼子板</td><td>220</td></tr>
<tr><td colspan="2">拆装行李箱盖</td><td>50</td></tr>
<tr><td colspan="2">更换行李箱后围板</td><td>150</td></tr>
<tr><td rowspan="2">更换车顶</td><td>小型客车</td><td>200</td></tr>
<tr><td>面包车、吉普车</td><td>300</td></tr>
<tr><td colspan="2">更换前纵梁</td><td>200/条</td></tr>
<tr><td rowspan="3">拆装龙门架</td><td>螺柱连接</td><td>30</td></tr>
<tr><td>纤维</td><td>100</td></tr>
<tr><td>焊接</td><td>120</td></tr>
<tr><td rowspan="2">座椅拆装（电动）</td><td>前座</td><td>50/张</td><td colspan="2">80/张</td></tr>
<tr><td>后座</td><td>75</td><td colspan="2">120</td></tr>
<tr><td colspan="2">全车机械座椅拆装</td><td colspan="3">100</td></tr>
<tr><td colspan="2">全车内饰拆装</td><td>≤400</td><td colspan="2">≤600</td></tr>
</table>

7. 水浸车清洗、烘干工时费标准一览表

水浸车清洗、烘干工时费标准如表 3-9 所示。

表 3-9 水浸车清洗、烘干工时费标准 （单位：元）

项目	Ⅰ	Ⅱ	Ⅲ
机械座椅	80	100	150
电动座椅	200	400	500

备注：

（1）此费用只用于抢救水浸车的清洗、烘干，以避免未及时处理而引起的扩大损失。

（2）因水浸高度不同而引起的各档次涉及的拆装范围不同，根据示意图确定各档次所需拆装的项目。

任务三 事故车辆的定损案例

在实际中，车辆发生事故有轻微的、一般的、严重的；有单方的、双方的、多方的，除了涉及财产，还有可能涉及人身伤亡。定损主要分两部分：一是财产损失费用的定损，二是人身伤亡费用的定损。事故车辆定损中，换件定损是重中之重。本任务通过典型案例讲解事故车换件定损、维修工时定损，掌握事故车零件更换标准、维修工时标准的运用。

［案例一］ 事故现场的查勘和事故车辆换件定损

（一）事故情况

某日下午十三时，下着中雨。车主周先生驾驶一辆奇瑞旗云轿车在十字路口因雨天路滑、视线不清，与吴先生驾驶的五菱微型车相撞，导致两辆车受损、周先生受伤。

（二）出险报案

吴先生拨打了122交警报案电话，由于周先生受伤，随即拨打了120急救电话。

吴先生又拨打了保险公司的报险电话，保险公司工作人员询问了吴先生车牌号码，核实了车辆承保信息，询问记录了吴先生的联系方式，并简单询问了事故经过，告知吴先生在现场等待，将有查勘员与吴先生取得联系。

（三）接受报案

查勘员接到保险公司的电话，询问了相关信息，并及时跟吴先生取得了联系，并告知吴先生自己会尽快到达事故现场。

（四）现场查勘

查勘员到达事故现场时，交通警察已经在场，随后120救护车也到了，并将周先生拉走。

查勘员拍摄了现场照片（方位照相、概貌照相、中心照相、细目照相、两证和车牌号照相），并询问了当事人相关情况，事故现场不同方向的照相和各证件、交强险标志、车辆车架号的拍摄如图3-83～图3-86所示。

图3-83 事故现场不同方向的方位照相

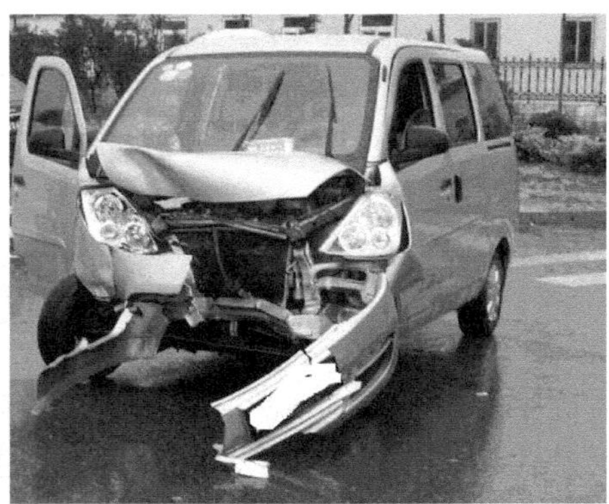

图3-84 现场近距离拍摄

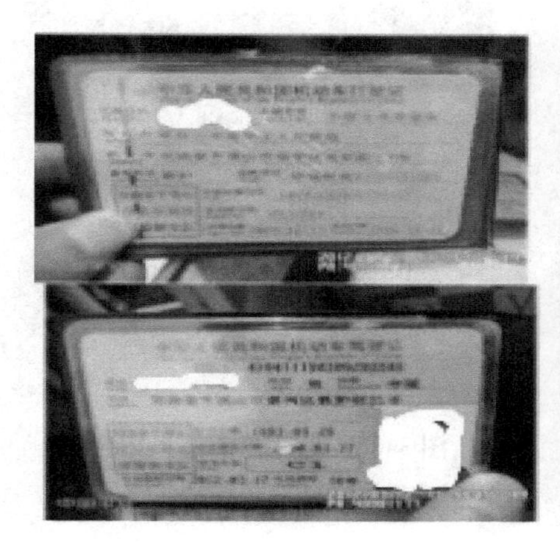

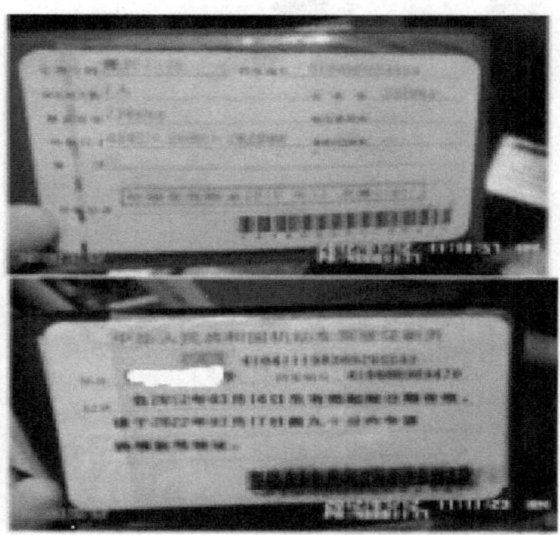

图 3-85 证件拍照

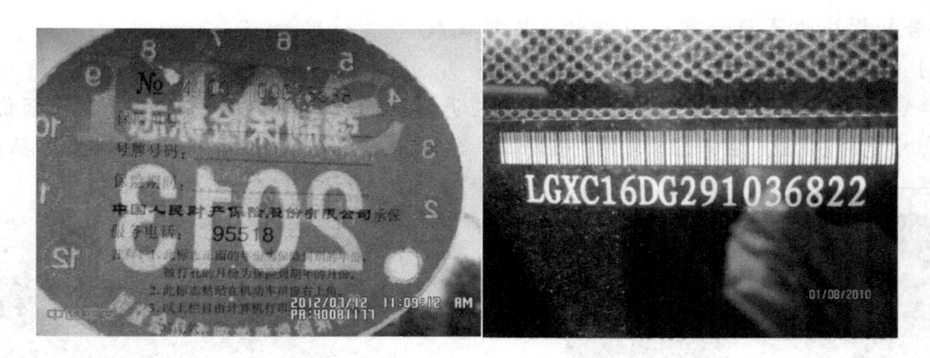

图 3-86 交强险标志、车辆车架号拍摄

由于车辆损失较大，所以查勘员建议将车移至修理厂维修，拆检后再做定损。查勘员询问吴先生和随后赶到的周先生的家属，双方车辆是到 4S 店修还是到大修厂修，双方希望查勘员介绍一家修理厂，查勘员介绍了附近的一家二级汽车维修企业。

随后，查勘员出具了机动车辆保险索赔申请书或快速理赔报告或定损单（各保险公司有所不同），并填上被保险车辆的相关信息，事故当事人填写事故经过，并签字。

查勘员协助吴先生和随后赶到的周先生的家属联系了修理厂，并将车拖到修理厂。

（五）事故责任划分

交通警察出具了交通事故认定书（简易程序），并判定五菱车车主负主要责任，奇瑞车车主负次要责任。划分事故责任的依据是这起事故是在一个没有红绿灯的交叉路口，奇瑞车车主周先生由东向西行驶，行驶到路口中间时，被刚进入路口的由北向南行驶的五菱车碰撞，造成车辆失控，撞在路边的柱子上。

（六）车辆损伤情况

奇瑞车前部损伤严重，侧面也有较严重的损伤（见图 3-87）；五菱车前部损伤非常严重（见图 3-88）。

图 3-87 奇瑞车前部损坏照片

图 3-88 五菱车前部损坏照片

（七）人员伤亡情况

奇瑞车主周先生胳膊骨折，从驾驶室出来后被送医院进行治疗。查勘员会对周先生的受伤情况进行后续的跟踪和调查。查勘员提醒周先生家属对人伤进行补报案（如果当时没报），并告知周先生家属会有人伤查勘员与其联系。

（八）拆检与定损

两车分别在修理厂进行了拆检，为简便说明问题，下面以奇瑞轿车部分零件损伤为例说明。拆检时先将机盖、右前照灯、前保险杠、右前翼子板拆下，对暴露的部位再拍一次照，然后将每一个损坏的零件拍照（见图 3-89 ~ 图 3-101）。

图 3-89 驾驶室拍照

图 3-90 损坏零件——发动机舱盖扭曲变形

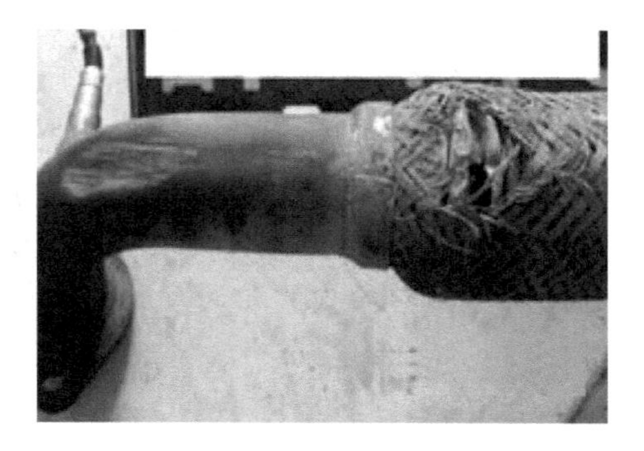

图 3-91 损坏零件——排气管

图 3-92 损坏零件——三元催化器

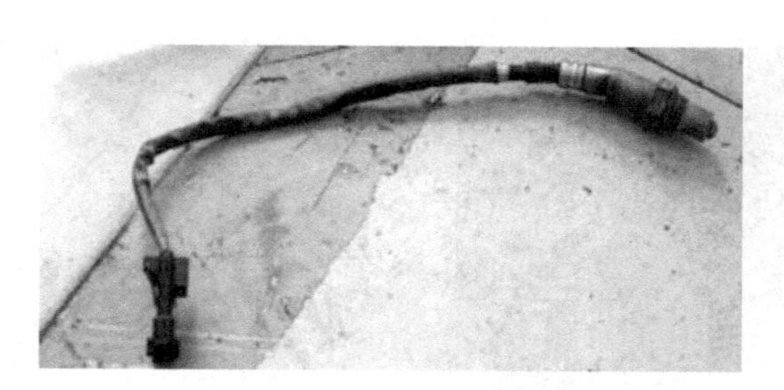

图 3-93 损坏零件——氧传感器弯曲

图 3-94 损坏零件——左右横拉杆

图 3-95 损坏零件——油底壳

图 3-96 损坏零件——减振器螺栓孔撕裂

图 3-97 损坏零件——轮胎

图 3-98 损坏零件——空调压缩机接口破碎

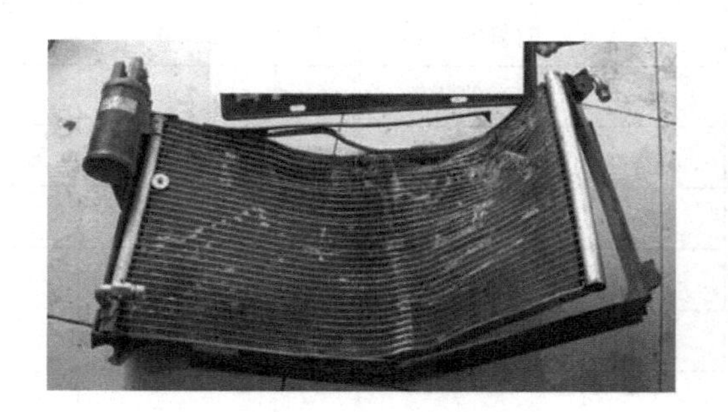

图 3-99 损坏零件——冷凝器

图 3-100 损坏零件——散热器

图 3-101 损坏零件——翼子板

根据换件标准，列出更换零件清单（见表 3-10）。

表 3-10 更换零件清单

被保险人					定损单号				
车牌号					品牌型号				
出险时间					车架号				
序号	名称	数量	报价/元	核价	序号	名称	数量	报价/元	核价
1	散热器	1	380		17	空滤壳总成	1	160	
2	冷凝器（带干燥罐）	1	560		18	进气管	1	80	
3	空调高压管	1	280		19	发动机后胶垫	1	180	
4	风扇总成（带框、带线束）	1	450		20	发动机前支撑架	1	240	
5	压缩机	1	1130		21	变速器后支撑架	1	110	
6	钢圈	1	580×2		22	拉杆球头	2	70×2	
7	气门嘴	2	5×2		23	转向器	1	1650	
8	轮胎	2	420×2		24	转向节	2	240×2	
9	左前减振	1	320		25	前氧传感器	1	520	
10	油底壳	1	420		26	三元催化器	1	720	
11	机油泵	1	320		27	排气管螺钉	8	10×8	
12	油底壳垫圈	1	40		28	前节排气管	1	390	
13	机油泵垫	1	90		29	右下控制臂	1	280	
14	助力泵调整支架	1	380		30	杂物箱	1	320	
15	助力泵总成（带轮）	1	620		31	机盖下导流板	1	70	
16	助力泵固定座	1	95		总计				12515

（九）告知客户索赔事项

查勘员告知两位车主：这起事故损失较大，分成两部分来处理：一是车辆损失部分；二是人员受伤医疗费用部分。

因为双方都投保了交强险、机动车辆损失险和商业三者险，所以双方的损失基本上都能赔付。

赔付原则是：双方都有责，先由交强险在财产赔偿限额2000元内互碰互赔，周先生受伤医疗费用赔偿限额为10000元，剩余部分按责任比例划分。

如奇瑞车总维修费用为22940元，扣除对方保险公司赔付的2000元交强险外，还剩下20940元，这一部分按责任划分。

如果奇瑞车负30%责任，五菱车负70%责任，则20940×30% =6282元由奇瑞车主投保的保险公司以机动车辆损失险赔付，20940×70% =14658元由五菱车主投保的保险公司以商业三者险赔付。

五菱车的维修费用除去交强险的2000元，剩下的70%由五菱车投保的保险公司按机动车辆损失险赔付，30%由奇瑞车投保的保险公司按商业三者险赔付。

查勘员告知两位车主：待车修好后，持着机动车辆保险索赔申请书或车辆查勘定损单、修理厂修车发票、行驶证、驾驶证、被保险人身份证及账户等资料，到保险公司办公地办理赔偿处理手续，一般会在办理手续后的7个工作日内将赔付款打到被保险人的账户上。

［案例二］ 维修工时的确定

（一）事故案情介绍

李先生夫妇驾驶五菱车在南宁市办事，由于当时路面情况比较拥挤，前面的一辆公交车在车速比较快的情况下转弯，而当时李先生驾驶五菱车的速度也比较快，在猝不及防的情况下没来得及有过多反应，就与公交车发生了追尾。五菱车前部受损情况如图3-102所示。

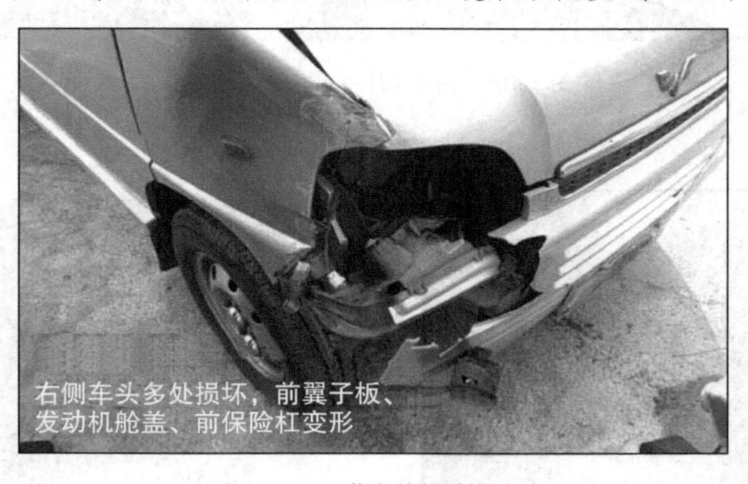

图3-102 五菱车前部受损情况

（二）出险报案

发生事故后，李先生夫妇当时就在南宁向保险公司报了案。经交警处理，判定李先生负全责。由于公交司机要求赔偿误工、损失等费用，而李先生也为了尽快将事情解决，所以赔

偿了400元。回到北海后，李先生夫妇与保险公司取得联系，商定在4S店维修厂见面进行定损。

（三）事故车辆的定损

事故车辆定损的基本流程如图3-103所示。

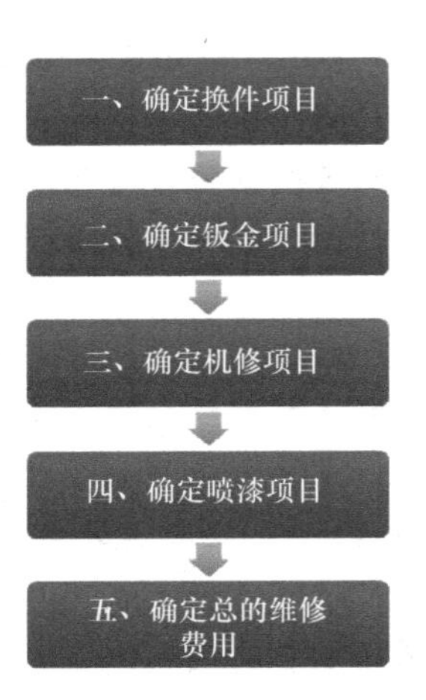

图3-103 事故车辆定损流程

1. 确定换件项目

定损人员在了解了事故情况后，开始对车辆的损坏程度进行认定。经认定，车辆的前保险杠、右前照灯、右前杠灯、中网、散热器需要更换（见图3-104～图3-107）。而对于发动机舱盖是否有必要更换的问题上，车主与定损人员产生了分歧，车主希望损坏的部位都要更换，而保险公司是以修复为原则的，不了解理赔过程的李先生夫妇认为是保险公司不负责任。

图3-104 损坏零件——中网（更换）

图3-105 损坏零件——右前照灯（更换）

图3-106 损坏零件——散热器（更换）

最后定损人员与维修厂的技工进行沟通，认为发动机舱盖损坏严重，修复可能不太好实现，所以同意将发动机舱盖也列入更换的部件中（见图3-108）。不过需要李先生向保险公司交回散热器、发动机舱盖做残值处理，以降低保险公司的风险。

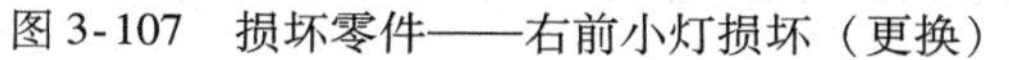
图3-107　损坏零件——右前小灯损坏（更换）

图3-108　损坏零件——发动机舱盖（更换）

定损完成后，应制作换件项目清单（见表3-11）。

表3-11　换件项目清单

序号	零件名称	数量	单价/元	金额/元
1	前保险杠	1	180	180
2	右前照灯	1	180	180
3	右示宽灯	1	50	50
4	中网	1	40	40
5	散热器	1	300	300
6	发动机舱盖	1	180	180
合计		930		

2. 确定钣金项目

损坏的配件大部分已更换，但右前翼子板不在换件范围内，散热器支架也已变形（见图3-109），所以应确定修理项目（见表3-12）。

图3-109　散热器支架、右前翼子板变形需修复

表 3-12 修理项目清单

序号	钣金维修项目	金额/元
1	右前翼子板修复	80
2	散热器支架校正	50
3	事故拆装	60
合计		190

3. 确定机修项目

该车受损比较严重，涉及检修冷却系统、空调系统以及灯光系统，所以应制作机修项目清单（见表 3-13）。

表 3-13 机修项目清单

序号	机修维修项目	金额/元
1	检修冷却系统	60
2	检修空调加制冷剂	100
3	电工	40
合计		200

4. 确定喷漆项目

受损部位修复后和更换的外观件都必须喷漆（见图 3-110），所以应确定喷漆项目（见表 3-14）。

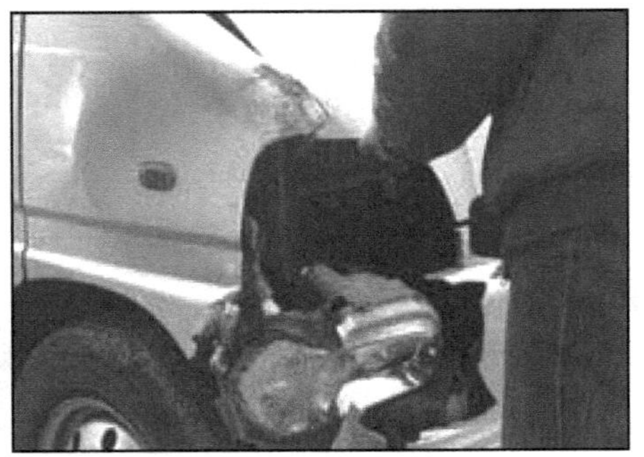

图 3-110 外观修复件需要喷漆处理

表 3-14 喷漆项目清单

序号	喷漆项目	金额/元
1	发动机舱盖全喷	200
2	右前翼子板全喷	150
合计		350

5. 确定总的维修费用

制定总的维修费用清单（见表 3-15）。

表 3-15 总的维修费用清单

序号	修换项目名称	工时	工时费/元	材料费/元	备注
一	换件项目				
1	前保险杠			180	
2	右前照灯			180	
3	右示宽灯			50	
4	中网			40	
5	发动机舱盖			180	
6	散热器			300	
7	小计			930	
二	钣金项目				
1	右前翼子板修复		80		
2	散热器支架校正		50		
3	事故拆装		60		
4	小计		190		
三	机修项目				
1	检修冷却系统		60		
2	检修空调加制冷剂		100		
3	电工		40		
4	小计		200		
四	油漆				
1	右前翼子板全喷		150		
2	发动机舱盖全喷		200		
小计			350		
合计			1670		

6. 残殖处理

残值处理是指保险公司根据保险合同履行了赔偿并取得了对于受损标的所有权后，对于这些受损物资的处理。

通常情况下，对于残值的处理均采用协商作价归还被保险人的做法，并在保险赔款中予以扣除。如协商不成，也可以将已经赔偿的受损物资收回。这些受损物资可以委托有关部门进行拍卖处理，处理所得款项应当冲减赔款。一时无法处理的，则应交保险公司的损余物资管理部门回收。

换下来的配件，散热器、发动机舱盖可作价残殖处理或保险公司对旧件回收处理。

复习思考题

一、选择题

1. 以下哪些属于车辆定损的基本原则？(　　)。

A. 修理范围仅限于本次事故中所造成的车辆损失

B. 能修理的尽量修复，不随意更换新件；能局部修复的不扩大到整体修理

C. 能更换零部件的坚决不能更换总成件

D. 根据修复工艺难易程度，并参照当地工时费用标准（而不是外地），确定工时费用

2. 车辆定损应注意区别本次事故造成的损失和非本次事故造成的损失，一般可根据事故部位的痕迹进行判断，下面正确的有（　　）。

A. 本次事故的碰撞部位，一般有脱落的漆皮痕迹。

B. 本次事故的碰撞部位，一般有新的金属刮痕。

C. 本次事故的碰撞部位，一般有油污。

D. 本次事故的碰撞部位，一般有锈迹。

3. 车辆定损应注意区别事故损失与机械损失的界限，以下什么现象属于事故损失？（　　）。

A. 制动失灵

B. 机械故障

C. 零部件因锈蚀、朽旧、老化、变形、裂纹等造成的车身损失

D. 驾驶人正常行驶时操作不当造成的碰撞

4. 车辆定损时，应注意的问题有（　　）。

A. 应注意区分本次事故造成的损失和非本次事故造成的损失

B. 应注意区分事故损失与机械损失的界限

C. 受损车辆解体后，如发现尚有因本次事故损失的部位没有定损的，经定损员核实后，可追加修理项目和费用

D. 以上答案都正确

5. 下列关于车辆定损描述正确的是（　　）。

A. 修理范围仅限于本次事故中所造成的车辆损失

B. 能修理的零部件尽量修复，不要随意更换新的零部件

C. 准确确定工时费用

D. 以上答案都正确

6. 定损员在掌握常损零件换修原则时，不正确的做法是（　　）。

A. 质量、寿命有保证

B. 修理零部件的费用与新件价格的关系合理

C. 确保行车安全

D. 为照顾保户，应灵活掌握

7. 不属于维修费用的是（　　）。

A. 工时费　B. 材料费　C. 外加工费　D. 从事故现场到修理厂的拖车费

二、问答题

1. 简述铁件钣金件损伤及修换原则。

2. 简述事故车辆定损流程。

3. 写出轿车 13 块覆盖件的喷漆工时费。

项目三　特殊事故车辆的查勘与定损

教学能力目标

1. 教学能力目标
   ¤ 掌握水灾事故车辆分级
   ¤ 掌握水浸车辆与涉水车辆损失的区别
   ¤ 掌握水浸车辆定损的原则
   ¤ 掌握火灾车辆的定损方法
2. 方法能力目标
   ¤ 掌握涉水的操作方法与注意事项
3. 社会能力目标
   ¤ 能运用所学的特殊事故车辆查勘与定损知识，进行水灾车辆、火灾车辆的定损

任务一　水灾事故车辆的查勘定损

一、水灾的保险责任及免除

对于机动车商业保险基本条款，由于暴雨、洪水、海啸等造成机动车的损失，属于保险责任。

各条款中水灾的除外责任：发动机进水后导致的发动机损坏。

二、水浸车辆的特点

（1）季节性较强：6～10月。

（2）受灾害性天气影响：暴雨、台风、洪水等。

（3）出险区域集中：中部、东南、西南等地。

（4）易出险地点：内涝地区、低洼地段、地下停车场等。

（5）意外事故：意外事故导致车辆浸水、施救过程中车辆浸水（火灾、自燃的灭火）。

三、水浸车辆的类型

1. 停放被水浸

车险条款明确规定发动机进水后导致的发动机损坏应列为除外责任（不包括投保了发动机特别损失附加险的车辆）。车辆停放在静止状态下被水浸导致的发动机进水且未再次起动发动机的，属于保险责任（见图3-111）。在灾害性天气频发季节里，由于车辆停放场所地势低洼或排水排洪不畅，都可能造成积水浸没汽车。被水浸汽车会导致安装在汽车不同位置的电子设备、电器线路、安全装置、座椅和内饰等受损坏，而且水浸位置越高，损失越大。

图 3-111 车辆停放被水浸

2. 涉水行驶被水浸

由于驾驶人对水深估计不足，在水中前行冲浪导致发动机进水造成发动机内部损坏（见图 3-112）。

图 3-112 涉水行驶被水浸

3. 车辆水浸的分级

车辆水浸按浸水部位和高度来区分，可分为 6 级（见图 3-113 所示）：

图 3-113 水浸高度的分级

A. 底盘部分浸水（未到驾驶室）。

B. 驾驶室轻度进水（水已入驾驶室地板，水面未及座椅表面或在仪表台下面）。

C. 驾驶室中度进水（水位已没座椅表面，接近仪表位置，行李舱入水）。

D. 车身重度浸水（水位浸没仪表台以上）。

E. 驾驶舱进水（水浸程度在顶篷以下仪表台以上部位）。

F. 灭顶车（水面超过车顶，汽车被浸没顶部）。

下面详细讲解每一级及其处理措施。

（1）A 级。A 级水浸是底盘部位泡水，水位及保险杠位置、车身裙部范围、轮胎一半位置以下，发动机/变速器油底壳部位受浸，未及驾驶室地毯部分，通常不计损失（见图 3-114）。

图 3-114　A 级水浸

A 级水浸处理措施：首先检查空气滤清器是否干燥（防止由于行车期间吸入空气滤清器的水造成扩大损失），若潮湿则烘干处理；其次检查车辆各系统油液状况，若出现起沫、浑浊、灰白色等现象则要更换，随换的还有机油滤清器等（A 级损失很少出现油液变质等）。

（2）B 级。B 级水浸是水已进入驾驶室地毯，未及仪表台主体，行李舱内未进水。损失包含 A 级损失，雾灯位置已浸没入水（见图 3-115）。

图 3-115　B 级水浸

B 级水浸处理措施：除 A 级水浸需做的工作外，还要及时拆洗驾驶室地毯（部分车辆还需拆座椅）和清洁驾驶室底板。部分车辆的电脑板装在仪表台下部或者驾驶座椅下面（多数为中高档车，如奥迪的座椅控制电脑、电动机及座椅气囊等），应检查是否受浸。重点要快速处理电子元件和第一时间调出故障码等。

（3）C 级。C 级水浸是水位超过座椅表面、前照灯和尾灯，仪表台已经受浸，发动机整机大部分受浸泡，行李舱进水等。损失包含 B 级，超过 24 小时的，桃木内饰板会分层开裂，真皮座套起皱变形，车门电动机、变速器、主减速器、差速器、部分控制模块、起动机、行李舱中的 CD 换片机、音响功放被水浸入（见图 3-116）。

图 3-116 C 级水浸

C 级水浸处理措施：

1）除 B 级水浸需做的工作外，还应及时拆洗电脑板等重要模块。中高档车辆中许多车身控制模块和传感器都安装在车辆地毯下，如座椅控制模块、碰撞传感器、转角传感器等，这也是发生水浸入车内地板事故时要尽可能早拆除座椅与地毯的原因，否则无法挽回这些电器设备的损失。

2）检查发动机燃烧室是否入水。如果入水，大部分变速器均要立即更换变速器油，如果是自动变速器，则还要更换滤网。因为水可以从变速器壳体上沿透气孔渗入，而且变速器内部有许多电磁阀，如不及时彻底清洗并更换带水的变速器油，将会造成更大的损失。

3）其他工作：清洁灯具，拆洗座椅、仪表台及里面的鼓风机、蒸发箱等附件，拆洗行李舱地毯。

（4）D 级。D 级水浸是驾驶室进水，水面位于仪表台中部（见图 3-117）。损失包含 C 级，除外还会造成：

1）发动机、蓄电池、各种继电器、熔丝盒进水。

2）仪表台中控设备、喇叭、CD 机、空调控制面板被水浸受损。

3）所有控制模块、大部分座椅、内饰被水浸。

D 级水浸处理措施：包含 C 级，车身内部所有的电器设备都受到不同程度的损坏。此时基本需拆解清洗全车内饰，并及时清洗车身表面。由于整个车身浸水，并且从浸水处拖离还有一个较长的时间过程，因此一旦进厂，拆解速度更应加快。

图 3-117 D 级水浸

（5）E 级。E 级水浸是乘员舱进水，水面位于仪表工作台面以上、顶篷以下（见图 3-118）。损失包含 D 级，除外还会造成：

1）发动机、离合器、变速器、后桥严重进水。

2）全部电器装置、绝大部分内饰、车架大部分被水浸。

图 3-118 E 级水浸

E 级水浸处理措施：包含 D 级，此时基本需拆解清洗全车内饰，及时清洗车身表面。由于整个车身浸水，车身内部所有的电器设备都受到不同程度的损坏，并且在浸水处到拖离有一个较长的时间过程，因此一旦进厂，拆解速度更应加快。

（6）F 级。F 级水浸是汽车完全被水浸没（见图 3-119）。除 E 级损失外，还增加了顶篷内饰、内顶灯，带天窗的车型还有天窗电机、控制板进水、天窗轨道锈蚀的损失。

图 3-119 F级水浸

四、水浸车辆现场查勘重点

（1）查勘员接到水浸车辆查勘任务时，应第一时间快速赶赴现场，严格做到以下三点：

1）确定水浸高度。

2）了解水浸时间。

3）确定施救方式。

（2）沉着、理性地协助施救人员进行车辆施救工作，尽可能缩短施救时间，尽快使水浸车辆受损部件得以拆解、清洗，最大限度地降低车辆损失。

实践证明：水浸车辆从施救出水时间起三个小时内能够拆解、清洗、干燥完毕的，95%以上的电子设备和电器部件无须更换，可以继续使用。

五、水浸车辆现场查勘询问要点

水灾损失主要涉及汽车电器部分、发动机、车身内饰，其中发动机可能被造成的损失最大。根据水灾发生时汽车的状态，可以准确判定保险责任及损失程度。

若未投保发动机涉水险，发动机进水后导致的发动机损坏属于除外责任，在对发动机损失的责任认定时，应分析具体情况进行认定。可以从以下几方面初步进行判断：

（1）意外事故进入水中（如倾覆等）导致的发动机进水损坏，可以通融赔付。

（2）暴雨、洪水来临时未采取必要的灾前避险，人为进入浸及进气口的水中道路或避险时在水中起动造成的发动机损坏，不属于保险责任。

六、水浸车辆现场查勘流程

（1）查勘人员接到调度指令后，为防止车辆尤其是电器部分浸泡造成的损坏，应及时通知车主联系相关维修厂尽快施救，并引导车主进行水灾时车辆的正确施救，强调不要轻易起动发动机，强调由于措施不当造成发动机机械损失部分为保险免除责任。同时尽快赶赴现场协助。

（2）现场拍摄，除在日常规范要求外，还必须反映出以下几个要点：

1）反映出现场情况和地形：拍摄应反映出水浸高度和几个常见部位受损高度（见

图 3-120）。

图 3-120 拍摄水浸痕迹

2）拍摄整车照片：拍摄整车照片，确认水浸高度（见图 3-121）。

图 3-121 拍摄整车照片，确认水浸高度

3）拍摄发动机舱水浸高度：拍摄发动机舱水浸情况（见图 3-122）。

图 3-122 拍摄发动机舱水浸情况

（3）向车主询问发动机熄火原因，初步了解损失情况。若发动机有涉水行驶熄火或重起现象时，应做好笔录工作。

（4）撰写现场查勘报告。

据客户描述：驾驶人××于××月××日××时左右将车停于×××停车场，后因下大雨被浸，未再起动。

现场查勘：现场为一低洼的停车场。标的车车身及发动机舱有明显的水位线。发动机舱淹到蓄电池，空气格进水。驾驶室内及行李舱进水，CD盒被水浸。标的车被水浸大概3个小时，水质为下水道污水（含油），受损属实。标的车证件齐全有效，建议立案处理。

七、水浸车辆的现场施救

要科学合理、及时地对受损车辆进行施救。

1. 施救要点

（1）迅速安排施救，力争在较短时间内将车辆施救至维修地点。对于大规模水灾造成的集中性出险，受灾地区施救力量不能满足需要的，应请求上级公司或邻近公司予以支援，调动各方协作施救力量进行施救，并根据修理厂的维修力量组织分流车辆维修。

（2）一般应采用硬牵引方式拖车。前驱动车辆可将汽车前轮托起后进行牵引；后驱动车辆应将变速器置于空档，待前轮托起后进行牵引。严禁用软牵引方式拖车。

（3）自动变速器车辆、全时四驱车辆必须采取背车方式进行施救。

（4）车辆拖出水域后，应及时把蓄电池的负极线拆下，使全车处于断电状态。

2. 合理组织施救

根据大灾应急预案，在充分调动公司现有人力、物力资源的情况下，积极发挥合作救援单位、合作4S店等社会资源，实现现场处置能力的最大化。按照快速、就近的原则指导和协助客户争取时间，积极施救（见图3-123）。施救顺序按照先高档后普通、先轿车后货车、先重后轻进行。

图3-123 组织现场施救和自救

现场施救可以分为拆解施救和车辆施救，其中现场拆解施救尤为重要。汽车被水浸时间的长短是判断水浸车辆损失程度的一个指标，应重点关注施救出水后至开始清洗这个时间段的长短。因为在这段时间被水浸过的部件（特别是电器元件、内饰、真皮座套等）腐蚀开始真正形成（注：无论什么水质，水中的空气含量都非常少，故浸泡在水中的物体被腐蚀形成的损失相对较小，出水后部件接触空气，腐蚀开始真正形成），这段时间拖得越长，损失就越大。因此，有条件的应尽可能安排合作修理厂的电工参与现场施救，对电脑模块、车载导航、车载影音系统及其他价值较高的电器部件进行现场拆卸，并在预处理后，再将受损车辆直接拖至修理厂进行继续处理（见图 3-124）。在现场拆解时，应注意做好所拆配件的标记（车型、车号、部件名称等），并及时登记造册，防止混乱。

图 3-124 及时处理电器元件

八、水浸车辆定损原则

1. 快速原则

对水浸车辆的定损工作应坚持特事特办，重点突出快速，即“快查、快定、快核、快赔”。拖延时间不仅会导致各种零部件加重损失甚至报废，还会给合理定损带来难度，同时可能产生理赔纠纷，使服务质量大打折扣。

2. 顺序原则

由于水灾期间报案集中，因此在定损和维修时必须分清轻重缓急，做到有计划性地开展工作，强调定损的时效性。

水浸车辆定损应本着以下原则：先高档车后普通车；先轿车后货车；先严重受损后轻微受损；先电脑控制模块、线路、电器，后其他部件；先清洗烘干，后检测维修；先定内部损失，后定外观损失。

车辆进厂后，定损员应指导修理厂按照清洗维修程序进行拆检、清洗，要求维修机构按照以下顺序进行：先电控系统、电器设备，后其他部分；先内饰、座椅部分，后外观部分；先泡损时间较长的部分，后其他部分。

3. 一次性定损原则

在大概损失确定后，应尽可能采用一次性包干修复的定损方法，并由修理厂签章认可；对无法一次性包料的，必须一次性包工时费，并对配件材料逐个列明损坏件和待查件。应尽可能与修理厂达成修理合同，避免让客户过多参与而导致反作用。

九、水浸车辆定损要点

受损车辆进厂后，定损员应督促修理厂尽快拆检，根据水浸高度对有可能损失的部件进行拆检，不得让车辆处于停厂待修状态。总结以往理赔工作经验，其流程如下：

1. 清洗车辆

将车身外部清洁干净。

2. 拆检电器元件

一般修复工艺为：清洗外表面、擦干（吹干）、无水酒精擦拭、干燥、检测线路。要按照水浸高度确定有可能损失的电器部件，并进行分类拆检。

（1）电脑板及电控元件一般内部难以进水，其主要受损特征是污渍和受潮。外层污渍清洗后，应拆卸外盖高压吹干线路板水渍，防止线路板氧化。若进水致使集成线路板出现问题，或因浸泡时间较长，线路板已氧化，则需要更换。

（2）因密封性要求不可拆卸的电器元件，如刮水器电动机、喷水电动机、玻璃升降电动机、后视镜电动机、鼓风机电动机、隐藏式前照灯电动机等，一旦进水，则无法进行处理，只能更换。

（3）可拆解的电动机采用“拆解—清洗—烘干—润滑—装配”的流程进行处理，如起动机、压缩机、发电机、天线电动机、风扇电动机、座位调节电动机、门锁电动机、ABS电动机、油泵电动机等。

（4）高档车的传感器插头为镀银的，一般不需更换；其他为镀铜的，水浸后发绿，可用75°工业无水酒精擦洗，并用刷子刷，再用高压空气吹干即可。

（5）线束本身一般不会有问题，主要是插头为镀铜的，要及时用75°工业无水酒精擦洗，并用刷子刷，再用高压空气吹干。

（6）安全气囊本身风干后一般不会有损失，在对气囊进行风干、电脑板和显示灯恢复后，车辆能自行检测气囊是否恢复正常。气囊损失鉴定可放在最后试车阶段。

（7）汽车照明装置标准封闭式、卤钨封闭式灯具进水后，灯芯部分无影响，插接点会出现锈蚀，可采用清洁方式处理；半封闭式、无封闭式灯具进水后，内部会有污渍，插接点会出现锈蚀，一般需要更换。

（8）对CD机、车载电话，有条件的可以委托专业家电维修店进行维修，多数能够修复。修理方法为更换受损部件，对损失较重的可以考虑“旧件换原壳”方式。

（9）要求协作汽修厂准备高压气泵、无水酒精、松动剂、专业手动工具等设备，有条件的可考虑超声波清洗设备和对清洗后的电脑涂抗氧化保护材料。

（10）最好安排专人现场监督修理厂对电脑板进行集中拆解、逐个清洗、逐个烘干、逐个贴标签、逐个保管等过程。

注意：CD机在修复过程中可能要解码，查勘时应当鉴别是否为原装机。

3. 拆检机械部件

（1）检查发动机气缸是否进水。将发动机火花塞全部拆下，用手摇动曲轴，如果气缸内有水，则火花塞孔处有水喷出。转动曲轴时如有阻力，则不要强行转动，要查明原因，排除故障。

（2）将发动机油尺提出，查看油尺上润滑油颜色，若是乳白色或有水，就要放掉油底润滑油，清洗发动机，更换新润滑油。

（3）发动机通过检查未发现异常的，应在火花塞孔加入10～15mg机油，并转动曲轴数次，使气缸壁涂上一层油膜起到防锈蚀、密封的作用，同时发动机也易起动。

（4）如果汽车全部被水浸泡，除按以上排水方法处理外，最好做一次二级保养。

（5）不管进水程度如何，都必须拆下气缸盖和油底壳，检查气缸表面和各缸活塞在上止点的对应尺寸，观察有无偏缸现象，以确定连杆是否弯曲变形。（注：若用内窥镜检查和测量，则此拆下检查工序可以省略。）

车身进水和气缸进水的轻重程度与涉水深度、宽度、环境及车速有关。若气缸吸入的水量大于燃烧室容积时，因水不可压缩（包括燃油），则在压缩行程中，轻则憋死熄火，重则使相关连杆产生弯曲变形（见图3-125）。

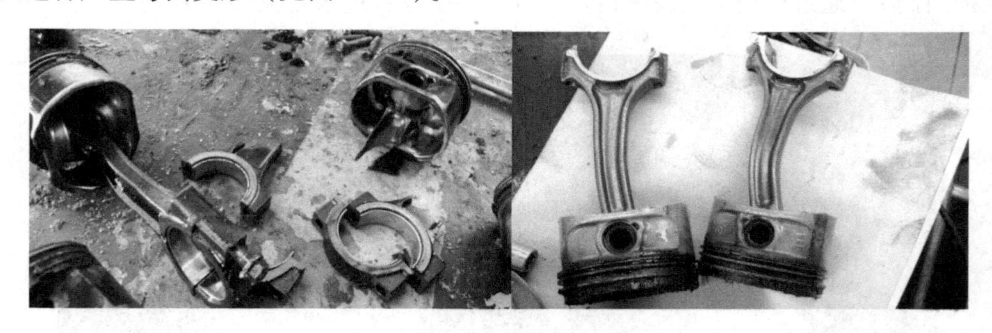

图3-125　发动机进水造成的损坏

若确认发动机已经进水，则要将发动机进行分解，不能带水点火。一般机体组（包括缸体、缸盖、缸套、油底壳等）、活塞连杆组（活塞、活塞环、连杆等）、气门组（包括气门、气门导管、气门座）及气门传动组等的机械件和起动系统不会有大的损失，定损时考虑清洗、拆检费用即可；一般汽油发动机的汽油供给系统、水冷却系统等只需除锈去污处理；汽油喷射系统的电子器件因受潮使绝缘能力降低，容易发生短路，所以需烘干；水灾中点火系统各电器相关元件绝缘电阻下降、漏电或短路容易导致点火系统失效，定损时要认真检查。

4. 拆检内饰及座椅

内饰及座椅的修复工艺一般为：拆解—清洗—晾、晒、烘干（见图3-126）。清洗内饰及座椅应注意以下几点：

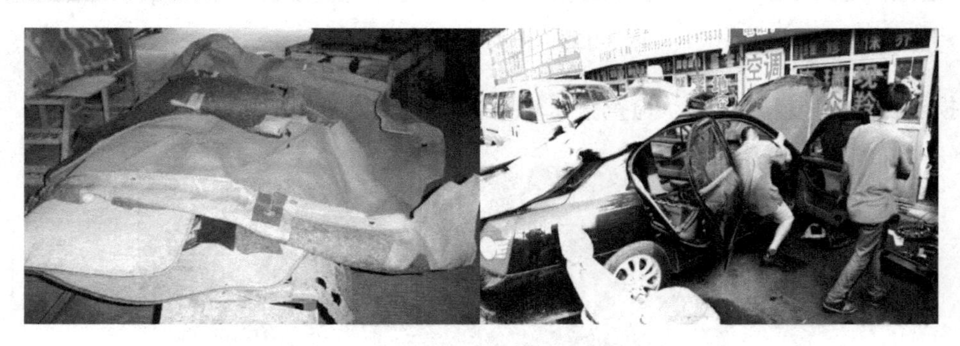

图3-126　处理内饰和座椅

（1）塑料、乙烯树脂、皮革、纤维织物和毛织物零部件的清洗。将纱布或柔软的抹布用含有3%中性洗涤剂的水溶液浸湿后轻轻擦洗上述零部件，并用清水把洗涤剂擦拭干净。

（2）车内装饰件。用地毯洗涤剂清洗地毯并烘干，用不褪色的干净纱布和除斑剂轻轻擦抹油迹。用真空吸尘器或刷子清洁座椅（电控座椅电器部分按以上方法处理），用含有3%～5%中性洗涤剂的水溶液清洗棉织物和皮革制品并及时风干。

（3）切忌不可使用汽油、清漆稀释剂、四氯化碳、石脑油、松节油、涂料稀释剂、挥发油、指甲油清洗剂、丙酮等来清洗汽车。

十、水浸车辆定损实例

定损实例1：通过检查空气滤清器是否有水判断是否进水（见图3-127）。

图3-127 空气滤清器进水前后对比

定损实例2：检查节气门上是否有泥沙判断节气门是否进水（见图3-128）。

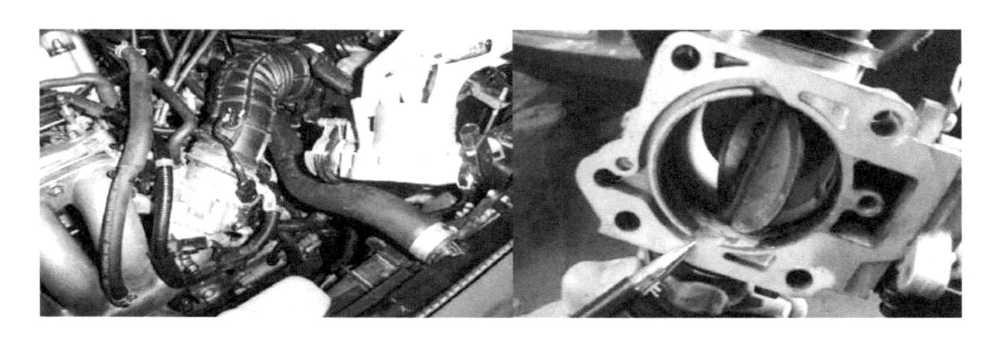

图3-128 检查节气门是否进水

定损实例3：轻轻转动下，检查张紧轮是否发卡（见图3-129）。

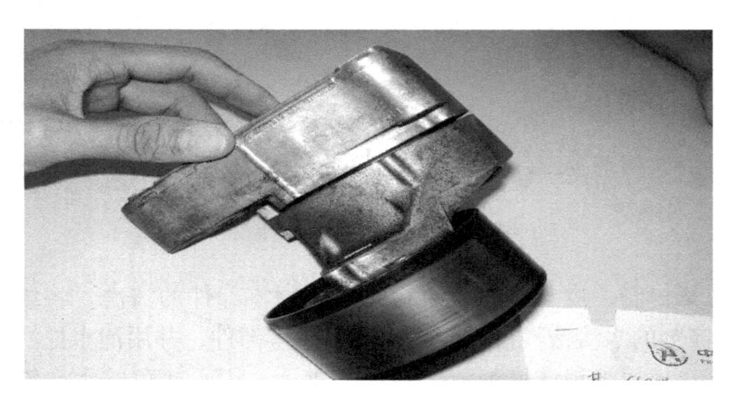

图3-129 检查张紧轮是否发卡

定损实例4：检查线束、开关是否锈蚀（见图3-130）。开关锈蚀一般需要更换，但要核实是否和线束一起更换。

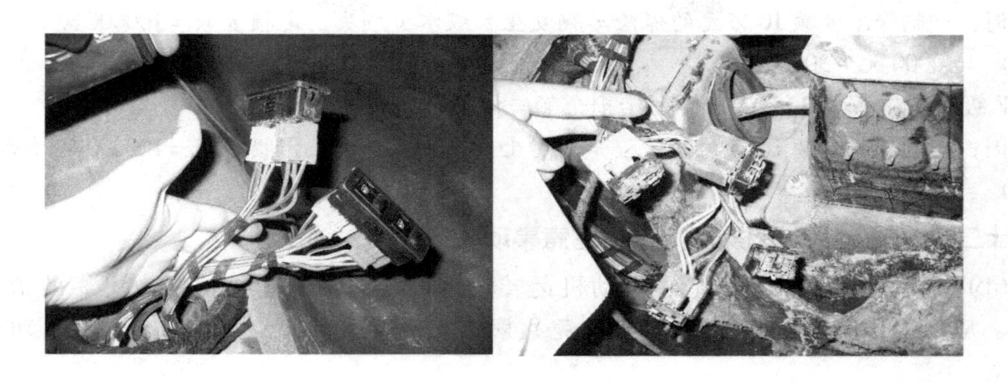

图3-130 检查线束、开关是否锈蚀

定损实例5：检查控制单元受损情况（见图3-131）。

图3-131 检查控制单元受损情况

十一、水浸车辆预估损失计算公式

A级：无损失

B级：损失率为0.5%～2.5%，定损金额=保险金额×损失率

例：一辆保险金额10万元的保险车辆发生2级水灾损失，定损金额=100000×（0.5%～2.5%）=500元～2500元。

C级：损失率为1.0%～5.0%，定损金额=保险金额×损失率

例：一辆保险金额10万元的保险车辆发生3级水灾损失，定损金额=100000×（1.0%～5.0%）=1000元～5000元。

D级：损失率为3.0%～15.0%，定损金额=保险金额×损失率

例：一辆保险金额10万元的保险车辆发生4级水灾损失，定损金额=100000×（3.0%～

15.0%）=3000元~15000元。

E级：损失率为10%~30%，定损金额=保险金额×损失率

例：一辆保险金额10万元的保险车辆发生5级水灾损失，定损金额=100000×（10%~30%）=10000元~30000元。

F级：损失率为25%~60%，定损金额=保险金额×损失率

例：一辆保险金额10万元的保险车辆发生6级水灾损失，定损金额=100000×（25%~60%）=25000元~60000元。

十二、车辆涉水时的操作方法及注意事项

（1）车辆涉水时，应保证在发动机运转正常、转向和制动机构灵敏可靠的情况下进行。应挂低速档平稳驶入水中，避免猛踩节气门或猛冲，防止水花溅入发动机而熄火。

（2）行驶中要稳住加速踏板，保持车辆有足够而稳定的动力一次通过，尽量避免中途停车、换档或急转弯，尤其是水底路为泥沙时，更要注意做到这一点。

（3）行进中要看远顾近，尽量注视远处的固定目标，双手握住方向盘正直前进。不能注视水流或浪花，以免晃乱视线产生错觉，使车辆偏离正常的涉水路线而发生意外。

（4）多车涉水时，绝不可同时下水，应待前车到达彼岸后，后面的车才可下水，以防前车因故障停车，迫使后车也停在水中，导致进退两难。

（5）最后提醒车主，车辆在水中熄火切不可立即起动，以免严重损伤发动机，而应尽快采取措施把车辆拖到积水少的安全地点。

任务二 火灾事故车辆的定损

一、车辆起火原因

（1）碰撞起火：因撞击后导致车辆易燃物（汽油）泄漏并与火源接触时起火。

（2）车辆自燃：因车辆机械故障，车辆电路漏电、短路，供油管路漏油或物体摩擦产生高温等起火。

（3）爆炸起火：因车辆装有易燃易爆物，则遇高温爆炸起火，如打火机、香水、摩丝等物品。

（4）雷击起火：雷雨天气，雷电产生高压电流，击穿车辆引起车辆电器或易燃物起火。

（5）其他火灾：外来火源，车辆被突来的大火点燃爆炸物；外来火焰蔓延；人为故意放火。

[案例一] 行驶途中起火

一辆解放牌载货车夜间在公路上行驶中，被追赶上的车辆告知车后端起火后，立即停车，看到车中桥处有火光，报消防部门灭火。车右侧4条轮胎烧坏，有1条轮胎丢失，驾驶室被烧（见图3-132和图3-133）。

图 3-132　行驶途中起火烧毁驾驶室

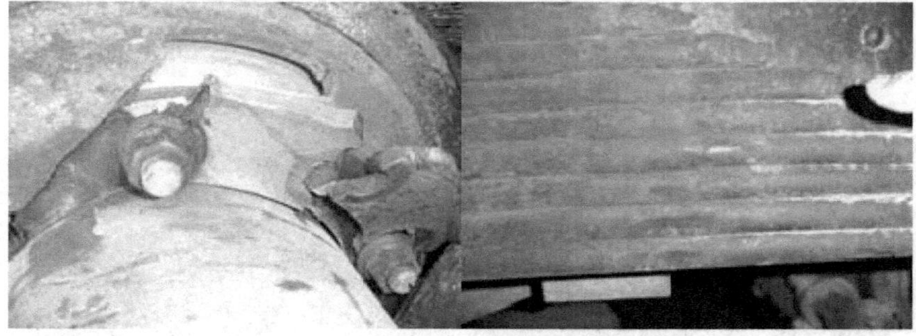

图 3-133　行驶途中起火烧毁轮胎

原因分析：

因轮胎螺母松动使外胎甩掉内轮胎，行驶中外胎摆动与钢板摩擦产生高温导致自燃（橡胶燃点 350℃）。

［案例二］ 停放起火

一辆宝马轿车夜晚停放在宿舍院中，半小时后发现楼下车辆起火，立即向火警报案，后经消防人员赶到将火扑灭。车辆前部及后部燃烧，损失较重，车辆中部及驾驶室内损失较轻（见图3-134）。

图3-134 停放起火烧毁

原因分析：

车辆左前侧燃烧程度最重，左前翼子板烧没，左前减振器烧损严重，说明应为油料助

燃。轮胎烧损程度为外重内轻，说明不是由内向外着火。行李舱盖烧损严重，而行李舱内纸制物品未燃烧，说明有燃油参与从外表面着火。所以鉴定结论是车辆被人为恶意纵火。

［案例三］ 碰撞起火

一辆蒙迪欧轿车在高速公路行驶中与前方车辆追尾后起火燃烧，由于起火速度较快，火势迅猛，车辆瞬间被大火吞噬。标的车辆全损，三者车辆后部受损。碰撞起火事故现场如图 3-135所示。

图 3-135 车辆行驶中碰撞起火事故现场

原因分析：

车辆气门室盖、变速器壳上部、气缸盖后部及发动机后部机件烧损严重，可以判定火源中心位置应在发动机后部（见图 3-136）。标的车前杠骨架变形较重，最大变形量为 16cm，

图 3-136 碰撞起火造成的车辆损失

说明出险时车辆速度较快，即车辆行驶状态良好。标的车燃油分配管的进油口与橡胶管的连接处产生明显弯曲，该处橡胶管被碰断裂造成燃油大量泄漏而形成燃油油雾，然后被电火花迅速引燃。所以鉴定结论是碰撞导致燃油泄漏引起的着火事故。

二、火灾现场查勘方法

1. 查勘路面痕迹

车辆着火的现场路面和车上的各种痕迹会在着火过程中消失，或在救火时被水、泡沫、泥土和沙等所掩盖，查勘时应首先对路面原始状态进行查看、拍照，并做好各项记录。施救后用清洁水将路面油污、污物冲洗干净，待暴露印痕的原状后再详细勘察。方法是以车辆为中心，向双方车辆驶来方向的路面寻查制动拖印、挫划印痕，测量其始点至停车位的距离及各种印痕的形态。

2. 查勘路面上散落物

查勘着火车辆在路面上散落的各种物品及伤亡人员倒卧位置，碰撞被抛洒的车体部件、车上物品位置与中心现场距离，以及实际抛落距离，从而推算着火车辆行驶速度。

3. 查勘车体痕迹

通过车体燃烧痕迹寻找车辆上的起火源。

4. 动态状态下车辆着火燃烧的查勘

碰撞车辆着火的一般原因是将外溢的汽油点燃。查勘重点是汽油箱金属外壳表层有无碰撞凹陷痕和金属质擦划的条、片状痕迹。由于车体被燃烧后的接触部位痕迹容易受到破坏，所以查勘时，应对残留痕迹部位的面积及凹陷程度进行勘查和对比，以求判断碰撞力大小、方向、速度、角度等。

动态下发生车辆自燃主要是电器、线路、漏油等原因造成。车体上无碰撞损伤痕迹，但路面上一般都留有驾驶人发现起火后本能反应的紧急制动痕。火势由着火源随着风向蔓延，火源大部分分布在发动机舱和车内仪表台附近，这是区分车辆自燃和车内人员失火的重要依据。

5. 静态状态下车辆着火燃烧的查勘

重点注意检查现场有无遗留维修、作案工具，有无外来火种、外来可燃物或助燃物等，有无目击者。同时，调查报案人所言有无自相矛盾之处，如事故现场周围环境、当时的天气、时空等有无可疑之处。

三、火灾现场查勘

1. 现场查勘六要素

（1）车：查验该车是属于承保的标的。

（2）证：查验驾驶证和行驶证无误。

（3）人：驾驶人没有受伤，该车的驾驶人是其车主。

（4）路：该车符合驶入高速公路的条件。

（5）货：经车主确认，车上并无其他货物。

（6）行：该车没有违规。

2. 火灾现场取证

利用“问、闻、看、思、摄”五字法取证。

（1）问：及时地向公安部门核实或者向当地群众了解出险时间、地点、原因、经过等，确认车主的叙述是真实的。

（2）闻：从交管部门取证，验证车主非酒后驾车。

（3）看：观察发现该车行驶的路况较好，当消防人员将火扑灭后，查勘人员到现场同交警以及消防人员一起寻找起火部位，分析起火原因。

（4）思：在取证中通过观察车主的言行举止发现细节。

（5）摄：拍摄驾驶人的行驶证和驾驶证以及受损车辆的受损部位，注意拍摄的位置。

3. 火灾现场查勘实施步骤

（1）到达现场后，注意查勘现场环境，确认是在繁忙道路还是在住宅小区，记录当时的天气状况，查勘事故地周围有无异常物。

（2）向驾驶人了解保险车辆着火的详细经过，注意观察驾驶人的言行举止，了解车辆碰撞或翻车的具体情节，车辆起火和燃烧的具体情节，驾驶人发现着火时采取了哪些抢救的措施，车辆着火时的具体情况，核对当事人的叙述与已知的事实是否相符。

（3）查勘路面痕迹和着火现场路面上的各种痕迹，观察制动拖印、挫划印痕的形态，测量起始点至停车位制动拖印的距离，查勘着火车辆在路面上散落的特种物体及碰撞被抛洒的车体部件、车上物品位置，推算着火车辆行驶速度。

（4）查勘车体燃烧痕迹，检查车辆燃烧痕迹，重点查看车辆的电器、油路及电路情况，查勘发动机舱和车内仪表台的受损情况；初步判断燃烧起火点及火源，分析是碰撞事故引起燃烧还是车辆自燃引起燃烧。

（5）了解当事驾驶人与被保险人关系，车辆为何由当事驾驶人使用；近来该车技术状况和使用情况如何，是否进行过修理，最近一次是在哪家修理厂维修的。

（6）调查取证，走访、调查现场其他有关人员，就其当时看到的情况做好询问记录，并对记录签名，留下联系电话。

复习思考题

一、问答题

1. 简述车辆涉水造成发动机损坏的机理。
2. 简述车辆涉水操作方法及注意事项。
3. 简述现场查勘六要素。

二、案例分析题

上海的李某为他的高档轿车在某保险公司投保了商业险，其中包括新车购置价及车辆损失险均为 90 万元。

某日，李某驾驶保险车辆在路上行驶时遇到普降暴雨，车道严重积水，导致机动车排气管进水，发动机等部件损坏。李某为此支付修理费近 15 万元。因时间正处于保险期间内，李某向保险公司报案，该保险公司表示，车辆损坏是由于涉水行驶而引起发动机损坏，属于保险免责范围，不予理赔。李某遂向法院提起诉讼，请求判令保险公司赔偿车辆修理费。

试分析法院审理结果，是判赔还是不赔，为什么？

项目四 汽车保险理赔

教学能力目标

1. 专业能力目标
   - ¤ 掌握汽车保险理赔的流程
   - ¤ 掌握商业险赔款的理算
   - ¤ 掌握特殊案件的处理
2. 方法能力目标
   - ¤ 掌握一些拒赔案件拒赔的原因
3. 社会能力目标
   - ¤ 能运用所学车险理赔知识进行赔款的计算

任务一 汽车保险理赔流程

汽车保险理赔是指保险车辆在发生保险责任范围内的损失后，保险人依据保险合同的约定解决保险赔偿问题的过程。

汽车保险理赔的质量，取决于保险人赔案处理的效率和是否真正履行了保险合同的约定，这关系到保险合同双方当事人的利益。对被保险人而言，理赔质量关系到其得到补偿的程度；对保险人而言，理赔质量关系到其赔付额度与信誉。

一、保险理赔流程

汽车保险理赔的处理程序主要包括受理案件、现场查勘与定损、赔付结案三个过程，具体分为9个步骤，分别是：车辆出险、出险报案、现场处理、提出索赔请求、配合保险公司事故查勘、事故结案、提交索赔材料、索赔审核和领取赔款（见图3-137）。

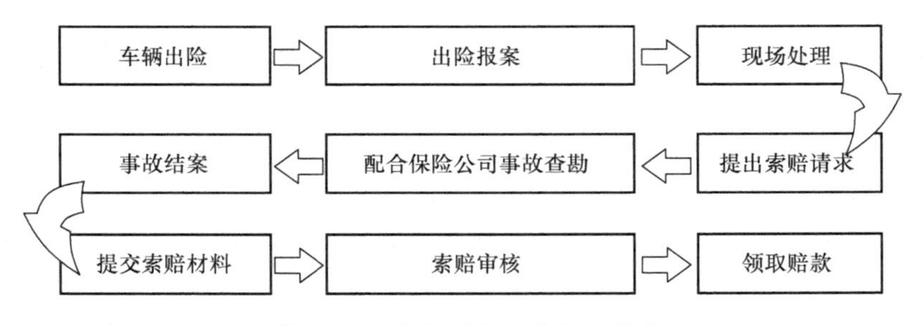

图3-137 汽车保险理赔处理程序

1. 车辆出险

保险车辆在行驶、停放过程中发生了事故（见图 3-138）。

图 3-138　保险车辆出险

2. 出险报案

出险报案是指被保险人在发生事故之后以各种方式通知保险人，要求保险人进行事故处理。

（1）报案时效：《保险法》第二十一条第一款规定：“投保人、被保险人或者受益人知道保险事故发生后，应当及时通知保险人。”同时，及时报案也是被保险人履行合同义务的一个重要内容，在现行保险条款中一般都规定：被保险人应在保险事故发生后 48 小时内通知保险人（见图 3-139）。盗抢案件在被保险人知道保险事故发生的 24 小时内必须向公安机关报案，并在 48 小时内通知保险人。

图 3-139　出险报案

（2）报案方式：通常被保险人可以通过电话、上门、电报、传真等方式向保险人的理赔部门进行报案。各保险公司都开通了专线电话，并指定专人受理报案事宜。国内保险行业

部分保险公司的客服电话如表3-16所示。

表3-16 国内保险行业部分保险公司的客服电话

公司名称	客服电话	咨询投诉电话
中国人民财产保险股份有限公司	95518	95518
中国平安保险股份有限公司	95511	95511
中国太平洋保险股份有限公司	95500	95500
中国大地财产保险股份有限公司	95590	95590
安邦保险集团股份有限公司	95569	95569

对于在外地出险的，如果保险人在出险当地有分支机构，则被保险人可以直接向保险人的当地分支机构进行报案。目前一些全国性的保险公司的内部均建立了相互代理的制度，即“代查勘、代定损”的“双代”制度，能够迅速向被保险人提供案件受理的服务。代理机构可以完成从现场查勘至理赔计算的工作，最后的核赔和理赔支付由投保地的保险公司负责。如果保险人在出险当地没有分支机构，则被保险人就应直接向承保的公司报案，并要求承保公司对事故的处理提出具体的意见。

（3）如何报案

1）单方事故：直接向保险公司报案，若损失较大可由保险公司确认是否向当地警方报案，或由保险公司现场查勘。

2）多方事故：及时向交警报案，并在48小时内向保险公司报案（越早越好），尽量减少损失。

3）伤亡事故：立即向警方报案并抢救伤者。同时，在48小时内向保险公司报案（越早越好），尽量减少损失。

4）机动车全车盗抢险：立即向当地公安刑侦部门（110）报案（24小时内），保留现场并立即向保险公司报案（出险48小时以内）。

3. 现场处理

出险后，要马上做好现场处理，摆放好警示标志（见图3-140），以免发生二次事故，同时等候救援及保险公司处理。

图3-140 事故现场处理

4. 提出索赔请求

当保险公司的查勘员到达事故现场后，车主可以提出索赔请求，然后等待查勘（见图 3-141）。

图 3-141　提出索赔申请

5. 配合保险公司事故查勘

报案后，车主在事故现场等候保险公司进行现场初步查勘，并配合保险公司进行事故查勘，从而判定此事故是否属于保险责任（见图 3-142）。

图 3-142　配合保险公司事故查勘

6. 事故结案

根据损失部位痕迹及程度，查勘员进行初步现场定损。损失严重需要拆解才能定损的，直接到修理厂、4S 店、定损中心去定损，从而完成结案（见图 3-143）。

7. 提交索赔材料

事故车辆定损、维修完成后，需向保险公司提交完整的索赔材料。

申请索赔所需要的资料包括以下几类。

（1）单方事故所需单证如下：

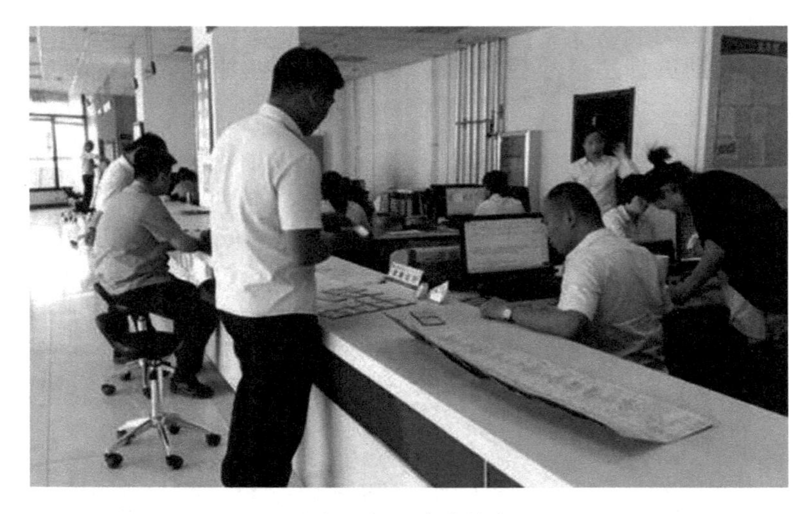

图 3-143 事故结案

1）出险通知书并加盖公章（私车需签名）。

2）报交警处理的，需要交通事故仲裁机关出具的调解书、责任认定书或有关政府职能部门的证明。

3）保险公司的定损单。

4）车辆的修理发票及维修清单、施救费发票。

5）肇事车辆的行驶证正、副本及驾驶人驾驶证正、副本复印件（私车还要提供被保险人身份证复印件）。

6）赔款通知书上加盖公章及公司账号（私车由被保险人签字）。

7）若汇款单位或个人与被保险人不符，则还需提供被保险人的委托书。

（2）多方事故所需单证如下：

1）出险通知书并加盖公章（私车需签名）。

2）交通事故仲裁机关出具的调解书、责任认定书或有关政府职能部门的证明。

3）保险公司的定损单。

4）车辆的修理发票及维修清单、施救费发票。

5）第三者车损修理发票及维修清单、施救费发票、物损发票。

6）若有一次性赔偿的，需提供一次性赔偿凭证。

7）肇事车辆的行驶证正、副本及驾驶人驾驶证正、副本复印件（私车还要提供被保险人身份证复印件）。

8）赔款通知书上加盖公章及公司账号（私车由被保险人签字）。

9）若汇款单位或个人与被保险人不符，则还需提供被保险人的委托书。

（3）伤亡事故所需单证如下：

1）出险通知书并加盖公章（私车需签名）。

2）交通事故仲裁机关出具的调解书、责任认定书或有关政府职能部门的证明。

3）对于伤残事故，需要伤者诊断证明、伤残鉴定报告、出院小结、医疗病历、一次性赔偿凭证。

4）对于死亡事故，需要死亡证明、一次性赔偿凭证、被扶养人的户籍证明（仅限直系亲属，残疾或死亡事故所需）。

5）医疗费及家属的交通费、住宿费发票。

6）肇事车辆的行驶证正、副本及驾驶人驾驶证正、副本复印件（私车还要提供被保险人身份证复印件）。

7）赔款通知书上加盖公章及公司账号（私车由被保险人签字）。

8）若汇款单位或个人与被保险人不符，则需提供被保人委托书。

（4）机动车全车盗抢险所需单证如下：

1）出险通知书并加盖公章（私车需签名）。

2）车钥匙两把。

3）行驶证及副卡原件、驾驶证正副本复印件。

4）购车发票。

5）登报寻车启事、警方报案受理单、公安刑侦部门3个月未破案证明。

6）停车场证明、停车费收据正本。

7）权益转让书。

8）失窃车辆牌证注销登记表。

9）单位营业执照复印件（私车提供身份证复印件）。

10）赔款通知书上加盖公章及公司账号（私车由被保险人签字）。

11）若汇款单位或个人与被保险人不符，则需提供被保人委托书。

8. 索赔审核

在提交的索赔材料真实齐全的情况下，保险公司可以进行保险赔款的准确计算和赔案的内容审核工作（见图3-144）。

图3-144 索赔审核

9. 领取赔款

索赔审核通过后，保险公司根据与客户商定的赔款支付方式和保险合同的约定进行赔款，被保险人领取赔款（见图3-145）。

图 3-145 领取赔款

二、赔偿费用的确定

1. 车辆损失的确定

车辆损失费用由保险公司定损确定，具体已在模块三详述。

2. 人员伤亡费用的确定

人员伤亡费用是指由于保险事故致使自然人的生命、健康、身体遭受侵害，造成致伤、致残、致死的后果以及其他损害，从而引发的各种费用支出。

保险公司以《最高人民法院关于审理人身损害赔偿案件适用法律若干问题的解释》中规定的赔偿范围、项目和标准以及保险合同中的约定作为核定赔偿的依据。

（1）人员伤亡费用的赔偿范围：依据《最高人民法院关于审理人身损害赔偿案件适用法律若干问题的解释》中第十七条规定，人员伤亡费用可以赔偿的范围包括：

1）医疗费。医疗费是指受伤人员在治疗期间发生的，由本次事故造成的治疗费用。

2）误工费。误工费是指受害人从遭受伤害到完全治愈这一期间（误工时间）内，因无法从事正常工作而实际减少的收入。

3）护理费。护理费是指受害人遭受人身损害，生活无法自理需要他人护理而支出的费用。

4）交通费。交通费是指受害人及其家属在治疗、处理事故、办理丧葬事宜期间发生的合理交通费用。

5）住宿费。住宿费是指受害人及其家属在治疗、处理事故、办理丧葬事宜期间发生的合理住宿费用。

6）住院伙食补助费。住院伙食补助费是指受害人遭受人身损害后，因其在医院治疗期间支出的伙食费用超过平时在家的伙食费用，而由加害人就其合理的超出部分予以赔偿的费用。

7）营养费。营养费是指交通事故中的受害人通过平常饮食的摄入尚不能满足受损害身体的需求，而需要以平常饮食以外的营养品作为对身体补充而支出的费用。

8）残疾赔偿金。残疾赔偿金是指受害人因人身遭受损害致残而丧失全部或者部分劳动能力的财产赔偿。

9）残疾辅助器具费。残疾辅助器具费是指受害人因残疾需要配制补偿功能器具的费用。

10）被扶养人生活费。被扶养人生活费是指死者生前或者丧失劳动能力前实际扶养的、没有其他生活来源的人的生活费用。

11）丧葬费。丧葬费是指事故死亡人员的有关丧葬费用支出。

12）死亡赔偿金。死亡赔偿金是指对事故中死亡人员的一次性补偿。

（2）人员伤亡费用的赔偿标准：根据《最高人民法院关于审理人身损害赔偿案件适用法律若干问题的解释》和机动车辆保险条款的有关规定，上述赔偿项目的具体赔偿标准如下：

1）医疗费。医疗费按照结案前医疗机构出具的医药费、住院费等收款凭证，并结合病历和诊断证明等相关证据确定。器官功能恢复训练所必要的康复费、适当的整容费以及其他后续治疗费，根据医疗证明或者鉴定结论确定必然发生的费用，可以与已经发生的医疗费一并予以赔偿。

2）误工费。误工时间根据受害人接受治疗的医疗机构出具的证明确定。受害人因伤致残持续误工的，误工时间可以计算至定残日前一天。

受害人有固定收入的，误工费按照实际减少的收入计算。受害人无固定收入的，误工费按照其最近三年的平均收入计算。受害人不能举证证明其最近三年的平均收入状况的，可以参照事故所在地相同或者相近行业上一年度职工的平均工资计算。

3）护理费。护理人员有收入的，护理费参照误工费的规定计算。护理人员没有收入或者雇佣护工的，护理费参照当地护工从事同等级别护理的劳务报酬标准计算。护理人员原则上为一人，但医疗机构或者鉴定机构有明确意见的，可以参照确定护理人员人数。

护理期限应计算至受害人恢复生活自理能力时止。受害人因残疾不能恢复生活自理能力的，可以根据其年龄、健康状况等因素确定合理的护理期限，但最长不超过 20 年。

受害人定残后的护理应当根据其护理依赖程度并结合配制残疾辅助器具的情况，确定护理级别。

4）交通费。交通费参照事故发生地国家一般工作人员出差的交通费标准，根据受害人及其必要的陪护人员因就医或者转院治疗实际发生的费用计算。交通费应当以正式票据为凭，有关凭据应当与就医地点、时间、人数、次数相符合。

5）住宿费。住宿费参照事故发生地国家一般工作人员出差的住宿费标准，根据受害人及其必要的陪护人员因就医或者转院治疗实际发生的费用计算。住宿费应当以正式票据为凭，有关凭据应当与就医地点、时间、人数、次数相符合。

6）住院伙食补助费。住院伙食补助费可以参照当地国家机关一般工作人员的出差伙食补助标准予以确定。

7）营养费。营养费根据受害人伤残情况，并参照医疗机构的意见确定。

8）残疾赔偿金。残疾赔偿金根据受害人丧失劳动能力程度或者伤残等级，按照事故所在地上一年度城镇居民人均可支配收入或者农村居民人均纯收入标准，自定残之日起按 20 年计算。但 60 周岁以上的，年龄每增加 1 岁减少 1 年；75 周岁以上的，按 5 年计算。伤残等级共分 10 级，伤残等级与对应赔偿比例如表 3-17 所示。

表 3-17 伤残等级与对应赔偿比例

伤残等级	1	2	3	4	5	6	7	8	9	10
赔偿比例（%）	100	90	80	70	60	50	40	30	20	10

受害人因伤致残但实际收入没有减少，或者伤残等级较轻但造成职业妨害并严重影响其劳动就业的，可以对残疾赔偿金做相应调整。

残疾赔偿金 = 事故发生地上一年度城镇居民人均可支配收入（农村居民人均纯收入）× 赔偿年限 × 伤残等级对应的赔偿比例

9）残疾辅助器具费。残疾辅助器具费按照普通适用器具的合理费用标准计算。伤情有特殊需要的，可以参照辅助器具配制机构的意见，确定相应的合理费用标准。

10）被扶养人生活费。被扶养人生活费根据扶养人丧失劳动能力程度，按照事故所在地上一年度城镇居民人均消费性支出或农村居民人均年生活消费支出标准计算。被扶养人为未成年人的，计算至 18 周岁；被扶养人无劳动能力又无其他生活来源的，计算 20 年。但 60 周岁以上的，年龄每增加 1 岁减少 1 年；75 周岁以上的，按 5 年计算。

被扶养人是指受害人依法应当承担扶养义务的未成年人或者丧失劳动能力又无其他生活来源的成年近亲属。被扶养人还有其他扶养人的，赔偿义务人只赔偿受害人依法应当负担的部分。被扶养人有数人的，年赔偿总额累计不超过上一年度城镇居民人均消费性支出额或者农村居民人均年生活消费支出额。

被扶养人生活费 = 事故发生地上一年度城镇居民人均可支配收入（农村居民人均年生活消费支出）× 扶养年限 × 扶养比例

11）丧葬费。丧葬费按照事故所在地上一年度职工月平均工资标准，按 6 个月总额计算。

12）死亡赔偿金。死亡赔偿金按照事故所在地上一年度城镇居民人均可支配收入或者农村居民人均纯收入标准，按 20 年计算。但 60 周岁以上的，年龄每增加 1 岁减少 1 年；75 周岁以上的，按 5 年计算。

死亡赔偿金 = 事故发生地上一年度城镇居民人均可支配收入（农村居民人均纯收入）× 赔偿年限

（3）确定人员伤亡费用时应注意的几个问题：

1）当保险事故造成人员伤亡时，保险人应通知医疗跟踪人员全程介入伤者的治疗过程，全面了解伤者受伤和治疗的情况，各类检查、用药情况以及伤残鉴定情况。

2）伤者需要转院赴外地治疗时，须由所在医院出具证明并经事故处理部门同意。伤残鉴定费须经过保险人同意方可赔偿。

3）定损人员应及时审核被保险人提供的有关单证，对其中不属于赔偿范围的项目应予以剔除。同时，定损人员要对伤亡人员的有关情况进行调查，重点调查被扶养人的情况和收入水平、医疗费、伤残鉴定证明等证明文件的真实性、合法性、合理性，对不真实、不合理的费用应予以剔除。

3. 其他财产损失的确定

保险事故除了可能造成车辆本身的损失外，还可能导致其他财产的损毁，从而引发相关险种的赔偿责任。常见的其他财产损失包括公路路产、供电通信设施、城市与道路绿化、车上所载货物等。

其他财产损失的确定应当会同被保险人和有关人员逐项清理，确定损失数量、损失程度和损失金额。同时，要求被保险人提供损失财产、货物的原始发票、货物运单、起运地货物价格证明等能够证明损失财产或货物实际价值的证据。在损失金额的确定方面，应坚持从损失补偿的角度出发，注意掌握在出险当时标的的实际价值，按照被损害财产的实际损失予以赔偿。

4. 施救费用的确定

施救费用应是保险标的已经受到损失，为了减少损失或者防止损失的继续扩大而产生的费用。在机动车辆保险中，施救费用主要是指对于倾覆车辆的起吊费用、抢救车上货物的费用、事故现场的看守费用、临时整理和清理费用以及必要的转运费用。施救费用的作用是用相对较小的费用支出减少更大的损失。

施救费用的确定必须坚持合理、有效的原则，严格按照条款规定的事项进行确定。

（1）保险车辆出险后，雇用吊车和其他车辆进行抢救的费用以及将出险车辆拖运到修理厂的运输费用，按当地物价部门颁布的收费标准予以确定。

（2）被保险人使用他人（非专业消防单位）的消防设备施救保险车辆所消耗的费用及设备损失可以列入施救费用。

（3）在进行施救的过程中，由于意外事故可能造成被施救对象损失的进一步扩大，造成他人财产的损失以及施救车辆和设施本身的损失。如果施救工作是由被保险人自己或他人义务进行的，只要没有存在故意和重大过失，原则上保险公司应予赔付；如果施救工作是雇用专业公司进行的，则造成他人财产的损失，该施救车辆和设施本身的损失应由专业公司承担。但在抢救时，抢救人员个人物品的丢失，一般不予赔偿。

（4）保险车辆发生保险事故后，可能需要施救的受损财产不仅仅局限于保险标的，但是，保险公司只对保险标的施救费用负责。所以，在这种情况下，施救费用应按照获救价值进行分摊。如果施救对象为受损保险车辆及其所装载货物，或施救费用无法区分，则应按保险车辆与货物的获救价值进行比例分摊，机动车辆保险人仅负责保险车辆应分摊的部分。

（5）保险车辆出险后，被保险人赶赴肇事现场处理所支出的费用，保险公司不予负责。

（6）如果保险车辆为进口车或特种车，发生保险责任范围的事故后，在当地确实不具备修理能力，但事先经保险公司书面同意可以移送外地修理，则对其相应的移送费，保险公司将予以赔偿。但是，应当明确的是，这种费用属于修理费用的一部分，而不属于施救费用。

（7）车辆损失险的施救费用是一个单独的保险金额，而商业三者险的施救费用则不是，商业三者险的施救费用与第三者损失金额相加不得超过商业三者险的保险赔偿限额。

提示：目前，在交通事故的处理过程中存在一定的行业垄断，如果利用这种垄断的优势收取不合理的费用，则应予以抵制。

三、核损

定损人员在完成保险事故的损失确定工作后，要由核损人员对此次保险事故所造成的损失进行核损。核损是指核损人员对保险责任认定，对事故中涉及的车辆损失、人员伤亡费用、其他财产损失、施救费用和残值的确定金额的合理性进行复核的过程。其目的是提高定损质量，保证定损的准确性、标准性和统一性。

1. 核损的工作要求

（1）按照核损工作人员的工作流程标准进行操作。

（2）认真核对损失照片，迅速核定查勘点上传的案件。

（3）熟悉电脑的使用，能处理日常工作中的常见问题。

（4）熟悉车险定损工作，充分了解当地市场价格、工时费用水准，从而合理确定相关费用。

（5）严格执行车险定损核价动作规范。

2. 核损的职责范围

（1）审核查勘报告、照片、估损单，初步判断事故的真实性。

（2）对碰撞事故要比对事故痕迹、碰撞角度、高度等，判断碰撞力度可能造成的损坏程度，初步判断事故及损失的可信度。

（3）核准更换项目、维修项目以及维修费用。

（4）核定施救项目。

（5）参照当地相关部门的赔偿标准，并结合物损的损毁情况和修复措施，合理确定物损赔偿费用。

（6）部分复勘工作。

3. 核损流程

一般保险公司的核损流程如图 3-146 所示。

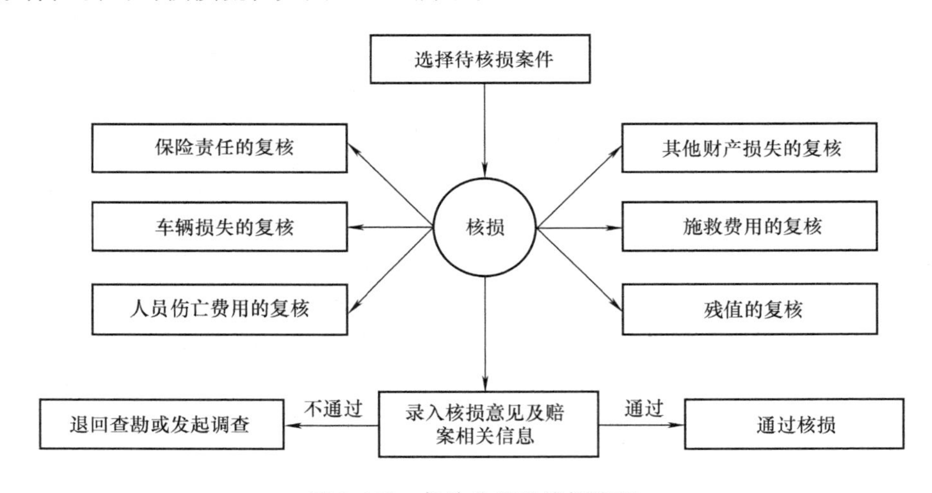

图 3-146 保险公司的核损流程

4. 保险责任复核要点

（1）审核报案信息与实际是否相吻。报案信息包括：出险时间、报案时间、出险地点、出险经过、损失程度、报案人、报案地点、出险驾驶人等。

（2）查看保单信息

1）车辆信息审核要素

① 牌照号码。

② 车架号码。

③ 厂牌车型。

④ 使用性质。

⑤ 车辆初次登记时间。

2）承保信息审核要素

① 对比保险价值与保险金额，审核是否足额投保。

② 查看车损绝对免赔率、商业三者险绝对免赔率、绝对免赔额。

③ 是否指定驾驶人驾驶。

④ 此次事故是否属于投保险种范围。

⑤ 若属于玻璃单独破碎险且已投保玻璃单独破碎险的，应明确投保的是国产玻璃还是进口玻璃。

⑥ 出险次数超过 3 次的，应认真分析出险经过及出险原因，是否有骗保可能。

（3）查看图片信息

1）标的车辆行驶证

① 检查标的车辆行驶证年检是否合格。

② 行驶证基本信息是否与保单一致。

③ 若车牌为临时牌照，则临时牌照是否在有效期内。

2）出险驾驶人驾驶证

① 核对是否与报案驾驶人姓名相符。

② 核实准驾车型与实际驾驶车辆是否相符。

③ 核实驾驶证有效期。

5. 车辆损失复核要点

（1）查看图片信息

1）看车架号、车牌号是否与保单、行驶证等相关信息吻合。

2）看整体损坏照片、撞击部位、碰撞痕迹、受损程度，分析受损经过是否与客户描述的相符，从而判断事故的真实性。

3）看损坏部位照片，确定是否与本次事故有关联。

4）审核车损照片与更换项目、修理项目是否对应以及是否符合标准。

（2）查看定损损失录入

1）配件更换项目是否与车损一致及配件价格是否符合当地标准。

2）维修项目是否与车损一致及维修工时费是否符合当地标准。

（3）查看查勘和复勘意见

1）查勘信息是查勘人员对出险经过的真实性描述或补充，相对于出险通知书和报案内容来说，查勘信息更可信。

2）复勘信息是复勘人员对复勘结果的确认，一般以复勘报告的形式体现。

6. 人员伤亡费用的复核要点

（1）医疗费的审核要点

1）要求受害人提供其受伤治疗相应的治疗清单（住院病人）或是处方（门诊病人），病历、诊断证明和医药费用发票原件。发票时间与病历证明记载时间应相符，发票上的姓名应为受害人本人。

2）相关治疗和用药应与交通事故之间有因果关系。若与交通事故没有因果关系的，是针对既往病的治疗和用药，则保险公司不承担赔偿责任。

3）医疗费的赔偿标准可参考医疗保险的标准确定，按医疗保险标准仍不能确定的，可申请司法鉴定。

4）使用非社保用药或器材的费用，应适当扣减。

5）无医院证明的自购药品、医疗用具的费用不予赔偿。

6）转院应经原医疗机构同意（需要原医疗机构的转院证）且存在正当理由，否则由此增加的费用不予赔偿。

7）对于后期治疗方案及治疗费用，如果受害人只能提供医生估算的证明，则不予认可。因为该估算并非必然发生的准确数额，医疗手术存在一定风险，法院若加以认定，客观上则使原、被告都面临不确定的风险，所以赔偿权利人应待实际费用发生之后另行起诉。

8）后续治疗费不包括心理治疗费用。

9）对过高的治疗费、后续治疗费、康复费等费用的必要性和合理性有异议的，可申请司法鉴定。

10）已发生的医疗费用及后续治疗费均不包括任何在美容场所消费的费用。

11）医疗费赔偿一律按照社会基本医疗保险范围承担赔偿责任，即药品类甲类药不扣，乙类药扣除5%，丙类药全扣。医疗器材类单项价格在1500元以上（含1500元）的一次性医用材料（含植入性材料），个人自付比例分别为国产产品10%，中外合资产品15%，进口产品20%；胶片费全扣；CT、DR、MRI检查费扣10%。

（2）住院伙食补助费的审核要点

1）按受害人实际住院天数计算。

2）此项目赔偿的对象应是受害人本人，陪护人员不应是此项目的赔偿对象。

（3）护理费的审核要点

1）按受害人实际住院天数计算。

2）出院以后的护理需要医院或鉴定机构的证明，并按照事故所在地上一年度农村居民人均纯收入标准计算。

注意：护理期限应计算至受害人恢复生活自理能力时止。受害人因残疾不能恢复生活自理能力的，可以根据其年龄、健康状况等因素确定合理的护理期限，但最长不超过20年。

受害人定残后的护理应当根据其护理依赖程度，并结合配制残疾辅助器具的情况确定护理级别。

（4）残疾赔偿金的审核要点

1）一处伤残的，应严格按照该伤残级别对应的赔偿指数进行计算。

2）多处伤残的，应在最重一处伤残级别的基础上，按照当地的规定，适当增加赔偿指数。但增加部分不得超过10%，累计赔偿指数不得超过100%。

注意事项：

1）对于伤残级别可疑的情况，应调查出具伤残评定书的机构是否具备合法的资质，伤残评定级别是否合理。必要时申请重新鉴定。

2）对于伤者非农业户口可疑导致计算标准存在争议的，应到伤者户籍所在地的户籍管理部门（公安派出所）进行调查。

(5) 残疾辅助器具的审核要点

若残疾辅助器具费用存在争议的，可申请法医进行鉴定。

(6) 死亡赔偿金的审核要点

1) 审核法医的验尸报告、医院的死亡证明（医院内死亡的）、火化证明、销户证明（同时能体现死者户口性质）。

2) 若死亡人员身份或死亡原因可疑的，应到相关的部门调查，并通过走访死亡人员的周围人员进行核实情况。

(7) 被扶养人生活费的审核要点

1) 被扶养人的范围包括受害人依法应当承担扶养义务的未成年人或者丧失劳动能力又无其他生活来源的成年近亲属。

2) 以受害人遭受人身伤害的时间作为判断受害人依法是否应承担扶养义务的时点。

3) 以受害人定残之日或死亡之日作为被扶养人年龄的计算起点。

4) 近亲属包括配偶、父母、子女、兄弟姐妹、祖父母、外祖父母、孙子女、外孙子女。子女包括非婚生子女、养子女、有抚养关系的继子女。对于受到损害时尚未出生的胎儿，如果出生后死亡的，则不予认可。

5) 被扶养人有两个以上扶养人的，只承担受害人依法应承担的份额。

6) 被扶养人有数人的，其年赔偿总额累计不超过上一年度城镇居民人均消费性支出额或农村居民人均年生活消费支出额。

注意：对被扶养人的扶养人数有疑义的，可以到受害人户籍所在地或（及）扶养人户籍管理部门调查核实。其扶养关系、其他共同扶养人的情况、被扶养人年龄及生活来源，必要时通过走访其周围人群进行调查核实。

(8) 人伤收单的审核要点

原则上赔什么要什么，具体按以下要求来收单：

1) 医药费。门诊需要门诊病历和门诊发票；住院需要出院小结、住院发票以及用药总清单。

2) 续医费。续医费需要医疗机构或鉴定机构的证明。

3) 住院伙食、住院护理费。住院伙食、住院护理费按住院发票上的住院天数计算，出院护理需要医疗机构或鉴定机构的证明。

4) 营养费。营养费需要医疗机构或鉴定机构的证明。

5) 残疾赔偿金。残疾赔偿金需要鉴定机构的伤残评定和户籍证明。

6) 残疾辅助器具费。残疾辅助器具费需要残疾用具的发票、说明书。需要更换的，应提供鉴定机构/残疾辅助器具配制机构的意见。

7) 被扶养人生活费。被扶养人生活费需要被扶养人的户籍证明、家庭组成人员情况调查表。若被扶养人还未达到需扶养年龄的，应提供被扶养人丧失劳动能力证明。

8) 死亡赔偿金。死亡赔偿金需要死亡/尸检证明、销户证明。

9) 丧葬费。丧葬费需要火化证明。

10) 交通费。交通费需要交通发票。

11) 住宿费。住宿费需要住宿费发票。

12) 误工费。误工费需要医疗机构出具的误工时间证明、前 3 个月工资清单。若超过

1600 元/月，还需要提供税务局纳税证明及误工期间的工资清单。无工资清单的，应按户籍计算，城镇人员需提供户籍证明。

任务二 商业车险赔款理算

赔款计算是理赔人员根据被保险人提供的经审核无误的有关费用单证，对机动车辆损失险、商业三者险、附加险及施救费用等分别计算赔偿金额的活动。通常机动车保险的赔偿顺序如图 3-147 所示。

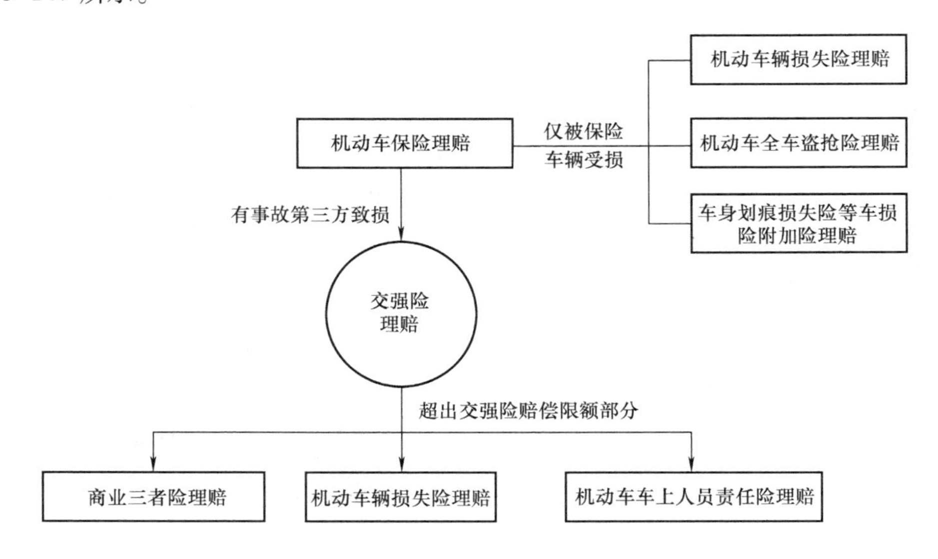

图 3-147 机动车保险赔偿顺序

一、机动车辆损失险赔款理算

在汽车保险合同有效期内，保险车辆发生保险责任范围内的事故而遭受的损失或费用支出，保险人应按相关规定赔偿。交通事故的经济赔偿部分以《中华人民共和国道路交通安全实施条例》（以下简称《道路交通安全实施条例》）及出险当地的道路交通事故处理规定为原则计算赔款。计算赔款的方法如下。

1. 车辆全部损失的赔款计算

车辆全部损失是指保险标的因碰撞、倾覆或火灾事故造成车辆无法修复即整车损毁，或保险标的受损严重，车辆修复费用极高，基本上接近于保险车辆的保险金额，已失去修复价值，或按国家有关汽车报废条件，已达到报废程度，由保险公司的查勘定损人员推定全损。

车辆残值应根据车辆损坏程度、残余部分的有用价值与被保险人协商作价折归被保险人，并在赔款计算中扣除。

车辆全损赔付款计算公式为：

赔款 = 保险金额 - 被保险人已从第三方获得的赔偿金额

注：若事故中有第三者，则机动车辆损失险承担的车辆损失应扣除第三者交强险对保险车辆的赔偿。

[案例一]

甲、乙两车都在某保险公司投保了机动车辆损失险，两车均按保险价值投保，保险金额都为40000元。两车在不同事故中出险，且均被承保的保险公司推定全损。甲车投保时为新购车辆，即其实际价值与保险金额相等，残值作价2000元；乙车投保时该车已使用了两年，出险当时实际价值确定为32000元，残值作价1000元。试核定两车的损失。

解：

甲车核定损失 = 保险金额 − 残值 = 40000 − 2000 = 38000（元）

乙车核定损失 = 实际价值 − 残值 = 40000 − 1000 = 39000（元）

[案例二]

甲、乙两车发生严重碰撞事故，甲车被推定全损，该车在某保险公司投保，机动车辆损失险保险金额为80000元，出险时车辆实际价值被确定为65000元，残值作价3000元。根据交通事故处理机关认定，甲方负主要责任，应承担70%的事故损失。试计算保险公司应支付甲车机动车辆损失险的赔款。

解：

两车均有责，所以两车交强险财产赔偿均比照有责任赔偿限额来进行。因为甲车被推定全损，保险金额为80000元，所以乙车交强险赔偿甲车财产损失2000元。甲承担70%责任。

则甲车机动车辆损失险赔款 = 保险金额 − 被保险人已从第三方获得的赔偿金额 = 80000 − 3000 − 2000 = 75000（元）

特别说明：新条款车辆损失险赔款的计算把责任比例去掉，这是因为保险公司主动履行代位追偿义务。

2. 车辆部分损失的赔款计算

车辆部分损失是指保险车辆出险受损后，尚未达到整体损毁或推定全损的程度，仅发生局部损失，通过修复车辆还可继续使用。

被保险机动车发生部分损失，保险人按实际修复费用在保险金额内计算赔偿，其计算公式如下：

赔款 = 实际修复费用 − 被保险人已从第三方获得的赔偿金额

修复费用的确定以保险公司查勘定损人员出具的事故车辆估价单估损金额为准。残值是指部分损失车辆更换下来的零部件的残余价值，通常情况下按所更换配件价值的2%计算，但所更换的配件无残余价值（如风窗玻璃、灯具、橡胶塑料件等）则考虑不予扣除残值。

机动车辆损失保险赔款包括保险车辆损失赔款和施救费用赔款两部分，保险车辆损失赔偿及施救费用以不超过保险金额为限。如果保险车辆按全损计算赔偿或部分损失的一次赔款金额与免赔金额之和等于保险金额时，机动车辆损失险的保险责任即行终止。但保险车辆在保险期限内无论发生一次或多次保险责任范围内的损失或费用支出，只要每次的赔款加免赔金额之和未达到保险金额，其保险责任仍然有效，保险人应按原保险金额继续负责。

[案例三]

一投保营业用汽车损失保险的车辆，在保险期限内与另一机动车发生碰撞事故，新车购置价为（含车辆购置税）200000元，保险金额为100000元，出险时车辆实际价值为100000元，该车驾驶人承担主要责任，事故责任比例为70%。车辆修理费用20000元，施救费用2000元，残值200元，对方机动车交强险赔偿车辆损失2000元，计算机动车辆损失险赔款金额。

解：

被保险车辆修理费用为 20000 元，施救费用为 2000 元，共计 22000 元，小于保险金额 200000 元，所以按照部分损失计算。

因承保时，保险额小于新车购置价，所以：

赔款 = 实际修复费 − 被保险人已从第三方获得的赔偿金额 = 20000 − 2000 = 18000（元）

3. 施救费的计算

施救费用的赔偿是保险赔偿责任的一个组成部分，是在施救费用核定的基础上进行计算的。

通常保险人只承担为施救、保护保险车辆及其财物而支付的正常、必要、合理的费用，保险人在保险金额范围内按施救费赔偿。但对于保险车辆装载的货物、拖带的未保险车辆或其他拖带物的施救费用，则不予负责。施救的财产中含有本保险合同未保险的财产，如果两者费用无法划分，则应按本保险合同保险财产的实际价值占总施救财产的实际价值的比例分摊施救费用。其计算公式为：

保险车辆施救费 = 总施救费 × 保险金额/(保险金额 + 其他被施救财产价值)

[案例四]

某保险车辆的保险金额为40000 元，车上载运货物价值为 30000 元，发生属于保险责任范围内的单方事故，保护与施救费用共支出 1000 元。试计算应赔付的施救费用。

解：

保险车辆施救费赔款 = 1000 × [40000/(40000 + 30000)] = 571.43（元）

二、商业三者险的赔款理算

1. 商业三者险的赔款计算

保险车辆发生第三者责任事故时，应按《道路交通安全实施条例》及有关法规、条例规定的赔偿范围、项目和标准以及保险合同的规定进行处理，在保险单载明的赔偿限额内核定、计算赔偿金额，对被保险人自行承诺或支付的赔偿金额，保险人有权重新核定或拒绝赔偿。商业三者险作为交强险的补充和延伸，对第三者所受损失应在保险责任范围来进行赔偿。因此，被保险人商业三者险应承担的三者损失应剔除交强险对第三者损失的赔偿部分，并且考虑保险机动车的事故责任比例，即：

被保险人应承担第三者损失金额 =（第三者损失 − ∑被保险人交强险应承担的赔偿金额）× 事故责任比例

计算赔款数额时，按以下两种情况采用不同的公式来计算：

（1）当被保险人应承担的第三方赔偿金额大于或等于保险赔偿限额时：

商业三者险赔款 = 责任限额

（2）当被保险人应承担的第三方赔偿金额低于赔偿限额时：

商业三者险赔款 = 被保险人应承担的赔偿金额

2. 诉讼仲裁费用的计算

（1）当被保险人按事故责任比例应承担的诉讼仲裁费用超过商业三者险保险单载明的责任限额的 30% 时：

诉讼仲裁费用 = 责任限额 × 30%

（2）当被保险人按事故责任比例应承担的诉讼仲裁费用低于商业三者险保险单载明的责

任限额的30%时：

$$诉讼仲裁费用=应承担的诉讼仲裁费用$$

[案例五]

一投保商业三者险(限额为300000元）和交强险的车辆与另一车辆发生交通事故，该车在事故中负主要责任，第三者负次要责任。此次事故第三者损失共计862000元，其中财产损失为50000元，医疗费用为12000元，死亡伤残费用为800000元，计算商业三者险赔偿金额。

解：

交强险死亡伤残费用赔款为：180000元(800000元损失 > 180000元限额)，交强险未赔款 = 800000 − 180000 = 620000（元）

交强险医疗费用赔款为：12000元(12000元损失 < 18000元限额)，交强险未赔款 = 12000 − 12000 = 0（元）

交强险财产赔款为：2000元(50000元损失 > 2000元限额)，交强险未赔款 = 50000 − 2000 = 48000（元）

除了交强险赔付部分，剩余第三者应承担赔偿金额 = (620000 + 0 + 48000) × 70% = 467600（元）> 300000元。

所以，第三者责任险赔款 = 300000元。

3. 挂车的赔款计算

（1）主车与挂车连接时发生保险事故，保险人应在主车的责任限额内承担赔偿责任。主车与挂车连接使用时视为一体，发生保险事故时，由主车保险人和挂车保险人按照保险单上载明的商业三者险责任限额的比例，在各自的责任限额内承担赔偿责任，但赔偿金额总和以主车责任限额为限。

$$主车应承担的赔款=赔款\times\frac{主车三者险赔偿责任限额}{主车三者险赔偿责任限额+挂车三者险赔偿责任限额}$$

（2）挂车未与主车连接时发生保险事故，应在挂车的责任限额内承担赔偿责任。

$$挂车应承担的赔款=赔款\times\frac{挂车三者险赔偿责任限额}{主车三者险赔偿责任限额+挂车三者险赔偿责任限额}$$

[案例六]

一在甲保险公司投保商业三者险的主车(责任限额为200000元）与在乙保险公司投保商业三者险的挂车（责任限额为50000元）连接时发生事故，驾驶人负事故的全部责任，造成第三者损失500000元。求各保险公司应支付的赔款金额（不考虑免赔率等问题)。

解：

根据条款规定，主车与挂车连接时发生保险事故，保险人应在主车的责任限额内承担赔偿责任。由于被保险人按事故责任比例应承担的赔偿金额为500000元，超过主车的责任限额200000元，不考虑免赔因素，主车与挂车共承担的商业三者险赔款应为200000元。

$$主车应承担的赔款=200000\times\frac{200000}{200000+50000}=160000（元）$$

$$挂车应承担的赔款=200000\times\frac{50000}{200000+50000}=40000（元）$$

4. 商业三者险赔款计算的注意事项

（1）商业三者险的保险责任为连续责任，即保险车辆发生第三者责任事故，在保险人赔

偿后，每次事故无论赔款是否达到保险赔偿限额，在保险期限内商业三者险的保险责任仍然有效，直至保险期满。

（2）在对第三者责任事故赔偿后，关于受害第三者的任何赔偿费用的增加，保险人不再负责。

（3）对不属于保险合同中规定的赔偿项目但被保险人已自行承诺或支付的费用，保险人不予承担。

（4）法院判决被保险人应赔偿第三者的金额，但不属于保险合同中规定的赔偿项目，如精神损害抚慰金等，保险人不予承担。

（5）商业三者险诉讼仲裁费用必须经保险人事先书面同意，并在商业三者险限额的30%内计算赔偿。

［案例七］

甲、乙两车在行驶中不慎发生严重碰撞事故。经查证，两车均投保了车损险和第三者责任保险，其中甲车车损险保险金额为30000元，第三者责任险限额为50000元；乙车车损险保险金额为80000元，保险价值为80000元，第三者责任险限额为50000元。经交通事故处理机关现场查勘分析认定甲车严重违章行驶，是造成本次事故的主要原因，应承担本次碰撞事故的主要责任，负担本次事故损失费用的70%。乙车措施不当，负本次事故的次要责任，负担本次事故损失费用的30%。经甲、乙双方保险公司现场查勘定损核定损失如下：

甲车：车损为20000元，驾驶人住院医疗费10000元，按规定核定其他费用（护理费、误工费、营养费等）2000元。

乙车：车损为45000元，驾驶人死亡，按规定核定费用为250000元（含死亡补偿费、被抚养人生活费），一乘车人受重伤致残，其住院医疗费为20000元，按规定核定其他费用为25000元（护理费、误工费、营养费、伤残补助费及被抚养人生活费）。

试计算双方保险公司按保险责任应支付的保险赔款。

解：（1）计算两车交强险赔偿金额

事故中两车均有责，则交强险赔款比照交强险有责任赔偿限额在各分项中理算。

甲车在事故中致第三方乙车车损45000元，死亡伤残核定费用250000元，医疗护理等费用20000+25000=45000（元）。则甲车交强险赔偿乙车财产损失金额2000元，死亡伤残金额180000元，医疗费用18000元，共计200000元。

乙车在事故中致第三方甲车车损20000元，医疗护理等费用10000+2000=12000（元），则乙车交强险赔偿甲车财产损失金额2000元，医疗费用12000元，共计14000元。

（2）计算两车车损赔偿金额

甲车车损险应承担的损失=（甲车车损－交强险对甲车车损的赔偿金额）×事故责任比例=（20000－2000）=18000×70%=12600（元）<甲车车损险保额30000元。

则甲车车损险赔款=12600元。

乙车车损险应承担的损失=（乙车车损－交强险对乙车车损的赔偿金额）×事故责任比例=（45000－2000）×30%=12900（元）。

因12900元<乙车车损险保额80000元，则乙车车损险赔款=12900元。

（3）计算两车第三者责任险赔款

甲车第三者责任险应承担的损失金额=（乙车方损失－甲车交强险对乙车的赔偿）×甲车

事故责任比例 =（45000 + 250000 + 20000 + 25000 − 200000）×70% = 98000（元）

98000 元 > 甲车三者险限额 50000 元，则甲车第三者责任险赔款 = 50000 元。

乙车第三者责任险应承担的损失金额 =（甲车方损失 − 乙车交强险对甲车的赔偿）× 乙车事故责任比例 =（20000 + 10000 + 2000 − 14000）×30% = 5400 元。

因 5400 元 < 乙车三者险限额 50000 元，则乙车第三者责任险赔款 = 5400 元。

三、机动车车上责任险赔款理算

1. 机动车车上人员责任险的保险责任

（1）保险车辆因发生机动车辆损失险规定范围内的灾害事故，致使车上人员伤亡或货物损毁，依法应由被保险人承担的经济赔偿责任。

（2）被保险人对上述人员伤亡或货物损毁进行抢救、施救所发生的合理费用。

（3）已投保机动车全车盗抢险的被保险人，在本车被劫时车上人员伤亡。

2. 机动车车上责任险的赔款计算

被保险人凡发生机动车车上责任险范围内的各项损失时，保险人都应按责任限额以及被保险人在事故发生过程所应承担的责任，扣减相应比例免赔率进行赔付款计算。具体计算方法如下：

（1）人员伤亡：车上人员伤亡按人分别计算，每辆车给付的赔付人数以不超过保险车辆的额定座位（包括司机）为限。若实际载客人数超过额定座位时，以额定座位数与实际载客数的比例给付。

1）当被保险人应承担的受伤人员医疗费、抢救费超过限额时（含车上人员死亡）：

赔付款 = 赔偿限额

2）当被保险人应承担的受伤人员医疗费、抢救费低于限额时：

赔付款 = 实际费用

按人分别计算后的合计数，即保险人应支付被保险人的赔款数。

（2）车上货物损失：

1）当被保险人应承担的车上货物损失（含施救费）超过限额时：

赔付款 = 赔偿限额

2）当被保险人应承担的车上货物损失（含施救费）低于限额时：

赔付款 = 实际损失费用

［案例八］

A 车与 B 车相撞，A 车共 5 座，每座均投保了 2 万元的机动车车上人员责任险。A 车车上共有两人，分别为驾驶人甲和乘客乙，甲经抢救后死亡，乙残疾。甲的死亡补偿费用为 150000 元，抢救费用为 10000 元；乙的残疾赔偿金为 20000 元，医疗费用为 10000 元。A 车在事故中负 70% 的责任，假设 A 车购买了相应不计免赔险（不计免赔率），计算 A 车机动车车上人员责任险赔偿金额。

解：

（1）计算 A 车车上人员获得 B 车交强险的赔偿金额

两车均有责，则 B 车交强险依照有责任赔偿限额来进行赔偿。依题意有，A 车车上人员死亡伤残补偿费 = 150000 + 20000 = 170000 元 > 180000 元交强险有责任死亡伤残限额，所以 B 车交强险赔 A 车的赔偿死亡伤残金为 170000 元。

其中甲获得 170000 ×[150000/(150000 + 20000)] = 150000(元)，乙获得 170000 - 150000 = 20000（元）。

A 车车上人员医疗费用 = 10000 + 10000 = 20000（元）>18000 元有责医疗费用限额，则 B 车交强险医疗赔偿金为 18000 元，其中甲获得 9000 元，乙获得 9000 元。

则甲共获得 B 车交强险赔款 150000 + 9000 = 159000 元，

乙车共获得 B 车交强险赔款 20000 + 9000 = 29000 元。

（2）计算甲所获得车上人员责任险赔偿金

A 车应承担甲的赔偿金额 = (150000 + 10000 - 159000) × 70% = 700(元)，超过 A 车车上人员责任险限额，则甲所获得的车上人员责任赔偿金 = 700 元。

（3）计算乙所获得车上人员责任险赔偿金

B 车应承担甲的赔偿金额 = (20000 + 10000 - 29000) × 70% = 700(元)，低于 A 车车上人员责任险限额，则甲所获得的车上人员责任赔偿金 = 700（元）。

则 A 车车上人员责任险赔偿金额 = 700 + 700 = 1400 元。

四、机动车全车盗抢险赔款理算

1. 全部损失

被保险机动车全车被盗抢的，按以下方法计算赔款：

赔款 = 保险金额 ×(1 - 绝对免赔率之和)

2. 部分损失

赔款 = 实际维修费用 - 残值

赔款金额不得超过本险种保险金额。对发生机动车全车盗抢险后破案找回的车辆有关费用的计算，应参照一些特殊案件处理的相关内容执行。

五、常见附加险赔款理算

1. 玻璃单独破碎险

赔款 = 实际维修费用

2. 车身划痕损失险

车身划痕损失险按实际维修费用计算赔偿，每次赔偿实行 15% 的免赔率。其计算公式如下：

赔款 = 实际维修费用 ×(1 - 15%)

实际维修费用不得超过保险金额，若超过保险金额，则依照保险金额进行计算。

在保险期限内，若累计赔款金额达到该险种保险金额，则该附加险保险责任中止。

3. 自燃损失险

（1）全部损失：赔款 =(保险金额 - 残值) ×(1 - 20%)

（2）部分损失：赔款 =(实际维修费用 - 残值) ×(1 - 20%)

赔款金额不得超过本险种保险金额。

（3）施救费用以不超过保险金额为限

赔款 = 实际施救费用 ×(保险财产价值 ÷ 实际施救财产总价值) ×(1 - 20%)

4. 不计免赔险

赔款 = 一次赔款中以承保且出险的各险种免赔额之和

出现下列情况，被保险人自行承担的免赔额，保险人不负责赔偿：

（1）机动车辆损失保险中应当由第三方负责赔偿而无法找到第三方的。

（2）因违反安全装载规定增加的。

（3）被保险人根据有关法律法规规定选择自行协商方式处理交通事故，但不能证明事故原因的。

（4）投保时指定驾驶人，保险事故发生时为非指定驾驶人使用被保险机动车而增加的。

（5）投保时约定行驶区域，保险事故发生在约定行驶区域以外而增加的。

（6）因保险期间内发生多次保险赔偿而增加的。

（7）附加险条款中规定的。

六、核赔

赔款计算书缮制完毕报送给核赔人员后，开展核赔工作。核赔是指依据相关法规、保险合同条款，在对保险事故的原因及其演变进行综合分析的基础上，最终做出理赔结论的过程。核赔的核心是体现权限管理和过程控制。通过建立核赔制度，实行授权管理，从而在保险公司内部建立一套权责明确、平衡制约、规章健全、运作有序的内部控制机制，提高理赔工作质量，防范经营风险，切实达到维护保险双方合法权益的目的。

1. 核赔操作流程

核赔人员在本级核赔权限内开展工作，属于上级公司核赔范围的，核赔人员应提出核赔意见后报上级公司审核。核赔的操作流程如图3-148所示。

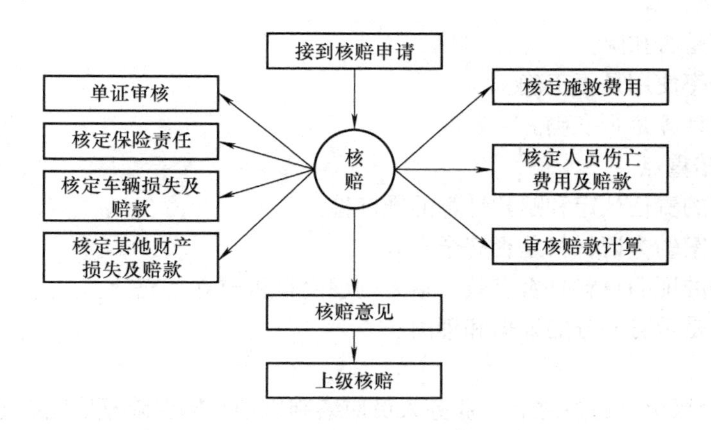

图3-148 核赔的操作流程

2. 核赔的主要内容

（1）单证审核

1）审核确认被保险人按规定提供的单据、证明及材料是否齐全有效、有无涂改或伪造，是否严格按照单证填写规范认真、准确、全面地填写。

2）审核经办人员是否规范填写与赔案有关的单证。

3）审核签章是否齐全。

（2）核定保险责任

1）核定被保险人与索赔人是否相符，驾驶人是否为保险合同约定的驾驶人。

2）核定出险车辆的厂牌型号、牌照号码、发动机号、车架号与保险单证是否相符。

3）核定出险原因是否属于保险责任范围。

4）核定出险时间是否在保险期限内。

5）核定事故责任划分是否准确合理。

6）核定赔偿责任是否与承保险别相符。

（3）核定车辆损失及赔款

1）核定车辆定损项目、损失程度是否准确、合理。

2）核定更换零部件是否按规定进行了询报价，定损项目与报价项目是否一致。

3）核定换件部分拟赔款金额是否与报价金额相符。

4）核定残值确定是否合理。

（4）核定其他财产损失及赔款：根据照片和被保险人提供的有关货物、财产的原始发票等有关单证，核定其他财产损失金额和赔款计算是否合理、准确。

（5）核定施救费用：根据案情和施救费用情况，核定施救费用单证是否有效、金额确定是否合理。

（6）核定人员伤亡费用及赔款

1）核定伤亡人员数、伤残程度是否与调查情况和证明相符。

2）核定人员伤亡费用是否合理。

3）核定被扶养人口、年龄是否真实，生活费计算是否合理、准确。

（7）审核赔款计算

1）审核残值是否扣除。

2）审核免赔率使用是否正确。

3）审核赔款计算是否准确。

（8）上级核赔重点

1）普通赔案的责任认定和赔款计算的准确性。

2）有争议赔案的旁证材料是否齐全有效。

3）诉讼赔案的证明材料是否有效，本方的理由是否成立、充分。

4）拒赔案件是否有充分的证据和理由。

3. 支付赔款

在赔案经过分级审批通过之后，业务人员应缮制机动车辆保险领取赔款通知书，并通知被保险人，同时通知会计部门支付赔款。

4. 结案归档

（1）已决赔案的处理：在被保险人领取赔款的同时，业务人员在保险单正、副本上加盖“×年×月×日出险，赔款已付”的签单。保户领取赔款后，业务人员按赔案编号填写机动车辆保险已决赔案登记簿，同时在机动车辆保险报案、立案登记簿中注明赔案编号、赔案日期，作为续保时进行费率浮动的依据。

（2）未决赔案的处理：未决赔案是指截止规定的统计时间，已经完成估损、立案但尚未结案的赔款案件，或被保险人尚未领取赔款的案件。

对未决赔案的处理原则是：

1）定期进行案件跟踪，对可以结案的案件，须敦促被保险人尽快备齐索赔材料，赔偿结案。

2）对尚不能结案的案件，应认真核对、调整估损金额。

3）对超过时限，被保险人不提供手续或找不到被保险人未决赔案的，应按照注销案件处理。

任务三 车险理赔特殊案件的处理

一、简易赔案的处理

在实际工作中，很多案件案情简单，出险原因清楚，保险责任明确，事故金额较小，可以在现场确定损失，这类案件称为简易赔案。实施简易赔案方式的案件必须同时具备下列条件：

（1）机动车辆损失险保险责任中列明的自然灾害和被保险人或其允许的合格驾驶人单方肇事导致的机动车辆损失险案件。

（2）案情简单，出险原因清楚，保险责任明确。

（3）车辆损失可以一次核定，且损失金额在5000元以下。

（4）受损零部件价格容易准确确定。

简易赔案处理程序依次为：接到报案，现场查勘，确定保险责任，确定损失部位及金额，填写机动车辆保险简易案件赔款协议书（须被保险人签字确认），理赔人员完成赔款理算并报送核赔人员审核，办理赔款手续，支付赔款。

二、代位追偿案件的处理

1. 代位追偿的条件

并不是所有的机动车辆保险案件均存在代位追偿的问题，只有符合代位追偿条件的案件才存在进行追偿的问题。代位追偿案件一般应符合以下条件：

（1）保险车辆的损失是由于第三者的过错造成的，同时第三者依法应当对损失承担赔偿责任。

（2）造成保险车辆损失的原因属于保险责任范围内的事故。

（3）保险人按照保险合同的约定向被保险人履行了赔偿义务，并取得了被保险人的权益转让证明。

2. 代位追偿案件的操作流程

（1）保险车辆发生保险责任范围内的损失应当由第三方负责赔偿的，被保险人应当向第三方出具车辆损失要求赔偿通知书。

（2）第三方不予赔偿的，由被保险人向保险人提交机动车辆保险索赔申请书及有关单证，并签署机动车辆保险权益转让书，将向第三方追偿的权利书面转让给保险人。

（3）保险人按照保险合同约定进行赔款理算，支付赔款。

（4）保险人赔偿后，业务处理部门进行结案登记，并注明代位追偿案件。

（5）有关部门组织向第三方的追偿工作。

（6）代位追偿后，用追回的款项冲减赔款。

（7）保险人向第三方追偿得到的款项超过保险赔偿金额时，超过部分应退还被保险人。

三、“双代”案件的处理

“双代”案件，即代查勘、代定损案件，是指保险公司所属机构承保的车辆在异地出险，

由保险公司在出险地的分支机构代为查勘、定损的案件。

1. “双代”案件处理的权限

出险地保险公司对损失金额在规定数额（由保险公司根据实际情况确定）以内的赔案，可以直接代查勘、代定损；对损失金额超过规定数额的案件，出险地保险公司只能代查勘，并尽快通知承保公司，在受到承保公司委托后方可代定损。

2. “双代”案件处理的程序

（1）接受报案。出险地保险公司的业务人员接到报案后，应认真审核报案人所持机动车辆保险证是否真实有效，并登记到机动车辆代查勘、代定损登记簿，同时尽快通知承保公司。承保公司接到出险地保险公司通知后，应立即查阅保险单（批单）副本，核实出险车辆情况，并将有关资料发送至出险地保险公司。

（2）经承保公司核实、确认后，出险地保险公司按照规定程序立即安排查勘、定损人员赶赴现场进行查勘。

（3）出险地保险公司在查勘后，初步估算损失超过5000元的赔案，应通知承保公司前来定损或提出处理意见。

（4）承保公司接到出险地保险公司通知后，应决定是委托出险地保险公司代为定损，还是亲自派人定损。

（5）如果出险地保险公司接到委托后，应按照规定立即进行定损。

（6）代查勘、代定损完毕后，将全案单证及有关材料备齐并送有关人员审核批准。审核无误后，在机动车辆代查勘、代定损登记簿上登记结案，并自留一套全案材料备查。

（7）案件移交。出险地保险公司将全案单证及有关材料（原件）封袋，并以档案移交方式交给承保公司。

（8）承保公司收到出险地保险公司转来的“双代”案件材料，经认真核对无误后，应及时进行赔款理算，尽快向保户支付赔款，并进行结案登记。

四、逃逸案件的处理

根据现行的《道路交通安全实施条例》的规定，在实行机动车商业三者险的行政区域发生机动车交通事故逃逸案件的，出险当地保险公司应预付伤者抢救期间的医疗费和死者的丧葬费。但如果在案发当地有多家保险公司经营汽车保险业务，则对逃逸案件是否垫付，应由各保险公司自定或按照国务院的相关规定执行。

1. 垫付程序

（1）保险公司接到当地公安交通管理部门出具的垫付通知书后，应迅速查勘核实，并记录逃逸案件登记表。

（2）伤者抢救期结束时，根据公安交通管理部门提供的医院抢救费用单据或死亡证明办理垫付手续，并由公安交通管理部门出垫付款收据。

（3）按照规定填写赔款计算书，连同垫付通知书、垫付款收据、有关医院单据或死亡证明等归入理赔案卷。垫付金额直接作为赔款支出核算。

2. 垫付赔款的追偿

逃逸案件破案后，应向逃逸者及其所在单位或汽车所有者追偿垫付的所有款项，并要求公安交通管理部门协助，追偿回的款项应冲减赔款。

五、预付赔款案件的处理

汽车保险赔付原则上不能预付赔款，但对于特殊案件可以部分预付赔款。通常，属于下列情况的可以预付赔款：

（1）被保险人因特殊原因提出预付赔款请求，但必须提交有关证明与材料，属于保险责任的方可预付。

（2）保险责任已经确定，但因保险赔偿金额不能确定而难以尽快结案的，可以根据已有的证明材料，按照能确定的最低数额先行预付。待最终确定赔偿金额后，再支付相应的差额。

（3）对于伤亡惨重、社会影响面大、被保险人无力承担损失的重大案件，经审核确定为保险责任但赔偿金额暂不能确定的，可在估计损失的50%内先行支付。待最终确定赔偿金额后，再支付相应差额。预付赔款时，应由被保险人填写预付赔款申请书，由保险公司审核批准后支付。

六、拒赔案件的处理

1. 拒赔案件的处理原则

（1）拒赔要有确凿的证据和充分的理由。

（2）拒赔案件要严格执行《保险法》和保险条款中规定的拒赔条件。

（3）拒赔前，应向被保险人明确说明原因，认真听取被保险人的解释和意见，慎重决定。

2. 拒赔案件的处理程序

（1）立案前拒赔的程序

1）业务人员接到报案并查阅保险单相关信息后，对于超出保险期限、未投保险种出险等明显不属于保险责任的情形，应明确告知报案人拒赔的理由，并进行登记。

2）若报案人要求提供书面材料的，应按照立案后拒赔的程序处理。

（2）立案后拒赔的程序

1）查勘定损人员现场查勘后，若发现不属于保险责任的，应向被保险人说明拒赔意向，并由有关人员缮制机动车辆保险拒赔案件报告书，签署拒赔意见并附有关赔案资料后转交复核人员。

2）若理算人员在赔款理算过程中发现不属于保险责任的，应签署拒赔意见后转交复核人员。

3）复核人员收到拒赔材料后，对拒赔理由和有关证据材料进行复审，并签署意见。对超出本级管理权限的案件，应按照业务管理权限报上级审批。

4）经最终审批确为拒赔的案件，由有关部门向被保险人发出机动车辆保险拒赔通知书。

5）以送达方式发出机动车辆保险拒赔通知书的，需由被保险人签收或记录送达日期；以寄送方式发出机动车辆保险拒赔通知书的，要留存邮寄凭证。

任务四　常见保险拒赔案例

一、收费停车场或营业性修理厂丢车不赔

车辆在收费停车场或营业性修理厂中被盗，属于保险公司免责条款（见图3-149）。因

此，车主去停车场停车时一定要保留好相关的票据。若车子在停车场丢了，正确的方法是向停车场索赔而不是保险公司。如果停车场或营业性修理厂无法赔偿，车主则可以行使代位追偿，要求保险公司先行赔付。

图 3-149 收费停车场或营业性修理厂丢车不赔

二、驾驶证被注销、吊销的不赔

[案例]

成都车主吴先生有着近 10 年的驾龄，平时开车很小心，基本没有发生过大的交通事故。国庆期间，吴先生载着家人回老家过节，不想在一处坡道行驶时发生追尾事故，幸好当时车速不快，只是撞坏了前车保险杠。由于吴先生全责，所以要赔偿对方的损失，于是他立刻向保险公司报案。保险公司在理赔时发现，吴先生的驾驶证由于逾期未换证被车管所注销，于是提出了拒赔（见图 3-150）。

图 3-150 驾驶证被注销不赔

保险条款中规定，无驾驶证、持未年审或与准驾车型不符的驾驶证驾驶车辆，发生事故的属于免责条款。

三、酒后驾车不赔

[案例]

开封一驾驶人酒后驾车，撞了上街散步的一对夫妇后驾车逃逸，造成一死一伤。

喝酒后驾驶造成的交通事故属于保险公司免责条款，保险公司不赔偿（见图3-151）。

图3-151 酒后驾车不赔

四、报案不及时不赔

保险条款中规定，保险车辆在出险后48小时内必须报案，盗抢事故是24小时内必须报给公安机关。如果超出这个期限，保险公司将不予赔偿（见图3-152）。

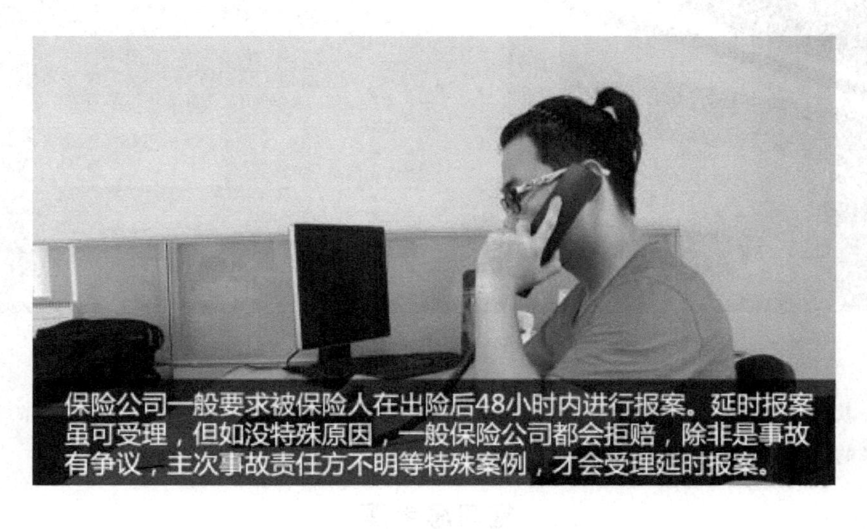

图3-152 报案不及时不赔

五、轮胎丢了不赔

[案例]

马先生的车没丢，但是轮胎丢失（见图3-153）。

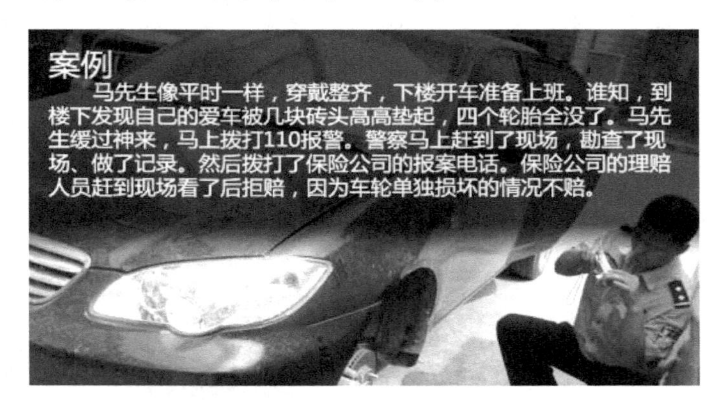

图3-153　轮胎丢了不赔

根据保险条款的规定，车零配件及附属设备丢失属于机动车全车盗抢险的免责范围，保险公司不赔偿。

六、新车未上牌不赔（2015年6月1日起，试行新条款的省市取消此条款）

[案例]

一辆提车未满24小时的索纳塔轿车，被大货车的后保险杠刮出了一条“运动型腰线”，由于该车未上牌，保险公司不赔偿（见图3-154）。

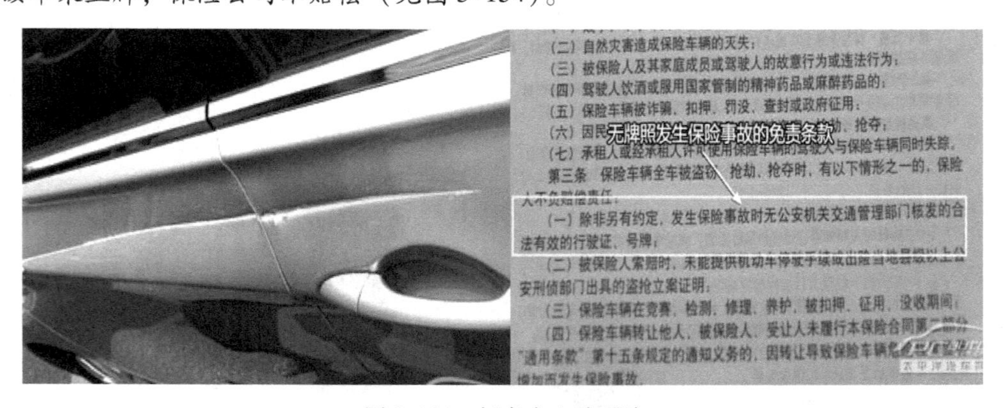

图3-154　新车未上牌不赔

保险条款规定，除非另有约定，否则发生保险事故时无公安机关交通管理部门核发的行驶证、号牌的，属于免责条款。

复习思考题

一、选择题

1. 投保了家庭自用汽车损失保险的保险车辆在保险期间遇冰雹，车辆被砸伤，则保险公司（　　）。

A. 可以赔付，没有免赔　　B. 可以赔付，免赔30%

C. 可以赔付，免赔15%　　D. 不属于保险责任事故，不能赔付

2. 以下（　　）情况造成的损失不属于商业三者险的免除责任。

A. 被扣押、收缴、没收期间

B. 竞赛、测试、在营业性维修场所修理、养护期间

C. 保险车辆超载

D. 保险车辆肇事逃逸

E. 利用保险车辆从事违法活动

3. 根据目前各保险公司执行的机动车辆保险主险条款规定，对于以下（　　）造成的车辆损失，保险公司一般不承担赔偿义务。

A. 核反应、核污染、核辐射　　B. 轮辋单独损坏

C. 减值损失　　D. 以上答案都正确

4. 在汽车保险理赔时，应遵循的原则包括（　　）。

A. 重合同、守信用原则　　B. 坚持实事求是原则

C. 主动、迅速、准确、合理的原则　　D. 以上答案都正确

5. 一投保商业三者险的车辆在倒车时，车主将自己承包的工厂厂房撞坏，这（　　）。

A. 一定属于保险责任　　B. 一定不属于保险责任

C. 不一定属于保险责任　　D. 应具体情况具体分析

6. 客户出现事故后向保险公司报案时，保险公司需要记录的内容包括（　　）。

A. 记录报案人、被保险人、驾驶人的姓名和联系方式

B. 记录出险的时间、地点、简单原因、事故形态等案件情况

C. 记录保险车辆的情况及保单号码

D. 以上答案都正确

7. 汽车保险的保险责任是（　　）。

A. 负责赔偿由于汽车质量原因造成汽车本身的损失

B. 负责赔偿由于汽车质量原因造成第三者的损失

C. 负责赔偿保险汽车的所有人或者驾驶人因驾驶保险汽车发生交通事故造成车辆损毁的损失和对第三者应负的赔偿责任

D. 负责赔偿所有损失

8. 客户报案后，保险公司应查核保单信息，即根据保单号码查询保单信息，核对承保情况。其工作内容包括（　　）。

A. 查验出险时间是否在保险期限以内

B. 出险时间是否接近保险期限起讫时间

C. 与上起案件报案时间是否比较接近

D. 以上答案都正确

9. 根据家庭自用汽车损失保险条款规定，关于保险车辆轮胎损坏以下不正确的是(　　)。

A. 车辆仅轮胎爆胎，则轮胎损失不予赔付

B. 车辆轮胎爆胎后失控发生碰撞事故造成车身损失，则只负责车身损失，轮胎损失不

予赔付

C. 车辆碰撞路牙造成轮胎和轮辋损失，则轮胎和轮辋损失均不予赔付

D. 车辆碰撞路牙造成轮胎和车身损失，则只负责车身损失，轮胎损失不予赔付

10. 未确定事故责任比例时，依据家庭自用汽车损失保险条款规定，主要责任方(　　)。

A. 承担责任比例为60%　　B. 承担责任比例为70%

C. 承担责任比例为80%　　D. 可协商确定，60%、70%、80%均可以

11. 一般来说，保险车辆在（　　）出险时，属于免责。

A. 非指定教练路线行驶　　B. 物流公司的仓库

C. 营业性的汽车修理场所　　D. 收费停车场存放期间

12. （　　）不属于车辆保险事故中的第三者财产损失。

A. 保险车辆所载货物　　B. 道路、道路安全设施

C. 房屋建筑、电力和水利设施　　D. 道旁树木花卉、道旁农田庄稼

二、问答题

1. 简述单方事故索赔时应提交的资料。

2. 简述多方事故索赔时应提交的资料。

三、案例计算题

一投保商业三者险（限额为30万元）和交强险的车辆与另一车辆发生交通事故，在事故中两车负同等责任。此次事故第三者损失共计922000元，其中财产损失为10万元，医疗费用为12000元，死亡伤残费用为81万元，计算商业三者险赔偿金额。

参考文献

[1] 董恩国，张蕾．汽车保险与理赔实务［M］．2 版．北京：机械工业出版社，2010.

[2] 李津津．汽车保险与理赔［M］．2 版．北京：北京交通大学出版社，2011.

[3] 王俊喜，马骊歌．汽车保险与理赔［M］．北京：北京理工大学出版社，2010.